LES ENFANTS DE L'ÎLE DU LEVANT

www.editions-jclattes.fr

Claude Gritti

LES ENFANTS DE L'ÎLE DU LEVANT

JC Lattès

ISBN : 978-2-7096-3423-6

À mon pays

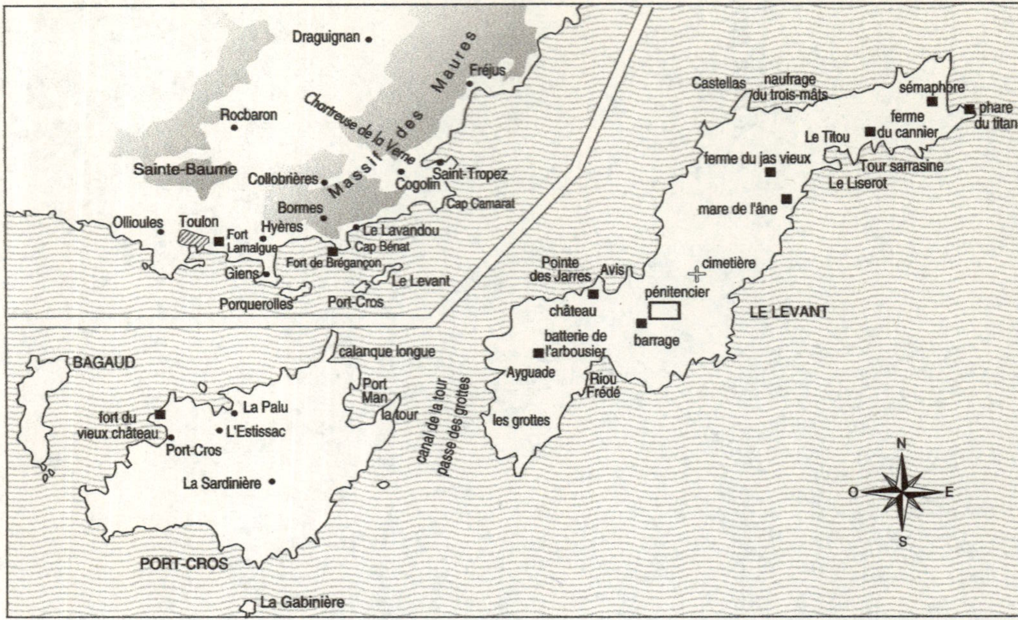
Draguignan
Massif des Maures
Fréjus
Chartreuse de la Verne
Rocbaron
Sainte-Baume
Collobrières
Saint-Tropez
Cogolin
Bormes
Cap Camarat
Ollioules
Toulon
Hyères
Fort Lamalgue
Le Lavandou
Cap Bénat
Fort de Brégançon
Giens
Le Levant
Porquerolles
Port-Cros
Castellas
naufrage du trois-mâts
sémaphore
phare du titan
ferme du cannier
Le Titou
ferme du jas vieux
Tour sarrasine
Le Liserot
mare de l'âne
cimetière
Pointe des Jarres
Avis
pénitencier
château
LE LEVANT
batterie de l'arbousier
barrage
Ayguade
Riou Frédé
les grottes
calanque longue
BAGAUD
Port Man
la tour
canal de la tour
passe des grottes
fort du vieux château
La Palu
L'Estissac
Port-Cros
La Sardinière
PORT-CROS
La Gabinière
N
O
E
S

Préface
de Jean Esquerré

Les îles d'Or, appelées ainsi à cause des micaschistes qui scintillent au soleil omniprésent, sont les joyaux de la Méditerranée.

Elles sont aussi une sorte d'Éden comme se le représente la croyance populaire : douceur de vivre, climat bienfaisant, végétation luxuriante, faune et flore bigarrées, eaux transparentes d'un bleu intense.

Pourtant, c'est dans l'un de ces paradis, l'île du Levant, qu'a été créé au milieu du siècle dernier ce que, par euphémisme, on a appelé une colonie agricole : en réalité un enfer virtuel, un bagne pour innocents.

Les initiateurs de cette réalisation discutable furent surtout guidés par l'esprit de lucre. Il s'agissait, pour ces financiers, de se procurer une main-d'œuvre bon marché, corvéable à merci, utilisée à mettre en valeur, cultiver et rentabiliser cette île de rêve.

Le comte de Pourtalès fut sans doute, de tous les propriétaires successifs, le plus désintéressé. On peut penser que sa rigueur morale et sa foi religieuse lui firent croire réellement aux possibilités de rédemption, par l'éducation et le travail, des brebis égarées.

Mais hélas, ses sous-ordres n'avaient pas la même élévation d'esprit et se conduisirent souvent en subalternes bornés, ivres de leur toute-puissance sur le troupeau à leur merci.

Qu'étaient en réalité ces redoutables délinquants qu'il fallait redresser, corriger, punir ? Pour la plupart, de malheureux gosses victimes de la misère ou du manque d'affection de leurs parents qui les avaient abandonnés, des chapardeurs ou des vagabonds qui, pour d'infimes délits, des peccadilles, et malgré leur tout jeune âge, étaient arrêtés et incarcérés jusqu'à l'adolescence, voire la majorité. Ces temps-là étaient durs, qui permettaient à l'autorité judiciaire de mettre en maison de correction, ou colonie de redressement, des enfants de cinq ans.

D'ailleurs, bien souvent à l'encontre du but recherché, l'enfermement et la promiscuité les rendaient aigris, pervers, agressifs, à l'instar de ceux qui fomentèrent et provoquèrent la malheureusement célèbre « révolte des Corses ».

D'autres, par contre, donnant une superbe leçon d'espoir, s'enrichirent au contact de ces expériences, affirmèrent leur caractère et réussirent remarquablement leur intégration au sein de la population locale.

C'est l'histoire de leur vie dans l'île, de leurs destins croisés, qu'a voulu raconter Claude Gritti.

À partir de faits véridiques, il a fait le récit, volontairement romancé pour édulcorer ce que la réalité pouvait avoir de brutal et de sordide, des événements qui se sont déroulés à la colonie de Sainte-Anne.

Chantre amoureux de sa Provence, fin connaisseur des sites naturels, de la mer, de la pêche et des pêcheurs, il a serti dans l'histoire des expressions, des vocables, des mots de ce pays de soleil, créant une riche opposition avec la sèche relation de la souffrance et du drame.

Il a su imager la grande affection qu'il éprouve pour ces petits, broyés par le système judiciaire de l'époque.

Quatre-vingt-dix-neuf de ces jeunes enfants, sous-alimentés, meurtris dans leur chair et dans leur âme, sont morts au Levant.

C'est à leur mémoire, pour que leur sort soit exemplaire et qu'ils soient préservés de l'oubli, qu'il a voulu rendre un double hommage.

D'abord en écrivant ce livre.

Ensuite en faisant ériger dans le vieux cimetière du Levant une stèle qui porte leurs noms.

I

LES CHEMINS DU BAGNE

Depuis le début de l'automne, les neiges ne cessaient de tomber. L'hiver serait précoce et rude. Mais, en cette fin d'octobre, le redoux fut aussi brutal qu'exceptionnel. Comme tous les montagnards attentifs aux signes du temps, Victor Devillaz dit à l'heure du souper à sa femme et à son fils Jean :

— Demain, nous ramènerons tout le bois coupé cet été.

Tandis que l'aurore rosissait les cimes, ils quittèrent Servoz. Le Brévent s'éveillait. Sur le chemin serpentant parmi les alpages jusqu'à la forêt, Victor Devillaz tirait le cheval par la bride afin de lui donner un pas rapide. Assise sur la charrette, la mère contemplait la vallée. Derrière, Jean maintenait la corde de la mécanique. Ils arrivèrent en fin de matinée à la réserve de bois. Après s'être restaurés d'une tranche de jambon sec, d'un reblochon et d'une miche de pain arrosés d'eau puisée à la source avec un cruchon que Victor avait suspendu sous la charrette, ils chargèrent les bûches, les billèrent avec le tourniquet et redescendirent vers le village. Cette fois, le père freinait l'attelage en tenant la corde de la mécanique bien tendue, tandis que, loin devant, Jean et le chien Edelweiss dégringolaient la pente en gambadant. Le chien jappait, le garçon riait et criait.

À treize ans, Jean Devillaz avait encore l'âge des jeux, même si cela faisait longtemps qu'il participait aux rudes travaux de la ferme. Deux ou trois années encore, et il posséderait la haute taille de son père, sa force physique, son visage carré et sérieux, son pas lent et assuré. En ce temps-là, dans les montagnes, on passait de l'enfance à l'âge d'homme sans perdre son temps dans les incertitudes de l'adolescence.

Les Devillaz étaient une famille connue et respectée à Servoz et dans toute la vallée, du Fayet jusqu'aux Houches. Sur ces terres âpres et pauvres, ils étaient considérés comme des fermiers à leur aise, même s'ils ne possédaient que quelques arpents et quelques têtes de bétail de plus que les autres, rudement acquis le long d'une vie consacrée au travail. Et puis surtout, on évoquait parfois avec admiration, et un peu d'envie, l'un des frères de Simone Devillaz qui, après quelques années au collège d'Albertville, était monté à Paris où il était devenu commissaire de police au moment du coup d'État de 1851. Certains murmuraient que le préfet de la capitale, ou peut-être même l'empereur Napoléon III en personne, l'avait félicité et décoré pour ses services. Sa sœur n'en tirait aucune vanité, au contraire, même si elle laissait aller les rumeurs enjolivant la carrière du commissaire Bordille. D'ailleurs, cela faisait bien vingt ans qu'il était parti, pour ne plus revenir au pays qu'une seule fois, marier sa sœur. Un mariage qu'il désapprouvait. Mais elle aimait le montrer en exemple à son fils unique, car elle rêvait pour Jean d'une belle carrière de fonctionnaire, en ville, loin de la vie laborieuse des hautes vallées. Aussi tentait-elle, avec patience et tendresse, de lui inculquer quelques notions d'écriture et de calcul.

— L'instruction, mon fils, l'instruction ! Il n'y a que comme ça que l'on peut réussir, aujourd'hui.

Jean avait des facilités ; d'ailleurs, il aimait ces leçons, le soir, à la lampe, sur la grande table usée de la salle commune, quand il suivait le doigt de sa mère sur l'abécédaire offert par le curé de Servoz. Mais il n'alla jamais à l'école. Son père s'y était refusé ; dès six ans, un garçon devait rapporter au foyer au moins ce qu'il lui coûtait. Jean vouait à son père une admiration sans borne. Il avait hâte de devenir un jour aussi sage, aussi fort et aussi savant que lui. Le jeune garçon assimilait, avec bien plus d'enthousiasme que l'écriture ou l'arithmétique, la science simple et belle que lui transmettait son père, les mystères de la nature, les dangers de la montagne, mais aussi l'esprit de justice, de bonté, de générosité.

Jean, bondissant comme un cabri, commença l'escalade d'un piton rocheux en surplomb du chemin. De là-haut, il narguait Edelweiss qui n'avait pu le suivre.

— Jean, cria son père, descends de là et viens m'aider. Le cheval...

Victor Devillaz ne put finir sa phrase. Une sorte d'énorme coup de canon retentit, suivi aussitôt d'un roulement monstrueux comme si la montagne tout entière s'effondrait. Jean se sentit projeté à terre par un souffle glacial. Sa tête heurta une branche. Il perdit connaissance. Une haleine chaude et humide le réveilla ; Edelweiss lui léchait le visage en poussant de petits gémissements. Malgré la douleur, le jeune garçon se redressa en secouant la pellicule de neige qui le couvrait. Il se retourna. Là où, quelques instants auparavant, progressait la charrette, une coulée de neige sale coupait le chemin et dégringolait loin en aval, comme un torrent figé. Edelweiss se précipita vers l'éboulis. Jean le suivit tant bien que mal, en claudiquant. Plus loin, en bas, l'avalanche s'était arrêtée dans un enchevêtrement d'arbres et de branches brisées, de roches, de cailloux. Une roue de la charrette émergeait de ce chaos. Edelweiss se mit à gratter la neige frénétiquement. À genoux, Jean tenta de l'aider. Non, c'était inutile, il fallait aller chercher du secours. Laissant son chien à ses tentatives désespérées, Jean se redressa et se mit à courir, ou plutôt à dégringoler vers le village. Vingt fois, il aurait pu se rompre les os, les yeux embués de larmes, le souffle se brisant parfois en un sanglot.

— Papa, maman, il faut les sauver, râlait-il au rythme de sa course.

Quand il arriva enfin à la première ferme, à l'orée du village, il se mit à hurler. On sortit. Malgré les propos incohérents du jeune garçon, on comprit vite ce qui s'était passé. Bientôt, le tocsin de l'église de Servoz résonna dans le ciel limpide de cette belle après-midi d'octobre. Les hommes, pelles, râteaux et longues tiges sur l'épaule se hâtèrent vers les lieux du drame, suivis par leurs femmes chargées de provisions.

Les recherches durèrent toute la nuit. Il fallait aller vite, et prudemment, car les sauveteurs eux-mêmes risquaient leur vie. Les femmes leur servaient des gobelets de vin bien chaud, qu'ils buvaient à la lueur des torches. Plus que tout autre Jean Devillaz se démenait, creusait avec ses mains, portait du bois sur le feu pour se réchauffer, refusant d'obéir aux injonctions des sauveteurs qui, voulant lui épargner un affreux spectacle qu'ils devinaient inéluctable, lui demandaient d'aller attendre chez lui. Tant qu'il posséderait un brin de force il n'était pas question d'abandonner ses parents sous cet amas de neige. L'espérance de les retrouver vivants disparut au matin lorsqu'on découvrit leurs corps déjà figés aux côtés du cheval qui, les membres brisés, respirait encore. Désespéré, il embrassait et caressait leurs fronts glacés comme pour leur redonner chaleur et vie. Dans la descente vers Servoz, Jean marchait tantôt à côté d'un brancard, tantôt à côté de l'autre, serrant la main de sa maman, puis de son papa pour y guetter le moindre signe de vie. Les vieilles femmes, restées au village, toilettèrent et apprêtèrent les défunts et la chambre mortuaire. Alors que Jean, recru de fatigue et anéanti par ce terrible malheur, s'asseyait sur un tas de foin à l'entrée de l'étable et s'endormait d'un coup.

Quand il se réveilla, le jour était déjà haut dans le ciel. Il ne sut jamais qui l'avait transporté dans cette chambre inconnue. Une vieille lui secouait doucement l'épaule.

— Lève-toi, mon petit, courage, le destin est parfois cruel, mais la vie répare quelquefois son injustice. Moi, je suis passée par là.

Il la connaissait, cette vieille-là : Dieu, qu'ils s'étaient moqués d'elle, avec ses copains, quand ils étaient petits. Du courage ! Sur le chemin de la maison, il allait, très droit, le visage fermé, se répétant ce que lui disait son père : un homme ne doit pas pleurer. Mais quand, dans le grand lit où il était né en 1845, il vit le corps de ses parents, gisant l'un à côté de l'autre, il s'effondra sur le plancher. À treize ans, Jean Devillaz n'était plus un enfant, mais il n'était pas encore un homme.

Depuis la mort de sa mère et de son père, Jean était hébergé par la famille du maire. Certes, il ne manquait pas de parents dans la vallée, mais le maire, qui avait quelques ambitions politiques, écrivit à Paris au commissaire Bordille, aussitôt après la découverte des deux corps, pour l'informer du décès de sa sœur et de son beau-frère. Il suggérait habilement au fonctionnaire parisien de devenir le tuteur du petit orphelin. Il pensait que renouer des liens avec celui qu'il supposait être un personnage important de la capitale pourrait lui être utile. Aussi, il avait un peu exagéré l'importance de l'héritage de Jean Devillaz que le tuteur aurait à gérer en attendant la majorité de l'enfant.

Quinze jours après l'enterrement, le commissaire Albert Bordille descendait de la malle-poste reliant Albertville à Servoz et Chamonix. Cet homme mince, à l'allure austère, parut aux yeux des villageois d'une élégance raffinée. On le suivit en foule jusqu'à la mairie, où il signa les quelques formalités, puis à la maison des Devillaz où il put enfin rencontrer son neveu. Et juger du montant de ses biens.

Renfermé dans sa tristesse, Jean passait ses journées prostré devant la cheminée, tandis qu'Edelweiss gémissait doucement, sa bonne grosse tête de chien posée sur ses genoux. Quand on lui annonça l'arrivée de son oncle, il suivit docilement la femme du maire jusque dans le chalet de son enfance. Il n'y était pas revenu depuis l'enterrement. Aussi, quand il revit la grande table noircie, sur laquelle sa mère lui avait appris à lire et à compter, il éclata en sanglots. C'est dans cet état que le trouva son tuteur.

— Alors, c'est ça, mon neveu ? Me voilà bien loti, moi, avec ce petit cul-terreux sur les bras !

Et d'un geste qu'il voulait élégant, le commissaire Albert Bordille épousseta le col en fourrure de son manteau de voyage.

— Va donc préparer ton baluchon. Nous prendrons la malle-poste de demain matin.

— Si tôt ? protesta respectueusement le maire de Servoz qui l'avait accompagné. Reposez-vous au moins des fatigues du voyage ! Et puis, votre visite est un tel honneur pour Servoz, monsieur le commissaire.

— Allons, mon cher Paul, appelle-moi donc Albert, répliqua Bordille, comme dans le bon vieux temps. Non, il faut absolument que je sois à Paris au début de la semaine prochaine. Le travail, mon cher, le travail...

Le maire de Servoz ne s'appelait pas Paul mais François. Toutefois, il n'osa corriger l'erreur de son ancien camarade de jeux.

— Monsieur, demanda timidement Jean. Est-ce que je pourrai emmener Edelweiss à Paris ?

— D'abord, ne m'appelle pas « monsieur », mais « mon oncle ». Ensuite, c'est quoi ça, Edelweiss ?

— Mon chien, et la fleur préférée de ma pauvre mère, c'est pour ça que mon père a appelé le chien Edelweiss ?

— Tu plaisantes, j'espère ! Moi ? M'encombrer de ce sac à puces ! À Paris ! Une seule bouche à nourrir me suffit bien comme ça. Allez, ouste, prépare tes hardes. Ce soir, on couche à l'auberge. Compris ?

— Oui, monsieur... pardon, mon oncle.

Quand au petit matin, la diligence s'ébranla, Jean Devillaz ne comprit pas pourquoi une telle vague de tristesse l'envahissait. Il ne réalisait pas qu'il ne reverrait plus son village, ses amis, son chien. À treize ans, on ne sait pas ce que veut dire « plus jamais ». Puis, au fil des heures, toutes ces nouveautés qu'il voyait défiler devant ses yeux lui firent oublier un temps son chagrin. Comme tout cela était immense. Jamais il n'avait vu une ville aussi grande qu'Annecy. Et ce lac... C'était peut-être comme ça, la mer ? Par bonheur, son oncle ne s'occupait pas de lui. Tout juste le soir à l'auberge, à l'heure du souper, remarqua-t-il le caractère acariâtre du commissaire.

— Ferme la bouche quand tu manges... Ne mets pas tes coudes sur la table... Finis ce que tu as dans ton assiette.

Le reste du temps, pendant le voyage, le commissaire Bordille s'était trouvé un interlocuteur à sa hauteur, un représentant de commerce avec qui il pouvait se laisser aller à toutes sortes de récriminations sur l'inconfort des diligences, les routes mal entretenues, les aubergistes des relais qui en profitent pour estamper les voyageurs. En même temps, son naturel de policier reprenait le dessus. Glissant parfois sur le terrain de la politique, il essayait de chercher à savoir si par hasard le brave marchand de parapluies n'était pas un dangereux républicain. On ne sait jamais, avec ces gens toujours par monts et par vaux. Mais l'autre se dérobait : il avait vu tout de suite à qui il avait à faire.

À l'approche de la capitale, la chaussée s'encombrait de charrettes chargées de marchandises. Franchissant la Butte-aux-Cailles, assis en haut de l'impériale de la diligence, le petit Savoyard, étourdi, assommé, comme ivre, contemplait Paris. Un Paris en chantier. Les pics et les masses du baron Haussmann rasaient des quartiers, ouvraient de larges avenues, creusaient des égouts, aménageaient des squares. Jean ne sentait pas le crachin froid et sale de cette journée de novembre, ni l'odeur pestilentielle montant de l'eau noirâtre des caniveaux. Par contre, il s'émerveillait des beaux bâtiments tout neufs, des landaulets luxueux et des calèches rutilantes que tractaient des équipages astiqués et soignés.

— Terminus, cria le cocher en appuyant l'échelle contre la rotonde à bagages.

— Suis-moi, nous allons jusqu'à mon commissariat qui est tout proche, ça nous dégourdira les jambes.

Comme ils passaient le porche d'entrée du commissariat du VIe arrondissement, le factionnaire rectifia la position. Immédiatement ce fut le branle-bas, empressé que chacun était de venir saluer le chef. Jean fut impressionné par l'homme important qu'était son oncle.

— Monsieur le commissaire a-t-il fait bon voyage ? Veut-il prendre une boisson chaude ?

— Non merci, conduisez-moi à mon domicile, ordonna-t-il.

Aussitôt installés dans l'appartement de fonction que le commissaire habitait au 36, boulevard Pigalle, Cité du Midi, non loin de la butte Montmartre, il convoqua son neveu dans la salle à manger. Assis, jambes croisées dans un fauteuil couvert d'une housse, jouant négligemment de sa canne, il demanda à Jean de rester debout, face à lui.

— Et sors les mains de tes poches. Croise les bras. Tu n'es plus dans tes montagnes, ici. Mon neveu, il faut qu'on parle.... Te voilà à Paris. Et Paris est une ville dangereuse, pleine de tentations mauvaises, surtout pour un garçon de ton âge, et qui ne m'a pas l'air bien éveillé. J'en ai vu, tout au long de ma carrière, des petits paysans dans ton genre débarquant dans la capitale. Il ne leur faut pas longtemps avant de devenir des vagabonds, de la graine de voleurs, d'assassins. Ces enfants sont la plaie des villes, ils grouillent comme de la vermine, semant le désordre et la peur partout où ils passent. Heureusement, nous vivons sous le règne d'un homme sage et charitable. Dès avant son avènement, Sa Majesté l'Empereur Napoléon III a fait édicter une loi qui nous permet à nous, serviteurs de l'ordre, d'enfermer tout vagabond mineur en prison. Et cette loi d'août 1850 stipule que tous, délinquants ou pas, seront envoyés dans des colonies agricoles jusqu'à l'âge de seize, dix-huit ou vingt ans, selon la gravité des faits qui leur sont reprochés. Et pour les coupe-jarrets, l'Empereur a institué le bagne de Guyane. Voilà de grandes idées. Grandes idées, généreuses, modernes ! La rédemption par le travail ! Le respect d'autrui et de la propriété ! Et tout cela grâce au travail le plus noble de tous, celui de la terre !

Il se tut un instant, croisa les doigts devant sa bouche, très satisfait de ses derniers propos. Recru de fatigue, Jean le regardait, hébété, oscillant, et ne comprenant rien à ce discours ampoulé. Il sursauta. Son oncle venait de frapper un grand coup de poing sur l'accoudoir de son fauteuil. La voix se fit menaçante :

— Jean Devillaz, n'oublie jamais que toi, mon pupille, tu te devras d'être irréprochable. Je veux que tu sois un modèle, un exemple de cette jeunesse d'avenir, travailleuse, vertueuse, que l'Empereur appelle de tous ses vœux. Car nous, commissaires d'arrondissement, nous avons pour mission d'assainir Paris de sa racaille.

Jean approuva machinalement de la tête. L'oncle poursuivit :

— Pour commencer, dès demain, au travail. Je t'ai trouvé un emploi de garçon de peine chez le marchand de vin, bois et charbons de la rue des Martyrs. Oh, ce n'est pas pour l'argent que tu rapporteras à la maison, mais que faire d'un petit paysan qui ne sait ni lire ni A ni B ?

— Maman m'avait appris...

— Ne me coupe jamais plus la parole, mon garçon ! La prochaine fois, le tarif sera de quatre coups de canne.

Et c'est ainsi que durant de longs mois, Jean Devillaz transbahuta, tout le jour durant, caisses de bouteilles et sacs de charbon, avant de revenir le soir dans l'appartement faire le ménage. Car le commissaire Bordille, maniaque de la propreté, avait jugé bon de se priver des services de la concierge qui venait passer le chiffon et le balai une fois par jour. Non par souci d'économie, bien sûr, mais pour inculquer à son pupille des notions d'hygiène et de propreté.

Son tuteur répétait sans cesse à Jean, avant de le frapper de sa canne sous les prétextes les plus futiles, qu'il était sévère mais juste. Il appliquait la peine selon un barème méticuleux : une assiette mal lavée, trois coups de canne ; de la poussière sur le buste de plâtre de Napoléon III trônant sur la commode, cinq coups, etc. Il prenait son neveu pour un parfait imbécile. Et on aurait pu croire qu'il n'avait pas tort, tant le joyeux et turbulent gamin de Servoz était devenu taciturne, résigné, placide, solitaire. Pourtant, Jean ressassait au fond de lui, comme un avare compte son trésor, les belles, bonnes et simples leçons de vie que lui avait apprises son père, il y avait si longtemps de cela, dix-huit mois, une éternité. À bientôt quinze ans, il avait atteint sa taille d'adulte et était devenu aussi grand et presque aussi fort que son défunt père. Il lui aurait ressemblé trait pour trait, sans les quelques rondeurs, les quelques candeurs d'enfance de son visage carré, sous les mèches blondes. L'oncle n'avait pas perçu ces changements. Il s'exaspérait seulement du féroce appétit du garçon qui, prétendait-il, lui coûtait de plus en plus cher. Un soir qu'il rentrait fort tard de son commissariat, il s'aperçut qu'il ne restait pas une miette de pain dans la huche. Ivre de colère, il se précipita dans la chambre de son neveu, le secoua avec véhémence :

— Lève-toi, voleur, voyou. Tu cherches donc à me faire crever de faim ? Habille-toi. Je te veux dans la salle à manger dans une minute. Dix coups de canne.

Engourdi de sommeil, épuisé par une journée de travail qui avait été encore plus pénible qu'à l'ordinaire, Jean se dressa, hagard, enfila machinalement sa blouse, se chaussa.

— Espèce d'âne bâté ! Ah, je l'avais bien dit à ma sœur, de ne pas épouser cette brute de Devillaz. Ce rustaud...

Et la canne s'abattit. En un éclair, Jean saisit le poignet de son oncle et le tordit violemment. Ils se regardèrent, prêts à se battre. Ils avaient maintenant la même taille, mais Jean était plus large, plus massif que son oncle. Le policier savait jauger d'un coup d'œil la force physique d'un homme. Aussi, un instant désemparé, il préféra dire en désignant la porte :

— Hors de chez moi, voyou ! Disparais !

Jean se retrouva sur le boulevard. Cette nuit de juin lui sembla douce, après les lourdes chaleurs de la journée. Où aller ? Durant ces dix-neuf mois à Paris, il n'avait fait que le chemin qui le menait de l'appartement à l'entrepôt du marchand. Il connaissait bien les rues des alentours, où il livrait les couffes de bois, de charbon et des bonbonnes de vin, mais il ne connaissait rien de Paris. De rares fois seulement, il avait accompagné son Auvergnat de patron, sur sa charrette, jusqu'à Bercy. Il murmura :

— Je rentre à Servoz.

Mais où était Servoz ? Il se retourna. Derrière lui, de l'autre côté du boulevard. Il tourna rue de Laval et escalada la rue des Martyrs, évitant les lumières des quelques mastroquets encore ouverts. Au bout se dressaient les premiers contreforts de la butte Montmartre. Retrouvant son pas lent et assuré de montagnard, il grimpa tout là-haut. Enfin, dans un champ, sous un ciel rempli d'étoiles, il contempla Paris qui s'étendait à l'infini. Demain, il aurait quitté cette ville, il irait par les chemins, gagnerait son pain dans les fermes et un jour enfin, il arriverait à Servoz, retrouverait ses amis, son chien Edelweiss, sa montagne. Il redescendit la butte, évita de repasser devant la Cité du Midi, où il avait vécu presque deux ans de cauchemar, de coups de canne, d'insultes et d'humiliation. Puis il se perdit dans les rues. Il finit enfin par traverser la Seine. Mais où aller maintenant ? Vers le sud, vers Servoz. Il s'endormit sous une porte cochère et ne s'éveilla qu'à l'aube. Nul ne jetait le moindre regard au petit vagabond. Il y en avait tant, à rôder dans les rues de Paris, depuis que le baron Haussmann avait éventré la ville, comme on donne un coup de pied dans une fourmilière. Rue de l'Épée-de-Bois, en passant devant une boulangerie, il sentit le fumet du pain frais lui torturer les narines, lui tordre l'estomac. Il fit encore quelques pas. Une marchande de fromage, qui venait de finir de disposer son étal, lui tournait le dos. La main de Jean Devillaz se tendit vers la tranche de tome de Savoie et l'enfourna promptement dans la poche de sa blouse. Puis il se mit à courir, à courir...

— J'ai tenu à venir vous avertir moi-même mon cher collègue. Naturellement, j'ai demandé à mes hommes d'être les plus discrets possible. Si vous le voulez, nous vous ramenons l'enfant dans la journée. Le juge n'en saura rien.

Albert Bordille considéra le commissaire du Ve.

Est-ce qu'il ne serait pas en train de se foutre de moi, par hasard ? songea-t-il.

Son neveu ! L'enfant que lui, la terreur des vagabonds et des voyous de tout poil, avait tenté d'éduquer, se retrouvait en cellule pour vol à l'étalage ! Bordille, commissaire médaillé, deviendrait à coup sûr la risée de toute la police impériale parisienne ! Alors que se profile la Légion d'honneur et l'espoir d'une promotion, tout serait remis en cause avant belle lurette ! Il fallait jouer fin.

Il connaissait bien son collègue du Ve. Il était assis à ses côtés, en 1854, lors de la réunion où le préfet de police avait précisé les ordres impériaux : « Votre mission consiste à épurer vos arrondissements des indésirables et des vagabonds. Notamment les enfants qui sont la plaie des villes. La démolition des quartiers révolutionnaires a mis au jour une graine de criminels qui permettait à la cour des miracles d'y recruter son armée d'avant-garde. Il vous faut éradiquer cette gangrène sans aucune pitié, le bagne de Guyane est vaste et les évasions y sont pratiquement impossibles. Alors messieurs les commissaires assainissez-nous cette ville et elle deviendra la plus belle du monde. »

Tel avait été le discours du grand patron de Bordille. Et maintenant, lui, le policier modèle, se retrouver de l'autre côté, du côté de la racaille, à cause de cet abruti, de ce petit crétin des vallées alpestres.

— Je ne veux pas de traitement de faveur pour ce garnement. Je vous demanderai, mon cher collègue, de suivre la procédure normale, comme avec n'importe quel autre petit délinquant. Et s'il le faut, j'irai voir le juge, pour lui demander encore plus de sévérité à l'égard de mon pupille.

— Mais, ça veut dire la Roquette et une colonie agricole jusqu'à la majorité.

— Loi d'août 1850, je le sais, répliqua Bordille qui ajouta, sentant qu'il reprenait le dessus : Pourquoi ? Vous avez quelque chose contre ?

Quand l'autre fut parti, l'oncle poussa un soupir de soulagement. Il allait pouvoir retrouver ses vieilles habitudes. Et puis, il faudrait qu'il s'occupe maintenant de la succession Devillaz. Ce n'était pas grand-chose, mais en y ajoutant ses propres économies, il pourrait faire de bons placements sûrs. Les actions immobilières marchaient très fort à Paris, en cette année 1860. Et pour un commissaire de police bien informé, cela pouvait être très profitable.

Il était en prison. La chose lui paraissait juste puisqu'il avait volé. Volé un bout de fromage. La faim n'était pas une excuse, son père le lui aurait dit. On ne vole pas, c'est mal, et les voleurs vont en prison. Que devait penser de son enfant Victor Devillaz, là-haut dans le ciel ? Et maman, pleurait-elle de voir son petit Jean devenu un criminel ?

Devillaz jeta sur la paillasse qu'on lui avait désignée le baluchon d'affaires que son oncle avait quand même consenti à lui faire passer. Puis il regarda autour de lui. Le dortoir était une salle immense, sombre, aux odeurs de moisi. Le gardien lui grogna :

— Allez, va rejoindre les autres dans la cour, maintenant.

Docilement, Devillaz le suivit à l'extérieur. Au-dessus de hauts murs grisâtres, des gardiens veillaient, arme à la bretelle. Une nuée d'enfants, disséminée en groupes épars, marchait à pas lents dans un bourdonnement incessant de voix qui s'intensifiait jusqu'à devenir vacarme. Alors, un gardien, déambulant sur le chemin de ronde, aboyait :

— Silence là-dedans !

D'un coup, tout le monde se taisait. Puis, petit à petit, le bourdonnement reprenait... Il en était de même sous les voûtes du réfectoire. Et la nuit, ponctuée par le pas ferré du gardien arpentant les allées, on entendait parfois un cri, un gémissement, une plainte, bulle crevant à la surface d'un rêve ou d'un cauchemar.

Devillaz était bien décidé à rester dans son coin et à ne jamais frayer avec aucun prisonnier, tous voleurs, tous criminels, comme lui, pensait-il. Il se jura d'éviter de fréquenter, durant les cinq années que durerait sa détention, ces petites crapules, « de la racaille » selon son oncle, de mauvaises fréquentations, comme aurait dit son père. Pourtant, depuis qu'il était arrivé à Paris, il n'avait pratiquement jamais adressé la parole à un garçon ou à une fille de son âge. Ses amis de Servoz, avec lesquels il avait tant joué, tant vagabondé dans les montagnes, pataugé dans les torrents et maraudé dans les forêts, lui semblaient si loin qu'il les avait presque oubliés.

Mais cela ne l'empêchait pas d'observer, avec son œil vif de fils de montagnard, de petits groupes rôdant dans la cour de la Roquette. Parfois, impressionné par la stature et la force que dégageait ce grand garçon taciturne et morose, un détenu l'abordait. Mais Devillaz le renvoyait d'un geste de la main :

— Va jouer ailleurs. Fiche-moi la paix.

Un matin gris de novembre, alors qu'il était accroupi contre l'un des grands murs de la cour, une bagarre éclata à quelques pas de lui. Quelqu'un, en reculant, alla buter contre ses jambes et tomba en arrière, les quatre fers en l'air. Devillaz se redressa d'un bond. En un clin d'œil, il jaugea la situation : d'un côté, un gamin d'une dizaine d'années, celui qui était tombé ; de l'autre, une bande de quatre ou cinq gars plus âgés, à qui Devillaz trouva de sales têtes. C'est vers eux qu'il se retourna menaçant :

— Eh bien ! qu'est-ce que vous lui voulez, à ce petit ?

— T'occupe pas de ça, Fiche-la-paix. Retourne dans ton coin.

Devillaz considéra de pied en cap le grand blond efflanqué qui avait prononcé ces paroles. Celui-là ne faisait pas le poids. Une bonne bourrade et le type s'enfuirait à toutes jambes. Quant aux trois autres, avec leurs regards sournois, un coup de gueule ou une pichenette suffirait. Devillaz avait appris comment se comporter avec les chiens aboyant à ses basques, comme ceux qui gardaient les abords des fermes de montagne en prévenant leur maître d'un danger. Il suffisait de les regarder de haut pour que l'aboyeur file la queue entre les jambes et les oreilles rabattues.

— Allez, dit-il, débarrassez-moi le plancher.

Un gardien s'approchait.

— Tu as de la chance que le gaffe radine, grinça le grand blond. Mais on se retrouvera.

Pendant qu'ils s'éloignaient, Devillaz se retourna, tendit la main au gamin, toujours à terre et le redressa.

— Merci bien, m'sieur Fiche-la-paix, lâcha l'enfant d'un ton gouailleur.

— Pourquoi m'appelles-tu comme ça ?

— C'est ton surnom à la Roquette. Depuis plus d'un mois que tu es là, chaque fois qu'on t'adresse la parole, tu réponds « Fiche-moi la paix », alors...

— Ah oui ? Eh bien ! qu'on vienne encore m'appeler comme ça, et on verra... Mon nom c'est Jean Devillaz. Et toi ?

— Denis. Ce n'est pas mon p'tit nom, mais celui que l'on m'a donné à l'hôpital. Mon p'tit nom, c'est... Sans importance. Ici les p'tits noms, ça n'existe plus, ou on te colle un faux nom, ou tu conserves celui que le gaffe hurle à l'appel et que tu réponds fort et clair, « présent ».

— Qu'est-ce que tu leur as fait, à ces gars-là, pour qu'ils te bousculent comme ça ?

— Bah, répondit Denis en relevant d'un coup de tête une mèche couvrant son œil malicieux, toujours la même histoire. Foucaut disait que je pourrais leur être utile. Foucaut, on l'appelle Capitaine, parce que c'est le chef. C'est le plus malin, aussi, il ne se fait jamais prendre. Mais Laurent, la grande perche que tu as failli cogner, et Boule-de-Neige n'étaient pas d'accord pour me prendre avec eux.

— Boule-de-Neige ?

— Oui ! Fouché. On l'appelle Boule-de-Neige parce que, l'hiver dernier, lors d'une bataille à la dure, il aurait mis un caillou dans une boule de neige. Celui qui l'a reçu, eh bien il est mort. Mais peut-être que c'est une blague !

— Et pourquoi voulais-tu aller avec ces voyous ?

— Tu sais à la Roquette, quand on est un petit et qu'on n'est pas plus épais que moi à onze ans et demi, il ne faut pas rester tout seul, sans quoi on est fichu. Tu sais, ici, il n'y a pas que ceux qui vont dans une colonie agricole. Il y a de vraies fripouilles, de vrais voleurs, de vrais assassins. Et ceux-là, il vaut mieux les éviter. À choisir, je préfère être protégé par le Capitaine et sa bande. En échange, je leur aurais rendu des services : petit comme je suis, je peux aller partout, les gardiens me font confiance. Seulement, je n'ai pas été d'accord quand le Capitaine a voulu que je devienne le trou du cul de Hernebrood.

— Le trou du cul de Hernebrood ?

— Oui, sa femme, sa tapette, sa gigolette ; tu sais, Hernebrood, c'est vraiment une canaille. On l'appelle la vicieuse, mais c'est surtout un espie.

— Un espie ?

— Ben oui, l'espie, le cafard, l'espion, celui qui va tout raconter au gardien moyennant une ration de soupe en plus ou une nuit de cachot en moins. Donc, Hernebrood me voulait et le Capitaine était d'accord. Comme ça, pensait-il, il serait informé sur tout ce qui se passerait à la Roquette. Moi, tu penses j'ai refusé. Devenir la femme d'Hernebrood, pouah ! C'est pour ça que le grand escogriffe blond et les trois autres voulaient me casser la figure. Et tu les as empêchés. Je te remercie... Au fait, j'espère que tu n'es pas comme Hernebrood, au moins ? Tiens, c'est le type qui est là-bas, appuyé contre la grille de la fenêtre. Tu le vois ?

Devillaz eut un haut-le-cœur. Comment ce genre de choses pouvait-il exister ? Cet Hernebrood que Denis lui désignait du doigt n'avait pas plus de treize ans. Ses poils des bras se dressèrent en même temps qu'une bouffée de dégoût lui noua la gorge. Tout un abîme le séparait de ce petit dévoyé. Puis d'un coup, cette âme pure et franche prit sa décision : il protégerait Denis, et tous les autres petits de ce monde terrible de la

Roquette, monde infernal, pourri de vices abominables. Et son père serait fier de lui.

Un mois et demi auparavant, Devillaz avait eu quinze ans. Cet anniversaire entre quatre murs l'avait rendu mélancolique et solitaire. Aussi était-il content de la décision qu'il venait de prendre. Toujours flanqué du bondissant Denis, il prit sous son aile deux tout jeunes enfants, deux frères, dont l'aîné n'avait pas encore neuf ans et le cadet six ans et demi. Les gendarmes les avaient ramassés errant sur les chemins du Calvados, et le juge avait décidé de les envoyer, jusqu'à leur majorité, dans une colonie agricole. Les deux petits Noël s'étaient ainsi retrouvés à la Roquette, sans rien comprendre à ce qui leur était arrivé. Quand Devillaz les trouva, recroquevillés dans un coin de la cour, l'aîné, Paul, tentait en vain de consoler le petit Aimé d'un obscur chagrin d'enfant.

Au fil des jours, un groupe d'une demi-douzaine d'enfants se constitua autour de lui. Leur âge n'excédait pas onze ans. Et le grand Devillaz, avec ses larges épaules, sa voix grave à l'accent un peu traînant des Savoyards, était considéré par eux comme le grand frère. Tous ces petits avaient connu plus ou moins la même histoire : mort ou abandon des parents, vagabondage, maraudage et petit larcin à l'étalage, enfermement à la Roquette en attendant l'envoi, jusqu'à seize, dix-huit ou vingt ans, selon l'humeur du juge, dans l'une des trente colonies agricoles du continent, des îles métropolitaines ou d'Algérie.

Un jour de pluie froide, en décembre, profitant de l'inattention des gardiens, Laurent, Boule-de-Neige et Hernebrood, les anciens agresseurs du jeune Denis, aidés par deux de leurs copains, se jetèrent sur Devillaz par surprise. Cela faisait quelques semaines qu'ils ruminaient leur vengeance, attendant l'occasion propice. Devillaz, la tête couverte de son bourgeron pour se protéger de la pluie, rêvassait, adossé à l'un des murs de la cour. Sans qu'il remarquât quoi que ce soit, trois « grands » lui tombèrent dessus. Ses petits protégés s'enfuirent comme une volée de moineaux. Devillaz reçut quelques coups de poing avant de comprendre ce qui lui arrivait. Il allait succomber sous le nombre quand trois garçons, qu'il ne connaissait pas, vinrent à son aide. Cela allait dégénérer en bataille rangée. Le Capitaine, qui observait la scène de loin, lança :

— Barrez-vous ! v'la les gaffes !

Boule-de-Neige, Laurent et deux complices s'en furent à toutes jambes, ainsi que deux des défenseurs de Devillaz. Seul le troisième continuait à bourrer de coups de poing Hernebrood, gisant au sol. Le défenseur en question fut saisi *manu militari* par les gardiens et envoyé au cachot. Hernebrood, délivré, se redressa et s'éloigna non sans avoir fait un geste obscène à l'attention de Devillaz qui répliqua d'un haussement d'épaules.

— Naturellement, c'est toudi les bons qui paient pour les mauvais, grommela une voix derrière lui.

Devillaz se retourna, c'était l'un des trois grands venus à sa rescousse, un garçon d'une quinzaine d'années, trapu, à l'air jovial et vif.

— Merci pour votre aide, les gars, dit Devillaz en tendant la main. Sans vous, j'allais passer un mauvais quart d'heure. Je m'appelle Devillaz.

— Et mi, Beaumais, répliqua l'autre. V'la Roncelin, in paie pas d'mine, com' ça, mais malgré ses douze ans il est fort com un Turc.

D'un coup d'œil, Devillaz, estima que le nommé Beaumais exagérait un peu la force de son camarade qui, certes n'était pas négligeable, mais enfin.

— Je n'ai aucun mérite, dit Roncelin en riant. Avant d'être arrêté pour vagabondage, j'étais aide-forgeron, dans mon village, en Normandie. Ça fait les muscles. L'été dernier, mon patron a fermé sa forge. Il voulait aller travailler aux chemins de fer, à Paris. Je me suis retrouvé sur le pavé, avec pas un seul forgeron à vingt kilomètres à la ronde. Comme je ne rapportais plus rien à la maison, ma mère m'a flanqué à la porte. Je suis allé à Dieppe, les gendarmes m'ont pincé. Et me voilà. Comme tout le monde, quoi !

— Ouï, com testou, approuva Beaumais, qui s'empressa d'ajouter voyant qu'on ne l'avait pas compris, com tout le monde.

Il y eut un moment de silence, où chacun songeait à son destin. Mais Roncelin n'aimait pas rester ainsi perdu dans ses pensées. Alors il s'écria, rigolard :

— Eh ! Beaumais, raconte-nous une histoire ! Tu vas voir, Devillaz, comme il est drôle. Parfois on ne comprend même pas ce qu'il dit, avec son accent, en plus...

— Biseur, normal, dit Beaumais en ouvrant les mains, d'su belge ! Et d'n'ai pon d'accent ! c'est vous les Français qui d'avez un.

— C'est quoi ça un Belge ? demanda Devillaz. Comment as-tu fait pour te retrouver ici ?

— Une longue histoire, savez ? Les Belges habitent en Belgique et mon village c'est Ham-sur-Heure, et el maîst d'escole m'aimait bien. I trouva qué j'astou doué pour les études. Et il me parlou toudi de Paris, de Paris, de Paris... I disou què les grandes avenues, les cités, les immeubles, les places et les squares, embellissaient Paris à té point, qué Paris serou sans conteste la plus belle ville du monde, et ci et ça. I m'disou aussi qu'il y avait une escole où même un fils de batelier com mi pouvou d'evnir un savant. L'Escole des Arts et Métiers. J'en ai rêvé toute une nuit. Alors, j'ai voulu y aller. Un matin, je crois que s'astou hier. J'ai pris la route de Paris. J'ai marché près d'nonante bornes.

— Dis-moi Beaumais, demanda Denis, à l'escole belge, le français que l'on t'apprend, c'est el françou belge ou du français français ?

— Tu as raison, mon maître d'école ne serait pas content de moi. Et c'est lui faire injure que de ne pas m'exprimer correctement comme il me l'a appris. Bon, je continue : après la frontière, je me suis caché dans un train qui allait à Paris, ni vu, ni connu. Et me voilà enfin dans la plus belle ville du monde, comme disait mon maître d'école. Ah que de chantiers ! Et pas moyen de trouver cette fichue école des Arts et Métiers. J'ai marché, j'ai flâné sur les quais à la recherche d'un travail. Les péniches, je connais un peu. On voulait bien m'engager, mais pour les déchargements, mon mètre quarante a fait qu'ils me trouvaient trop petit. Finalement, je m'installe sur le Pont-Neuf pour manger un bout de pain. Le Pont-Neuf, tu parles ! Il est vieux comme tout ! Moi, je m'embêtais un peu, sur ce vieux Pont-Neuf. Pour passer le temps je m'amusais à jeter des cailloux dans l'eau. Une main se pose sur mon épaule. Un policier ! « Qu'est-ce que tu fais là, toi ? Tu veux tuer quelqu'un avec tes pierres ? » Mes petits graviers, des pierres ! Pourquoi pas des rochers tant qu'il y était ? Il continue : « D'où tu sors, d'abord ? Avec l'accent que t'as, tu n'es même pas français, je suis sûr. Encore un de ces étrangers qui viennent manger notre pain ! » Hé ! le pain je l'ai acheté et puis je suis belge pardi ! que je leur ai répondu. « Tes parents, où sont-ils » ? « À Ham en Belgique. » « Et que fais-tu à Paris ? » « Je visite. » « Quel âge as-tu ? » « Quinze ans et demi. » « As-tu des sous ? » « Oui, j'ai septante francs, regardez. » « Septante ! Sale menteur, tu n'en as que soixante-dix ! Allez ouste au poste. »

« Ils m'ont conduit au commissariat du VIe arrondissement. Le commissaire, qui à ce moment-là passait dans le couloir, leur a dit « Foutez cette vermine à la Roquette. » Moi une vermine ? alors que je n'ai jamais fait de mal à personne, si tu avais vu la tête de ce commissaire.

— Oh, mais je le connais ce commissaire, dit Devillaz, c'est mon oncle. Un mauvais homme qui m'a amené là où je suis aujourd'hui.

— Le gaffe m'a crié : « Au trou ! » Il a vidé mes poches. Le lendemain, je me retrouve devant le juge qui me dit : « le tribunal t'acquitte du délit de vagabondage et comme tu es belge et mineur, je laisse à tes parents vingt et un jours pour venir te chercher. Passé ce délai, tu seras envoyé dans une maison correctionnelle jusqu'à l'âge de vingt ans ». Et me voilà. Si j'avais su, je serais resté chez moi ! Mais il n'est pas né celui qui gardera Eugène Beaumais en prison. Je trouverai bien le moyen de m'échapper et de retourner dans ma péniche. Au diable Paris et son Art et Métiers. Il doit bien y avoir des bateaux dans leur île du Levant !

— L'île du Levant ? Qu'est-ce que c'est que ça ? demanda Devillaz.

— C'est là où on nous envoie. Notre colonie agricole, comme ils disent. Je l'ai appris par le greffier qui est natif de Quiévrechain, un village frontière pas loin de mon pays, ça crée des liens. L'île du Levant c'est dans le Sud, sur la mer Méditerranée. Il paraît que nous allons là-bas parce que nous avons été bien sages. Les autres, on les envoie en Corse, une colonie disciplinaire. J'ai bien peur que ce pauvre Villevieille, c'est le brave type qui s'est fait pincer par les gardiens lorsqu'il foutait la raclée à ton agresseur, ne soit expédié là-bas. « Le Levant, un bon climat en hiver ! Ah, tu as de la chance ! » m'a dit le greffier, en sortant du tribunal. C'est le paradis, mes amis ! Mais moi, je préfère mon enfer du Nord ! Et je vous jure que dès que l'occasion se présentera, aussi vrai que je m'appelle Beaumais Eugène, adieu les gars ! Adieu, les îles ! Vive les canaux du Hainaut !

Tout ce discours avait été prononcé avec force grimaces, grands gestes des bras, imitations hilarantes de la voix des gaffes, du juge, du greffier. Les petits protégés de Devillaz, rameutés autour de lui, riaient aux éclats. Denis en pleurait, Roncelin le forgeron levait les yeux au ciel, jouant à l'homme désespéré par la folie de son compagnon, et soupirant avec des airs comiques :

— Mais où va-t-il chercher tout ça ? murmurait-il.

Enfin, Beaumais prit un air grave :

— Tu sais, Devillaz, ça fait que trois semaines que je suis là. Mais je t'ai observé. Bravo ! C'est bien, ce que tu fais pour les plus petits. Avec Roncelin et le pauvre Villevieille, on avait déjà décidé de te donner un coup de main, avant la bagarre de tout à l'heure. Si tu veux bien de nous... On est avec toi : les pauvres crapoussins ils nous font de la peine, ils sont trop vulnérables.

— Vulnérable ? Qu'est-ce que ça veut dire, s'écria Roncelin. D'où sors-tu ce mot-là, encore ?

— Ah, ça, c'est le comble, alors ! Moi, le Belge, je dois vous apprendre le français. « Vulnérable », cela veut dire « à la merci des méchants ».

— Eh bien, c'est dit, lança Devillaz. Je vous recrute dans ma compagnie. Elle s'appellera désormais : la compagnie des Vulnérables. Tu me plais Beaumais.

— Toi aussi, répondit l'astucieux Wallon en tendant la main. On est amis ?

— On est amis ! répondit Devillaz qui se sentit rempli de bonheur.

— Alors, vivent les Vulnérables ! s'écrièrent en chœur Denis et Roncelin.

Les petits les imitèrent :

— Vivent les Vulnérables !

— Silence ! aboya un gardien.

Dès le lendemain, les Vulnérables s'augmentèrent encore de quelques unités. Au total, une dizaine d'enfants et leurs gardes du corps Devillaz, Beaumais, Roncelin, Denis, puis Villevieille quand il sortit de ses trois jours de cachot.

Parmi les dernières recrues, un grand garçon placide et indolent, un peu joufflu, aux grands yeux bleus naïfs, Geuneau. Il avait pourtant presque quinze ans, et aurait très bien pu se défendre tout seul, mais ce fils de paysan qu'on aurait pu croire un peu nigaud était surtout d'une candeur et d'une gentillesse désarmantes. Naturellement, avec ses allures pataudes, il était la proie toute désignée de ceux que Denis appelait « les roquets de la Roquette », qui le bousculaient, se moquaient de lui, lui tournaient autour comme un essaim de mouches aiguillonne un bœuf, lui faisaient mille et un tours pendables sans que Geuneau sortît une seule fois de ses gonds. Un jour qu'il était ainsi harcelé, et qu'il marquait quelques signes d'agacement, les Vulnérables intervinrent. Désormais, le brave garçon vouera une reconnaissance et une admiration sans borne à Devillaz, son sauveur. Geuneau était né à Saint-Germain-des-Bois, dans la Nièvre. Il raconta aux autres des bribes de son histoire : quand son père, ménager agricole, mourut, sa mère partit sur les routes, traînant derrière elle ses deux enfants. Dans les cours de ferme, les rues de village, Geuneau criait « rampailleuse ». Lorsque la réparation des chaises ou des chapelets ne nourrissait pas sa progéniture, elle tordait le cou à une poule qui, imprudente, passait par là et la nuit, elle maraudait un jardin potager. C'est ainsi qu'elle arriva à Paris, ce gigantesque entonnoir dans lequel tous les miséreux de France étaient aspirés. Elle mendia. Elle trouva un abri pour ses petits, quelques planches à la barrière de Picpus. Un soir, elle revint avec un mendigot qui dormit avec elle. Comme elle n'était pas laide, bientôt les hommes défilèrent sur son grabat, tandis que, à côté, les enfants faisaient semblant de dormir. Une nuit, alors qu'il faisait le guet pendant qu'elle s'était introduite dans la réserve d'un épicier pour prélever quelque nourriture, les gendarmes la prirent et l'emmenèrent. Elle fut enfermée à la prison de Clermont-sur-Oise. Les deux enfants se retrouvèrent seuls. Le cadet s'égara. Geuneau partit à sa recherche, mais le gros garçon se perdit à son tour dans l'immense cité.

On le mena devant le juge qui l'expédia jusqu'à vingt ans révolus dans une colonie agricole. Il ne parla jamais de sa mère à personne, même pas à Devillaz, tant il en avait honte ; blessure secrète et douloureuse qu'il cachait sous une apparente niaiserie. Il se contentait de répondre, quand on le questionnait :

— Vain Dieu ! Je n'ai pas de chance !

— Tu as besoin de prier vingt dieux, toi ? lui

demanda Denis avec son petit air futé. Tu ne trouves pas qu'un seul, c'est suffisant ?

— Ce n'est pas « vingt », comme les doigts de mains et de pieds réunis, c'est vain que je veux dire ! Inutile, quoi ! Puisque de là-haut il ne m'a jamais aidé... jamais. Vain Dieu ! Et pourtant qu'est-ce que j'ai pu le prier, ce dieu-là. Oh ma pauvre mère ! Oh misère !

— Ce surnom de vain Dieu va te rester, lui dit Denis.

— Ça m'est égal, peut-être qu'il me portera bonheur, vain Dieu !

— Ainsi, Massé, vous connaissez cette île du Levant ?

— Connaître est un bien grand mot, Monsieur le directeur. Quand mon régiment s'était embarqué à Toulon pour l'Algérie, nous avions longé les îles d'Hyères. Un paysage magnifique. Mais ces îles me parurent alors très sauvages. Vous aurez là-bas une tâche difficile, mais une mission ô combien exaltante. Une mission de pionnier. Ah, comme j'aimerais être à vos côtés, monsieur le directeur.

— Nous verrons cela, Massé. Je pense avoir de bonnes chances d'être nommé à la colonie du Levant. Ce sera en fin de compte le propriétaire de l'île qui choisira son directeur. À moins d'un veto de l'administration pénitentiaire. Mais continuez plutôt la lecture de votre compte rendu.

À quarante ans, le directeur Léon Fauveau, responsable de la section correctionnelle des mineurs de Clairvaux, avait fait toute sa carrière dans l'administration pénitentiaire. Gardien, puis gardien-chef, il avait vu sa nomination à ce poste comme la promotion suprême. Une sinécure, car désormais il n'aurait plus à se frotter à des délinquants endurcis, mais à des mineurs acquittés de toute sanction pénale, et regroupés dans une « colonie agricole », jusqu'à l'âge de seize, dix-huit ou vingt ans. Dès sa nomination, il avait demandé au directeur de la centrale le transfert dans sa section du détenu Massé, un homme d'une trentaine d'années, aux traits fins, aux mains longues et blanches, au regard profond, à la chevelure de jais. Cet ex-sergent-major, détenu exemplaire, avait été condamné pour détournement de fonds dans son régiment, et désertion. Sa belle écriture, sa vive intelligence en faisaient un secrétaire idéal pour le directeur Fauveau qui n'aimait guère s'occuper de la paperasse. De surcroît, la brillante conversation de l'ancien sous-officier avait l'heur de plaire à Mme Fauveau et à sa fille, quand, un dimanche par mois, le directeur de la section correctionnelle pour enfants invitait le détenu à sa table.

— Alors, Massé, cette île du Levant ? Qu'avez-vous déniché là-dessus. Il faudra que je donne l'impression de la connaître à fond, demain, lors de mon entretien avec l'inspecteur général.

— Eh bien, durant tout le Moyen Âge, et jusque sous François Ier, les îles d'Hyères furent la proie des pirates barbaresques. Le trop fameux Barberousse lui-même...

— Holà, mon vieux, vous n'allez pas remonter jusqu'à Mathusalem tout de même ? Gardez ces histoires-là pour Mme Fauveau qui en est friande. Au fait, Massé, au fait !

— Excusez-moi, monsieur le directeur. Sachez alors que, depuis quelques décennies, l'île du Levant et sa voisine Port-Cros ont été l'objet de tentatives d'exploitation agricole par leurs propriétaires successifs, tentatives toutes vouées à l'échec. Ils se heurtaient toujours au même problème : la pénurie de main-d'œuvre. Les populations du continent, en effet, rechignaient à y venir s'installer. Il faut dire que depuis près de mille ans la Méditerranée était infestée de bateaux pirates. Le Levant et ses voisines avaient fort mauvaise réputation. Au fil des siècles, elles ont successivement servi de bases avancées aux Barbaresques, aux fustes espagnoles puis, à plusieurs reprises, aux Anglais lors des blocus de Toulon. Elles ont toujours été un lieu stratégique, mais pratiquement abandonnées parce que très dangereuses. Aujourd'hui, malgré la paix, on n'y voit aborder que les barques de pêcheurs. C'est à peine s'il y a à demeure au Levant une ou deux familles de paysans. Pas le moindre boulanger, pas le moindre mastroquet. C'est l'île la plus délaissée. L'installation des colons, l'approvisionnement de l'île, tout cela demanderait des sommes colossales. Un jour, il y a une dizaine d'années de cela, en 1850 si je ne m'abuse, le Levant trouva un nouvel acquéreur...

— M. de Pourtalès, enfin ! soupira Fauveau qui commençait à s'ennuyer.

— Non, l'un de ses prédécesseurs : Louis Balahu de Noiron. Il avait pour l'île de grandes ambitions. J'ai réussi à me procurer son projet de société par actions pour l'exploitation du Levant. Il ne comporte pas moins de trois cent cinquante-neuf articles qui...

— Épargnez-les-moi, Massé, je vous en prie !

— Bien sûr, monsieur le directeur, mais il y a pour vous, là-dedans, de nombreuses et grandes idées que vous pourrez faire valoir à monsieur l'inspecteur, et mettre en pratique quand vous serez directeur de la colonie agricole.

— Ce n'est pas encore fait. J'ai de bonnes chances, mais... Vous allez me portez la poisse, mon vieux ! Allez-y quand même, si ça peut m'être utile.

— Il faut d'abord vous rappeler que l'acquisition du Levant par M. de Noiron coïncidait avec la loi d'août 1850 autorisant la création par des personnes privées de colonies agricoles pénitentiaires pour enfants abandonnés, orphelins et petits délinquants. Aussi, M. de Noiron, après avoir rédigé en préambule ses objectifs humanitaires et philanthropiques, rédemption par le travail, formation morale et intellectuelle des enfants, respect de la religion et de la propriété, bonnes mœurs, propreté...

— Sans compter les soixante-quinze centimes que l'État lui aurait alloués, par jour et par enfant...

— Certes. Toutefois, ce grand projet était fort onéreux. Écoutez plutôt... Après avoir commencé le défrichement des maquis, le nettoiement des sources et envisagé la construction de divers bâtiments pour les détenus — dont une chapelle, un presbytère, une auberge et j'en passe —, M. de Noiron avait l'idée de leur faire planter de la vigne, des oliviers, des mûriers, des figuiers, des pistachiers, des orangers, des citronniers, des amandiers. Il aurait construit une ferme modèle, une maison de santé, des viviers, une usine de salaison, une magnanerie...

— Une magnanerie ?

— Une ferme d'élevage du ver à soie... Et des ruches, de la volaille, des faisans. Il voulait aussi créer un jardin botanique, un haras, une distillerie, une parfumerie... Et même, idées de génie, un établissement de bains de mer et une monnaie qui n'aurait eu cours que sur l'île. Hélas, un tel projet ne pouvait qu'effaroucher notre administration trop frileuse...

— Mouais ! Votre Noiron a eu les yeux plus grands que le ventre. Et surtout, tout le monde a pu penser qu'il n'avait qu'une seule envie, se faire de l'argent sur le dos de ces enfants. Exactement le contraire de ce que devraient être les colonies agricoles. Un tel projet ne pouvait que paraître louche.

— Vous croyez, monsieur le directeur ? répliqua Massé avec un drôle de sourire. Eh bien, moi, je l'aurais bien rencontré, cet homme-là, je suis sûr qu'il m'aurait plu. En tout cas, le projet fut refusé à cause des démêlés du fils de Noiron avec le ministère de la Guerre, qui fut même assigné en justice. Bref, découragé, M. de Noiron revendit l'île pour cinquante mille francs au comte de Grivel qui, ne sachant qu'en faire, la remit en vente cinq ans plus tard. Grivel fit quand même une bonne affaire puisque le prix de l'île fut multiplié par quatre. Et un autre comte, Henri de Pourtalès, un Suisse richissime, la racheta deux cent mille francs le 6 août 1857. Aussitôt, Pourtalès posa sa candidature à la création d'une colonie agricole pour enfants, et reprit certains aspects du projet Noiron. Ainsi...

— Ça va comme ça, Massé. Vous avez fait du très bon travail. Laissez-moi, maintenant, je consulterai ce dossier à tête reposée.

Massé sortit en saluant le directeur dans un mélange

subtil de profond respect et de familiarité qui lui avait permis de passer tranquillement ses années de captivité, ami de tout le personnel pénitentiaire de Clairvaux, mais aussi des « durs » de la prison.

Quand, le lendemain, l'inspecteur général des prisons Bazennerye pénétra dans la Centrale, Clairvaux avait tout l'air d'un établissement modèle. Cet important personnage n'était pas dupe. Sous l'épais sourcil et la paupière un peu tombante, son œil expérimenté savait déceler, au moindre indice, le mieux dissimulé des manquements au règlement. Mais, en ce jour de la fin décembre 1860, il ne s'était pas déplacé jusqu'ici pour cette seule inspection. Aussi, il entraîna Fauveau et le directeur de la Centrale dans le bureau de ce dernier.

— Messieurs, avant toute chose, et comme vous le savez déjà, je dois vous l'annoncer de façon officielle : nous allons fermer la section correctionnelle pour mineurs de Clairvaux. Les enfants seront répartis entre les colonies agricoles de Saint-Antoine d'Ajaccio, de Mettray, de Vailhauquès et de Sainte-Anne du Levant. À charge pour vous, Fauveau, de sélectionner les détenus selon les normes indiquées dans ce document. Je vous rappelle seulement que Saint-Antoine d'Ajaccio a pour vocation d'être une colonie disciplinaire où seront placés les plus mauvais éléments.

— Je vous avoue, dit le directeur de la Centrale, que la fermeture de la section correctionnelle est pour moi un grand soulagement. Clairvaux est surpeuplé. À chaque instant, on redoute une explosion, une mutinerie.

— Sans doute, sans doute, répliqua Bazennerye, mi-figue mi-raisin. Mais ce n'est pas seulement pour faciliter votre travail que nous avons décidé cette fermeture. Il est en effet intolérable que des enfants, qui ont parfois moins de dix ans, de malheureux orphelins ou des vagabonds, puissent être en contact avec des criminels endurcis. Fréquentation qui ne peut, à la longue, que les entraîner à suivre leur exemple. Or, le but des colonies agricoles est de leur apprendre les vertus du travail et un métier.

— J'allais le dire, monsieur l'inspecteur, j'allais le dire, bredouilla le directeur.

— Je n'en doutais pas un instant, mon cher ami. Il va de soi que la fermeture de cette section ne peut se faire en un seul jour. Déplacer un tel nombre d'enfants sur les routes — car il n'y a pas que Clairvaux qui est touché par cette décision — risquerait de provoquer des troubles. Aussi, nous étalerons les départs dans le temps, en commençant par le contingent partant pour l'île du Levant qui aura lieu dès le 10 février prochain.

Fauveau sursauta :

— Si tôt, monsieur l'inspecteur. Mais...

— Ça vous laisse un bon mois et demi. C'est bien suffisant pour choisir une trentaine de détenus. Si vous craignez des troubles durant la descente dans le Midi, choisissez les meilleurs éléments. Car c'est vous, Fauveau, qui accompagnerez ces enfants jusqu'à leur intégration au convoi venant de Paris. Vous aurez même droit à une escorte de gendarmes, mon cher.

Fauveau se sentit rougir d'aise. L'inspecteur général des prisons poursuivit :

— Puis, une fois votre mission accomplie, vous reviendrez à Clairvaux vous charger du convoi suivant et ainsi de suite jusqu'à épuisement des effectifs.

Le sang quitta le visage du directeur de la section correctionnelle des mineurs. Il osa demander :

— Et ensuite, monsieur le...

— Ensuite ? Eh bien ma foi, vous vous mettrez à la disposition de l'administration de Clairvaux. Avec toute cette place libérée, ce n'est pas le travail qui va manquer.

— Oh oui ! ajouta, jubilant, le directeur de la Centrale. Nous allons faire de grandes choses. Si toutefois les crédits suivent...

— Ils suivront. Vous aurez même droit à un architecte. Vous trouverez tous les détails des transferts dans ce document que je vous confie. Des questions ?

— Oui, demanda Fauveau. Qui donc est nommé à la tête de ces nouvelles colonies agricoles ?

— Je comprends votre déception, Fauveau. Hélas ! Les places sont déjà prises. Consolez-vous, non seulement vous gagnerez dans cette affaire un ou deux échelons, mais en plus, si le transfert de ces enfants se passe comme il faut, croyez bien que je ne vous oublierai pas. Toutefois, sans vouloir vous décourager, les propriétaires de ces colonies ont préféré choisir d'anciens officiers. Tout est à faire, là-bas, comprenez-vous ? Ces lieux réclament de leurs responsables un véritable esprit de pionnier. Or, comme vous le savez, nous n'avons pas vraiment été éduqués pour cela, dans la Pénitentiaire. Ainsi, M. de Pourtalès a choisi, à l'île du Levant, un ancien officier des bataillons d'Afrique... Comment s'appelle-t-il, déjà ? Le capitaine Pérignon, je crois. On m'a assuré qu'il ne confondra pas les enfants avec une tribu berbère rebelle.

Le directeur de Clairvaux rit bien fort à cette plaisanterie. Fauveau, lui, était livide. C'est à peine s'il remarqua que l'inspecteur général Bazennerye prenait congé.

En rang par quatre, tapant le sabot dans la cour, une couverture nouée autour de la taille, le baluchon en main, les quarante enfants de la Roquette en partance pour l'île du Levant attendaient leur escorte dans le froid de l'aube naissante. Les toits et les pavés étaient couverts d'une fine gelée blanche. Enfin, les portes s'ouvrirent pour laisser entrer douze gendarmes à cheval. Sous les ordres du brigadier, trois cavaliers se placèrent à l'avant, quatre sur les flancs de la petite troupe, et trois en arrière-garde. C'est ainsi qu'ils quittèrent les hauts murs de leur prison. Dehors, les enfants furent saisi par l'odeur fétide du crottin encore fumant et de l'eau croupie, mais ils respiraient cet air comme un parfum de liberté.

Dans la rue, les marchands montaient leurs étals. On se retournait au passage de ce convoi inhabituel. Des enfants ! D'ordinaire, c'était des bagnards que l'on voyait passer, crâne rasé et enchaînés. Marchant tête baissée pour éviter de cogner la jambe de celui qui précédait, le convoi ne pouvait voir la pitié qui se lisait sur certains visages. Mais les jeunes détenus entendaient parfois les sarcasmes et les injures de quelques badauds. Ces invectives blessaient jusqu'au fond de son cœur Devillaz, qui menait ses Vulnérables, Geuneau à ses côtés, les petits Noël devant, Beaumais et Denis derrière. Contents quand même d'être sortis de leur prison, ils traînaient maintenant leurs sabots, comme leur tristesse, sur le pavé parisien.

Après la place du Trône, ils franchirent la barrière de Reuilly, les fortifications, et prirent enfin la route du sud, route suivie depuis près de trois siècles par des convois de galériens, puis de bagnards. Ils marchaient du lever du jour jusqu'au crépuscule, attendant la pause, à espaces réguliers, qui permettait aux chevaux de souffler et aux enfants de s'asseoir au bord des fossés neigeux pour bavarder un peu entre eux car, pendant la marche, le silence était de rigueur.

— Quand j'ai quitté ma Belgique, lâcha Beaumais, je n'imaginais pas aller encore plus au sud. Pour sûr, ça est des villégiatures, eh !

— Encore heureux que nous soyons tous ensemble, ajouta Denis, en regardant Devillaz.

— Sauf Villevieille, que ces vaches-là ont envoyé en Corse, avec les durs, ragea celui-ci. Et nous, hein, qu'est-ce qui nous attend, qu'est-ce qu'on va foutre dans cette île ?

— On va donner à manger aux poissons, s'esclaffa Geuneau.

— Debout, en avant marche ! hurla le brigadier. Et en silence.

Alors seul le bruit des sabots résonna sur le sol gelé, chacun replongeant dans ses pensées, allant comme des automates, la tête vide, jusqu'à la prochaine pause, celle tant attendue du déjeuner et de la soupe chaude que leur distribuerait le cantinier suivant le convoi dans sa carriole. Devillaz ne voyait plus devant lui la jambe maigrelette du petit Aimé Noël, mais les puissants mollets de son père, moulés dans les grosses chaussettes de laine tricotées par sa mère. Comme il aimait le contempler ainsi, jadis, montant dans les alpages sa hache calée sur l'épaule, s'aidant d'un bâton, tandis que le chien gambadait à leurs côtés, et qu'en bas à la laiterie, sa mère fabriquait le fromage.

À la tombée du jour, enfin, les enfants s'entassaient dans le dortoir d'une caserne ou d'une prison. Là, peut-être, quelques jours auparavant, avait dormi un convoi de forçats. Puis, à l'aube grise, ils reprenaient leur marche monotone, l'estomac à peine rempli de pain trempé dans de l'eau chaude. En rase campagne, le vent glacial les transperçait, tandis que leurs sabots collaient à la boue des congères. Parfois un oiseau tout gonflé de ses plumes picorait dans la gadoue fraîchement remuée. Dans les descentes, les chutes étaient nombreuses, et les gendarmes eux-mêmes avaient du mal à maintenir leurs chevaux en équilibre, bien que leurs sabots fussent entortillés dans des chiffons. La traversée des bois leur était plus clémente. Les branches craquaient sous le poids de la neige. Un lapin ou un lièvre traversait la route en un éclair, effrayé par le crissement feutré des sabots. Sous les arbres, il faisait moins froid et les bourrasques floconneuses ne giflaient plus leurs visages rougis. Le soir, à l'approche de l'étape, ils entendaient sonner l'angélus. Alors, certains priaient à voix haute. Geuneau, lui, n'invoquait plus depuis longtemps le « vain Dieu », toujours aussi sourd à ses appels.

À la dernière pause avant d'arriver à Avallon, Beaumais murmura pour lui-même en voyant un panneau :

— Vézelay ! Eh bien dis donc, quelle drôle de croisade on est en train de faire !

— Vézelay ? s'exclama Geuneau. Mais ce n'est pas loin de mon village, ça. Deux journées de marche. J'y étais passé avec ma mère en montant à Paris.

L'œil de Beaumais se mit à briller.

— Tu connais bien le pays, alors ! Avec ce brouillard, ça serait facile de quitter ce maudit convoi et nos anges gardiens. Qu'est-ce que tu en penses, Devillaz ? On s'évade ? C'est l'occasion ou jamais...

— Pars sans moi, Beaumais. Tente ta chance si tu veux. Mais moi, je ne veux pas laisser tomber les petits, les Vulnérables. On ne peut pas les emmener dans cette aventure.

— Si Devillaz reste, moi aussi, renchérit Geuneau.

— Moi, je te suis, lança Roncelin. Si Devillaz veut bien...

— Vous êtes libres. Mais à mon avis, vous n'irez pas bien loin.

Beaumais avait remarqué que, à la fin de la pause, les gendarmes relâchaient un moment leur surveillance pour s'occuper de leurs chevaux et vérifier leur harnachement. Pendant que Devillaz et ses Vulnérables, debout, faisaient rideau, le jeune Wallon et le Forgeron roulèrent dans le fossé. Il leur suffisait d'attendre que le convoi se remette en branle, allongés dans les broussailles et protégés par la purée de pois qui s'était faite encore plus dense. Enfin, les deux garçons se redressèrent ; la campagne était déserte. Ils prirent la route de Vézelay, pénétrèrent dans un bois. Le brouillard, qui avait été leur complice, devint leur ennemi. Ils s'égarèrent. Et, au bout d'une heure, sans comprendre pourquoi ni comment, ils tombèrent nez à nez avec le convoi. Trop heureux de l'aubaine, le brigadier se contenta de botter les fesses aux deux fuyards et passa sous silence la tentative d'évasion, le soir, à Avallon. Sa mission s'achèverait le lendemain, à Saulieu, où une nouvelle escorte prendrait la suite. Cantonnés dans les dépendances du relais de poste de Saulieu, les enfants de la Roquette prirent enfin quelques jours de repos pour soigner comme ils le pouvaient leurs engelures, leurs ampoules, et, pour quelques-uns, les foulures dues à une glissade sur le verglas. Ils attendaient, venant du nord-est, le convoi parti de Clairvaux, avec qui ils feraient la fin du chemin. Ceux-ci arrivèrent à Saulieu au bout de cinq jours. Dès le lendemain, ce fut une troupe de soixante-dix enfants qui reprit la vieille route des galériens et des forçats.

Le temps s'était radouci. À la première pause, Denis, au lieu de s'asseoir au milieu de ses amis, décida de faire connaissance avec ceux de Clairvaux qui étaient restés groupés entre eux. On le rembarra :

— On ne veut pas de Parisiens avec nous, lui dit un des nouveaux arrivants.

Denis haussa les épaules et, comme il s'apprêtait à rejoindre les siens, il avisa un gamin, tout frêle et chétif, recroquevillé à l'écart. Jovial, le jeune Grenoblois l'interpella :

— Quel âge as-tu ?

L'enfant sursauta, comme pris en faute, puis murmura en baissant la tête :

— Huit ans et demi.

— Eh ben dis donc ! Je te croyais plus jeune, répliqua Denis, du haut de ses onze ans. Et quel est ton nom ?

— Jules Décors.

— Tu as le même prénom que moi ! Il ne sera pas dit que je laisserai un Jules tout seul dans son coin. Veux-tu être mon copain ?

Décors leva vers Denis un regard plein de reconnaissance.

— Allez, viens, continua Denis sur le ton d'un grand frère un peu bougon. Je t'engage dans les Vulnérables. Et je vais te présenter à mes compagnons. Mais attention ! C'est un secret. Tu dois jurer d'abord que tu ne révéleras nos noms à personne.

— Je le jure, déclara l'enfant en tendant le bras, puis en crachant par terre.

Quand le convoi repartit, le petit Décors, marchant entre Denis et les frères Noël, se sentit heureux comme il ne l'avait jamais été. Autour de lui, des grands le protégeaient : Devillaz, Roncelin, Beaumais, Geuneau qui lui portait son baluchon. De temps en temps, l'un d'entre eux lui lançait un mot d'encouragement. De toute sa courte vie, on ne lui avait jamais parlé avec tant de chaleur.

Le soir, à l'étape d'Arnay-le-Duc, il demanda à Devillaz, comme si c'était la question la plus importante du monde :

— Qu'est-ce que ça veut dire « bâtard » ?

— C'est une drôle de question que tu me poses là ! répliqua Devillaz, interloqué.

— Mes parents adoptifs m'appelaient toujours comme ça. « Bâtard, fais ceci, bâtard fais cela. » Moi, je pensais qu'ils se trompaient, et je leur répondais : « Je ne m'appelle pas Bâtard, je m'appelle Jules Décors. » Alors, ils me rossaient en disant : « Ton nom, c'est Bâtard. Bâtard tu es, bâtard tu resteras. »

Peu à peu, avec son pauvre vocabulaire, Décors raconta son histoire. À trois ans, il avait été adopté, à l'hospice de Dijon, par un couple de fermiers. Désormais, sa chambre fut un galetas à côté de la fenière. Une caisse en bois, accrochée au mur, lui servait de placard. La porte pivotait sur des charnières de cuir découpées dans un vieux harnais. En guise de serrure, un bout de fil de fer. Il y cachait son maigre trésor, dont un éclat de miroir ramassé au bord d'un chemin et où il ne voyait qu'une partie de sa figure. Quant à ses vêtements, accrochés à une fourche cassée faisant office de portemanteau, ce n'étaient que loques jamais rapiécées ni reprisées. Son seul luxe était de pouvoir changer sa litière de foin tous les soirs, comme il le faisait pour le bétail. Cinq ans durant, il dormit ainsi, au-dessus de la bauge à cochons, du poulailler, de l'étable et de l'écurie. Il s'était habitué au bruit que faisaient les animaux, la nuit, dans leur sommeil, ainsi qu'à leur chaleur qui montait du plancher ; leur chaleur et leur odeur. Pour ses repas, la fermière lui déposait une écuelle de soupe sur le rebord de la fenêtre de la cuisine, à côté de celle du chat. Alors, comme le chat, Décors développa son instinct de survie, améliorant son ordinaire en tétant au pis de la vache, en gobant un œuf pris au poulailler. Mais, pour éviter que les fermiers le surprennent dans ce misérable maraudage, il épiait les poules du coin de l'œil : dès qu'une pondeuse se levait du nid, il l'attrapait, lui enfouissait la tête sous l'aile, puis lui faisait décrire des moulinets pour l'empêcher de chanter. Et hop ! il volait l'œuf tout chaud.

Le reste du temps, Décors travaillait. Dès l'aurore, il fallait nettoyer l'écurie, l'étable, la porcherie, la cour. Comme sa petite taille ne lui permettait pas de soulever la brouette, il chargeait le fumier dans une auge de bois qu'il traînait comme une luge. Il lui fallait aussi chercher les bûches pour la cheminée, garder les vaches... Si par malheur il commettait une maladresse, son tuteur le cinglait de coups de verge :

— Sale bâtard ! Je t'héberge, je t'habille, je te nourris. En échange, regarde-moi ce travail de cochon !

Et il recommençait le travail sans une plainte, sinon les coups redoublaient. La nuit de ses huit ans, presque sans le vouloir, Décors s'enfuit de cet enfer. Il fut arrêté quelques jours plus tard à Dijon pour vagabondage. Ses parents adoptifs, convoqués par le juge, chargèrent l'enfant de tous les maux. Ils s'en mordirent les doigts car le juge expédia le petit dans une colonie agricole jusqu'à ses vingt ans. Ils venaient de perdre leur esclave qui ne leur coûtait que quelques louches de soupe et un quignon de pain par jour.

Devillaz contempla, atterré, sa dernière recrue. Comme ses propres malheurs lui parurent alors dérisoires ! Au matin, quand il fallut reprendre la route, le solide montagnard posa sa main sur l'épaule du petit et dit :

— Allons, debout petit frère, c'est l'heure.

Puis il murmura pour lui-même :

— Tiens ? Voilà que je parle comme papa maintenant.

Ils marchaient, la tête vide, sans rien voir des paysages qu'ils traversaient. La pluie avait remplacé la neige, et la boue, le verglas. Le Charolais, le Beaujolais... Les gens de ce pays aimaient la vie, la bonne chère et le vin joyeux de leurs vignes. Aussi s'apitoyaient-ils au passage de ces enfants misérables. Eux qui avaient l'habitude d'offrir un morceau de pain aux convois de forçats qui passaient, de vrais forçats, des forçats adultes, maintenant, ils faisaient assaut de générosité. Un vigneron de Chiroubles parti vendre son vin à Lyon n'hésita pas, tant sa compassion était grande, à entamer l'une des feuillettes de sa dernière récolte pour remplir le gobelet cabossé des soixante-dix gamins. Sans compter celui des gendarmes qui ne se firent pas prier. Le cru était fameux. Aussi, le brigadier en but un peu plus que ses hommes, sans doute pour oublier cet accroc au règlement. Et c'est un convoi plutôt guilleret qui traversa Tassin-la-Demi-Lune, malgré la pluie battante.

Ils restèrent quelques jours au fort de Montluc, à

Lyon, dans l'attente d'autres jeunes garçons destinés au Levant. Puis la longue descente continua : Vienne, Saint-Vallier, Valence... Une trentaine de kilomètres par jour, mais ces petits Poucet n'avaient pas de bottes de sept lieues pour franchir en une enjambée cette distance qu'ils parcouraient de l'aurore au crépuscule. Certains marchaient pieds nus, car leurs sabots étaient cassés. En allant vers le sud, l'air devenait plus léger, plus doux, le printemps venait à leur rencontre.

À l'étape d'Avignon, quelques prisonniers supplémentaires s'agrégèrent à leur groupe. Parmi eux, un robuste berger de treize ans et demi, venu d'Oppède, un village du Luberon. Paulin Guendon avait simplement maraudé quelques fruits en faisant passer son troupeau à la lisière d'un verger. Malgré les supplications de ses parents, honorablement connus dans la région, le juge fut implacable : colonie agricole jusqu'à dix-huit ans. Guendon avait ressenti cette injustice comme une blessure et son emprisonnement comme une maladie. Beaumais le recruta aussitôt dans les Vulnérables, non que le berger du Luberon eût besoin d'une quelconque protection, mais le jeune Wallon avait une petite idée derrière la tête. Devillaz ne s'y trompa pas :

— Eh, Beaumais dit-il, ironique, à son meilleur ami, tu t'es trouvé un nouveau guide pour ta prochaine évasion ? Méfie-toi, il n'y a pas de brouillard, dans le coin.

— Rassure-toi mon grand, répliqua le Belge. Quand j'aurai décidé de fiche le camp, je te préviendrai et j'espère bien te convaincre de venir avec nous.

— Je ne ferai rien tant que les petits ne seront pas arrivés au Levant.

— Eh bien, j'attendrai. Tiens, je vais te présenter un autre gars pour nos Vulnérables. Il a une sale tête, mais il est drôle comme tout. Il n'arrête pas de raconter des blagues avec son accent et dans son patois. Lui, il ne dit pas de blagues, il « galéje ».

Effectivement, Debourge avait une allure plutôt patibulaire. On le sentait toujours prêt à la bagarre. Front chevelu marqué d'une cicatrice, œil roux, nez épaté, il n'inspirait guère confiance. Aussi, pour se faire des copains, il galéjait. Avec sa finesse, Beaumais avait senti tout de suite que derrière cette rigolade permanente se cachait un terrible besoin d'amitié.

Ils partirent de Cavaillon au petit matin. La route était bordée de haies d'aubépines aux fleurs roses et odorantes. Le printemps était au rendez-vous. Amandiers et cerisiers en fleurs laissaient présager une abondante récolte. Les eaux tumultueuses de la Durance ondoyaient, se jouant des galets qui roulaient en cliquetant. Dans les vignobles aux rangées rectilignes et bien travaillées, avec chacun son cabanon, son puits à margelle et son bassin en pierre à l'ombre des figuiers, la vigne bourgeonnait.

Sans doute la nouvelle escouade de gendarmes se grisait-elle aussi de la nature renaissante et joyeuse car l'escorte laissait les enfants bavarder, ne lançant le sempiternel « silence dans les rangs », que de temps à autre, et de manière peu convaincante. L'un d'entre eux, du même pays que Debourge, se penchait de son cheval pour mieux entendre les galéjades du jeune berger à l'œil roux.

— Ah, mes amis, vous allez voir. Aix est la plus belle ville du monde, après Sisteron, bien sûr. Mais demain soir, à Gémenos, attendez-vous à faire un festin. Les gens de là-bas sont si accueillants qu'ils offrent un ragoût à tous les voyageurs de passage. Pas vrai, monsieur le gendarme ?

— Bien sûr, petit, répliqua le cavalier, avec un clin d'œil complice. Le ragoût de Gémenos est le plus fameux que je connaisse. Maintenant, silence dans les rangs.

Aix-en-Provence émerveilla la plupart de ces enfants qui n'avaient connu que les faubourgs pouilleux des villes, les villages frileux et les campagnes grises. La capitale de l'ancienne Provence indépendante leur apparaissait dans toute sa splendeur. D'un bout à l'autre de la ville le gargouillement des fontaines chantait à leurs oreilles. De grandes allées de platanes défeuillés bordaient les majestueuses avenues. Ils quittèrent la cité à regret, et la peur de l'île inconnue dont ils approchaient les reprit. Debourge, lui, continuait à les harceler :

— Ah, vivement le ragoût de ce soir à Gémenos.

Décors en salivait en pénétrant dans le cantonnement, une fabrique de tuiles. Mais quand le cantinier jeta dans son écuelle une louchée du même brouet qu'il consommait chaque soir depuis un mois, le petit détenu de Clairvaux éclata en sanglots, aussitôt imité par les deux frères Noël. Furieux, Devillaz se précipita vers Debourge et lui brandit sa soupe sous le nez :

— C'est ça, ton festin, sale menteur ?

L'autre, hilare, ouvrit ses paumes vers le ciel et s'esclaffa :

— Dans mon pays, on dit toujours : *Un ragoût dé Gémenos, gais dé viande fouasse d'os.*

— Et ça veut dire quoi ?

— Un ragoût de Gémenos n'a pas de viande mais beaucoup d'os.

— Ouais ! Eh bien la prochaine fois, tu trouveras un dicton qui ne fera pas pleurer les petits. Sinon, tu auras affaire à moi.

Le lendemain matin, alors que sous les platanes de la place, assis à même le sol, les jeunes prisonniers attendaient la relève des gendarmes qui devaient les escorter jusqu'à Toulon, dernière étape avant leur traversée, le galéjeur, qui avait compris qu'il était allé un peu trop loin, tenta de se rattraper. Il rejoignit Devillaz qui, avec Denis, Beaumais et Roncelin, contemplait quelques villageois jouant aux boules, taillole grise enroulée autour de la taille, casquette enfoncée jusqu'à mi-front. Certains jetaient leur boule, immobiles, en équilibre sur un pied. D'autres, au contraire, prenaient leur élan et couraient quelques pas.

— Alors, les gars, lança Debourge, vous ne connaissez pas la Provençale ? Tous les hommes y jouent, dans le pays. Les boules sont fabriquées à Aiguine, un village au-dessous du Verdon. C'est beau, là-bas. Elles sont en buis, et cloutées.

— C'est vrai, ce mensonge-là ? demanda Devillaz, goguenard.

— Tu connais drôlement bien la région, coupa Beaumais avec un drôle de sourire. Il faudra qu'on parle, tous les deux.

— Ça a l'air amusant, ce jeu-là, dit Roncelin.

— Peut-être qu'on nous apprendra la Provençale, « là-bas », murmura Denis.

— Ça m'étonnerait qu'on ait le droit de jouer à quelque chose dans l'île du Levant, répliqua Beaumais. Ça m'étonnerait beaucoup...

La dernière journée de leur long voyage se fit à marche forcée. Ils franchirent le col de l'Ange, escaladèrent jusqu'au plateau du camp du Castellet, et s'engagèrent dans les gorges d'Ollioules, où les gendarmes de l'escorte avaient la crainte de voir surgir un nouveau Gaspart de Besse...

Au détour du chemin, une longue file de charrettes attendait d'acquitter l'octroi pour entrer dans Toulon. Après les fortifications, les bâtiments de la marine ceinturant le port s'étiraient jusqu'au cœur de la cité. La ville grouillait de bonnets à pompon, de cols-bleus, de capitaines et d'ouvriers de l'arsenal. Le convoi s'engagea dans un dédale de rues encaissées au milieu de maisons aux murs souvent décrépis et noircis par la fumée, où le soleil ne pénétrait que de courts instants, Beaumais hasarda :

— Hé où elle est cette Méditerranée !

Ce fut au fort de Lamalgue que Devillaz vit la mer. La mer, pour la première fois de sa vie... Alors, le jeune Savoyard, sans comprendre pourquoi, sentit des larmes lui couler le long des joues.

II

LES VULNÉRABLES

Le soleil couchant dessinait avec précision les contours dentelés de l'île du Levant. Les jeux d'ombres et de lumières du crépuscule festonnaient les ruines de ses vieux monastères et de ses fortifications sarrasines.

Vint la nuit. Nuit de sourd de lune, où les masses noires des roches se reflétaient jusqu'en bordure du bateau de Marius Bret ; l'eau, d'une pureté sans pareille, scintillait au moindre mouvement du pointu. Le filet que le pêcheur sarpait doucement avait déposé sur le plat-bord un petit quartz blanc qui tomba à la mer. Des points phosphorescents éclairèrent son trajet jusqu'au fond de ce monde obscur d'où le filet l'avait tiré de son éternité.

— Ho ! Salade, te voilà bien silencieux, dit Marius Bret à son passager. Ça ne te ressemble pas. À quoi penses-tu ?

L'autre répliqua, d'une voix rocailleuse :

— Je ne pense pas. *Je reufleuchis.*

Le patron-pêcheur émit un petit sifflement ironique, puis se tut. Salade était un personnage de légende. On le connaissait d'Aubagne jusqu'à Antibes et de Hyères jusqu'à Digne. Mais son vrai domaine c'était les Maures. Sec, noueux, joues creuses et barbe rare, mèches de cheveux gris plaqués sur son crâne pointu, il écumait les garrigues et les forêts, avec son âne, *Cabussoun*, du nom de l'oiseau plongeur. Dès les premiers jours de mai, à la floraison du thym, il cueillait la farigoulette, qu'il allait, au son des sonnailles de son âne, vendre de village en village. C'était peut-être pour cela qu'on l'appelait Salade. À l'approche de l'été, il levait le liège, avant de se faire vendangeur, puis ramasseur de cèpes, ou encore récolteur de châtaignes et d'olives. Le reste du temps, fusil à l'épaule, il braconnait. On le disait un peu sorcier, car solitaire, bourru et d'un caractère farouchement indépendant, mais on l'aimait bien ; il n'hésitait jamais à rendre mille et un petits services.

Quand venait le temps de la passe ou de la repasse des oiseaux migrateurs, il partait caler ses pièges dans les îles d'Hyères, où les vols reprenaient leurs forces avant la grande traversée jusqu'aux rives africaines. Salade avait une préférence jalouse pour le Levant, la plus grande, la plus secrète, la plus sauvage et la plus délaissée des îles d'Or.

En ce deuxième jour du printemps 1861, le braconnier était inquiet. Il avait remarqué lors de la dernière repasse, quelques semaines auparavant, une agitation inhabituelle, autour du débarcadère du Levant, le Grand Avis. Déchargement d'outils, de caisses de matériel, de ballots d'habits, débarquement de personnes qui lui étaient toutes inconnues. Il avait repéré que sept ou huit familles de bûcherons piémontais semblaient s'être installées à demeure dans des cabanes qu'avaient construites ces *bouscatiers*. Sans compter les maçons et les domestiques du château de celui qui était, depuis maintenant plus de trois ans, le maître de l'île : le comte de Pourtalès.

Salade, sur le moment, n'avait pas pris au sérieux toute cette agitation. Sans doute le propriétaire, comme ses prédécesseurs, s'était-il pris d'une vocation de bâtisseur. Salade pensait que le Levant saurait y résister. Dans quelque temps, la nature reprendrait ses droits. Sitôt débarqué, le braconnier était parti relever ses pièges, avant que les quelques rats noirs de Bagaud, l'île voisine, qui débarquaient clandestinement de pointus, ne le fassent à sa place.

De retour sur le continent, il apprit par l'aubergiste de Bormes à qui il vendait une partie de sa chasse qu'une centaine de forçats allaient être transférés de Toulon au Levant. Salade crut à une galéjade. Surtout que son client suivant, l'aubergiste de la Môle, multiplia par trois le nombre des bagnards. À Cogolin enfin, Salade prit l'affaire au sérieux : on l'informa que maître Salvat et quatre ouvriers de la fabrique de pipes d'Ulysse Courrieu avaient été embauchés par Pourtalès, pour créer un atelier au Levant et exploiter sur place les souches de bruyère que les bouscatiers piémontais arrachaient chaque jour. Des ouvriers pipiers apprendraient leur métier à une centaine d'enfants arrivés à Toulon quelques jours auparavant, et qui, pour l'heure, attendaient dans les prisons de Toulon d'être transportés dans ce qu'on commençait à appeler : le pénitencier de Sainte-Anne du Levant.

Cette fois, Salade n'eut plus de doute. Pour savoir ce que ces envahisseurs allaient faire de « son » île, il redescendit des Maures au Lavandou et embarqua sur le pointu de Marius Bret. En pleine nuit, il sauta sur les rochers du Castellas, et s'enfonça dans l'île tel un pirate à la recherche de son trésor menacé.

Avant l'aube, il s'en fut jusqu'à la Paille ramasser quelques oursins pour son déjeuner. Assis sur un rocher, les pieds caressant de gros galets recouverts de mousse verte, il se régala de son oursinade et des arapèdes qu'il décortiquait avec son couteau. Qu'il aimait ces îles ! Il y voyait ce que d'autres ne soupçonnaient même pas. Tout avait une fraîcheur et une gaieté que jamais aucune incursion barbare n'avait pu émousser. Abandonnée à elle-même pendant de si longues périodes, l'île avait eu tout loisir de s'épanouir, de garder en son sein des espèces végétales et animales rares tels les discoglosses sardes, l'herbe à la pomme et autres romulées florentii, végétation chargée de cristaux salins aspirant la rosée. Dès l'aurore, cette humidité déposée sur les plantes dévoilait leurs senteurs, les mêlait aux émanations vaporeuses de la mer et les ajoutait à la transpiration des veines rocheuses que l'eau des montagnes imprégnait. Eau souterraine qui serpentait entre les couches de sial, coulait le long des falaises, chantait dans le creux des calanques. Parfois, elle affleurait en sources timides, bruissant entre deux pierres, bien cachée derrière une touffe de roseaux piquants. Salade s'y désaltérait, s'y lavait. Il connaissait chacune de ces sources, comme Marius Bret pouvait désigner les calanques à l'odeur que l'aube diffusait, aux bruits du clapot et à l'écho que lui renvoyait la falaise.

Le soleil émergea lentement de l'horizon, grosse orange couleur de feu, et la mer refléta ses éclats lumineux en autant de sourires. L'île s'épanouit comme une longue plante. Chaque tige se redressait, pointant vers l'astre du jour les fleurs qui s'ouvraient à la chaleur des premiers rayons. En s'élevant vers le zénith, le soleil écrasait les vaguelettes. Sa lumière transperçait l'eau de plus en plus limpide et cristalline, pour aller dessiner, sur les longues algues allongées au fond, une mosaïque marbrée aux motifs changeants. Sur l'île, le faisan et la perdrix rouge firent leur apparition, comme s'ils voulaient que leurs parures chatoyantes participent à cette fête de lumière. Ils savaient que les animaux sauvages du Levant les respectaient ; les renards, belettes ou les blaireaux ne viendraient pas les déranger dans leur parade, tandis que les lapins décampaient de tous les coins. La végétation généreuse s'offrait en festin aux huppes, grives, vanneaux, hérons et bouscarles qui s'y posaient. Les goélands, sentinelles du Levant, criaient pour éloigner de leurs nids les nouveaux arrivants. Alors que du haut des falaises les rossignols sifflaient, tel le gabier juché dans la mâture.

Longue pépite posée sur la mer, la plus délaissée des îles d'Or brillait de l'éclat de son micaschiste où s'engluaient des grenats, des pierres de fer et des veines de quartz. Sous le phare, au milieu de la calanque du Trésor, un *estéou* affleurant un peu plus qu'un petit écueil émergeait comme un joyau dans son écrin. Salade continuait sa marche. De la falaise où il s'était arrêté un instant, il contempla les forts courants d'est qui caressaient les flancs du Levant. Ils s'écoulaient telle une rivière scintillante, en un flot continu, emportant les messages que l'île leur avait abandonnés.

Debout sur la barbette de la batterie de l'Arbousier, il guetta longtemps, de l'autre côté de la passe des Grottes, l'île voisine, la petite sœur, Port-Cros. Enfin, au cœur de l'après-midi, il vit surgir de derrière la pointe de la Galère une escadre de six pointus, chargés d'enfants.

— Je dois avouer, disait parfois avec humour le comte de Pourtalès, que je ne connais rien aux choses de la mer. J'ai une excuse : je suis suisse.

Suisse, mais d'une vieille famille calviniste d'origine cévenole. Son ancêtre Jérémie Pourtalès avait dû fuir les persécutions et les dragonnades qui avaient suivi la révocation de l'édit de Nantes. Depuis, les choses avaient bien changé puisque le comte avait épousé une catholique, Anne-Marie d'Escheny, qui lui avait fait quatre enfants : les Pourtalès vivaient dans le château familial de Gorgier, au canton de Neuchâtel, du moins quand ses nombreuses affaires n'entraînaient pas le comte de Paris à Londres, ou qu'il ne suivait pas en famille la haute société française, anglaise ou russe, dans les villégiatures à la mode. Homme d'affaires avisé, Pourtalès avait su faire fructifier son patrimoine et depuis le décès de son père en 1855, il tenait sa place dans de nombreux conseils d'administration. Aussi n'avait-il eu aucune peine à convaincre les autorités françaises qu'il saurait mener à bien l'expérience de la colonie pénitentiaire de l'île du Levant. D'aucuns, parmi ses amis, s'étaient inquiétés de l'achat, rubis sur l'ongle, d'une des terres du marquisat des îles d'Or en 1857, croyant à un coup de tête chez cet homme qui venait de fêter ses quarante-deux ans. Ce n'était pas un coup de tête, c'était un coup de foudre, ou plutôt une longue histoire d'amour qui remontait à ses vingt ans. Durant ses séjours hivernaux à Paris, Pau, Nice, Henri de Pourtalès aurait pu se flatter de fréquenter lord Brougham à Cannes. Imprégné de l'éthique calviniste glorifiant le travail et l'esprit capitaliste, il partageait la plupart des idées de cet homme politique anglais à propos du libre-échange et des mesures sociales sur l'assistance publique.

Mais cette vie mondaine ne l'amusait guère et, parfois, il se surprenait à vouloir, au cœur de la saison, repartir en Suisse auprès de son père pour l'assister dans ses affaires. Aussi, chaque fois qu'il le pouvait, il s'échappait du petit univers cannois, préférant Hyères, station climatique plus réputée, plus ancienne et plus sérieuse à son goût. C'est ainsi qu'il découvrit la sauvagerie et la virginité des îles d'Or, territoire autrement plus difficile à conquérir que les jolies Lérins.

Un jour il apprit, comme tout le monde à Cannes, les mésaventures de M. de Noiron, et, quoiqu'il eût quelques préventions contre le personnage, il trouva fort bonne l'idée d'une colonie agricole pour enfants. Toutefois, quand Noiron remit en vente, il ne tenta pas, jugeant que les circonstances lui étaient défavorables, de se mettre sur les rangs contre le comte de Grivel. Son père s'y serait d'ailleurs opposé.

Il resta fidèle à la côte méditerranéenne où il revenait chaque hiver, avec sa famille. Il crut ses rêves de conquistador oubliés jusqu'au jour de 1857 où il lut dans *Les Échos d'Hyères* que Grivel cherchait à son tour à se débarrasser de l'encombrant domaine. L'île du Levant était de nouveau en vente. Cette fois, il n'hésita plus. Il fit monter les enchères si haut que personne ne put le suivre. Enfin, le Levant lui appartenait. Il possédait un royaume vierge, où tout était à faire. La grande aventure de sa vie commençait, et il sentait le sang de son ancêtre camisard couler plus fort dans ses veines. En même temps, il pensait sincèrement qu'il œuvrait à une noble cause en aidant des enfants broyés par la dureté des temps à se régénérer, à se sauver de la misère, du crime. Défendre et protéger le faible, n'était-ce pas la mission originelle de la noblesse ? Par ailleurs, le financier qu'il était ne voyait aucun mal à faire fructifier son œuvre, malgré un rapport à moyenne échéance, donc bien moindre que ses autres affaires. Et quel déshonneur y avait-il à percevoir soixante-quinze centimes par jour et par enfant pour subvenir aux frais de nourriture, d'entretien, de garde et d'éducation ? Quand les terres produiraient, il tirerait certes quelque profit de leur travail, mais eux aussi, après tout, en bénéficieraient le jour de leur libération, quand ils toucheraient leur pécule, et partiraient dotés d'un bon métier, d'une solide éducation, puisqu'on leur aurait appris au Levant à lire et à écrire, dans la morale chrétienne et le respect de la propriété. C'était dans l'ordre des choses.

Pour diriger le pénitencier, Mme de Pourtalès suggéra à son époux de nommer le père Schwertfeger, son confesseur et le précepteur des enfants qui vivait à demeure au château de Gorgier et les suivait dans tous leurs déplacements. Pourtalès trouva l'idée fort bonne. D'ailleurs, depuis que la dernière de ses filles était en âge d'aller au collège, la présence du prêtre lui pesait. De plus, qu'un Suisse calviniste proposât la candidature d'un franciscain rassurerait sans doute les fonctionnaires de « la fille aînée de l'Église ».

Mais les autorités françaises se montrèrent farouchement hostiles à cette candidature, surtout l'inspecteur général des prisons Bazennerye, un homme pourtant d'un abord chaleureux, mais que Pourtalès soupçonnait d'appartenir à la franc-maçonnerie.

Le comte dut céder aux instances de l'administration. Il était inutile de s'aliéner ses interlocuteurs officiels, d'autant qu'on lui faisait sentir que lui, étranger, était entré en possession, à l'heure où la France et l'Autriche se heurtaient sur la question italienne, d'un avant-poste stratégique au large du port de Toulon.

En contrepartie, Pourtalès refusa les directeurs qu'on lui proposait, tous issus des rangs de l'appareil judiciaire. À coup sûr, pensait-il, un fonctionnaire venu de Clairvaux ou de Toulon finirait par retrouver, face à ces enfants, de vieux réflexes de garde-chiourme. Et cela, le comte ne le voulait pas. Pour éviter que les bonnes relations du départ ne dégénèrent en conflit ouvert, il trouva une solution de compromis en nommant au poste de directeur de la colonie agricole de Sainte-Anne un officier d'infanterie à la retraite : le capitaine Jean-Marie Pérignon avait fait presque toute sa carrière en Algérie. Là-bas, il avait surtout aidé à s'installer les militaires qui voulaient devenir colons. Pérignon, au moins, était un pionnier ! l'homme qu'il fallait au Levant, estima Henri de Pourtalès, lui-même capitaine du génie dans l'armée suisse. De plus, la présence d'un ancien officier dans la plus orientale des îles d'Hyères amadouerait peut-être l'état-major de la marine à Toulon qui aurait préféré voir s'y installer une ou deux solides batteries doublant celles de Bagaud et de Port-Man plutôt qu'une ferme modèle pour enfants. Le capitaine Pérignon recruta comme gardiens d'anciens sous-officiers, tous des compagnons d'armes. Le comte trouvait que son directeur avait une bonne tête, sans savoir vraiment si son teint brique lui venait du soleil de l'Atlas ou des vins capiteux de l'Oranais...

Pour préparer l'arrivée des détenus, Pourtalès avait réuni les principaux responsables du pénitencier dans le grand salon du château, une belle et grande demeure de deux étages, perchée en haut de la pointe des Jarres et surplombant le débarcadère de l'Avis.

Enfin, arriva le premier jour de l'an I de la colonie agricole de Sainte-Anne du Levant. Le directeur Pérignon était parti depuis une semaine à Toulon pour prendre en charge les enfants cantonnés au fort Lamalgue. Il était hébergé par le fondé de pouvoir de Pourtalès, le carrossier Biellon, dont l'établissement se tenait juste en face de la prison Saint-Roch, ce qui présenterait par la suite bien des commodités. Les deux hommes avaient aussi pour mission de négocier avec l'armateur du vapeur chargé du transport que son bateau, *L'Ernest*, se rende exceptionnellement jusqu'au débarcadère du Grand Avis, alors que, jusqu'à présent, il n'avait jamais dépassé l'île voisine. La négociation promettait d'être difficile.

En cette fin de matinée du 23 mars 1861, le *Titan*, pointu appartenant à la colonie agricole, aborda dans la rade de Port-Cros avec à son bord le comte de Pourtalès lui-même et le gardien-chef Radel. Les autres bateaux de pêche paraissaient minuscules à côté de lui. Le *Titan* était un gros pointu ventru, qui pouvait contenir une trentaine de passagers. Il n'était pas rapide, mais à cargaison égale c'était un bâtiment très marin par mauvais temps.

Brémond, son capitaine, était un homme d'une quarantaine d'années, à la barbe noire et à la carrure impressionnante. C'était un excellent marin et l'un des meilleurs pêcheurs du Lavandou, ce qui n'était pas peu dire. Pour cela, le comte l'avait embauché pour le service de la colonie comme batelier du *Titan*.

Brémond sauta à terre avec la souplesse faussement pataude des vieux marins. Le comte le suivit, désinvolte, la canne sous le bras, une pipe au coin des lèvres. Le gardien-chef Radel, enfin, refusa, par amour-propre, la main du capitaine et faillit se tordre la cheville en posant pied à terre. Il grommela un juron puis il dit :

— Je grimpe sur les remparts du vieux château pour aller guetter l'arrivée de *L'Ernest*.

— Allez guetter, Radel, allez guetter, répliqua le comte d'un ton léger.

Et il s'approcha en sifflotant de deux personnages en uniforme qui l'attendaient auprès du capitaine. Brémond les lui présenta comme le garde maritime et le garde sanitaire de Port-Cros. Un peu en retrait se tenait François Julien, fermier et prudhomme de l'île.

— Bienvenue, monsieur le comte, lui dit le garde maritime. Nous avons rarement l'occasion de vous présenter nos respects...

— Je plaide coupable, messieurs, et je devrais plus souvent me rendre dans votre belle île. Mais il est plus commode pour moi de débarquer au Lavandou quand je veux me rendre à Toulon, quitte à faire le reste du chemin sur des routes bien mal entretenues. Y a-t-il une auberge où je pourrais grignoter quelque chose ? Cette traversée m'a donné une faim de loup.

— Faites-moi l'honneur, dit le garde sanitaire, de venir jusque chez moi. Ma femme vous préparera des anémones de mer, des *rastègues*. Elle les mitonne à merveille : de petits croustillants moelleux à cœur, je ne vous dis que ça.

— *Acò es quaucaren dé délicious*. Cela est quelque chose de délicieux, dit le capitaine Brémond qui savait de quoi il parlait.

— Eh bien ! allons goûter les délices de madame votre épouse, lança le comte qui, en cette matinée à l'atmosphère légère et au ciel tendre, se sentait d'humeur badine. Mais aurons-nous le temps avant que le bateau arrive ?

— Par ce beau temps, il devrait être ici avant midi. Mais avec l'embarquement de vos prisonniers, il prendra sans doute du retard et vous pourrez déguster nos *rastègues* en toute quiétude.

Toutes les prisons se ressemblent. Pourquoi celle de Sainte-Anne serait-elle différente des autres ? Entassé avec les autres enfants à l'arrière du vapeur, Devillaz regardait derrière lui le quai de Toulon. C'était la première fois qu'il montait sur un bateau, et une étrange angoisse l'étreignait. Effarés comme des oisillons tombés du nid, les deux petits Noël se serraient contre lui. Plus loin, Denis, très excité, conjurait sa peur en gesticulant et en parlant très fort à un Roncelin livide. Bien que la rade fût lisse et luisante comme un marbre, Geuneau, cassé en deux par-dessus le bastingage, gémissait, les bras pendant au-dessus de l'eau. Beaumais et Décors, la tête levée, admiraient en passant près d'un autre bateau un matelot perché tout là-haut sur la vergue du petit cacatois.

L'Ernest progressait au milieu de la rade hérissée d'une forêt de mâts. La frégate cuirassée *Gloire*, le vaisseau *Bretagne* et le *Napoléon*, imposants navires de guerre, étaient au mouillage. Dans l'arsenal, les vaisseaux alignés à la queue leu leu contre les appontements, ou enfoncés dans leur bassin de radoub, déployaient leurs mâts haubanés, toutes voiles enroulées.

— J'aimerais partir sur ces bateaux ! s'exclama Décors.

— Moi, je ne me vois pas perché comme ce bonhomme-là, répliqua Denis en désignant un matelot à califourchon sur une vergue et paumoyant une voile pour l'attacher avec ses garcettes de ris !

— Grimper ne m'impressionne pas, dit Devillaz. Je n'ai pas le vertige. Avec mon père nous escaladions autrement plus haut. Mais aller se faire secouer tout là-haut, eh bien merci !

Au premier rappel d'un de leurs gardiens, tous les détenus se turent, même Denis. Leur curiosité, leurs vagues rêves de voyages au grand large s'étaient émoussés durant la longue attente qui avait précédé l'appareillage. Ils étaient là, comme un troupeau, terrorisés par l'inconnu, bien séparés des autres passagers, tandis que le directeur Pérignon les toisait, les soupçonnait du regard, l'un après l'autre. *L'Ernest* longea la Tour Royale, franchit le môle, passa à portée de canon du fort Lamalgue et fit route vers le large. Les forteresses entourant la ville s'estompèrent et se fondirent dans le paysage.

Alors, le mal de mer de Geuneau les gagna tous. Les enfants se bousculaient pour régurgiter leur maigre repas du matin par-dessus bord. Certains, ne pouvant se frayer un chemin dans la cohue, vomissaient sur leur blouse, ou sur le pont, et l'odeur, mêlée aux miasmes montant des machines, accroissait encore leur souffrance. Devillaz et Beaumais, raides, serraient les dents. Non, ils ne donneraient pas ce plaisir à leurs gardiens, amusés par ce pitoyable spectacle. Les pales des roues à aubes clapotaient en rythme, la coque glissait lentement sur une mer d'huile qui s'étalait jusqu'au bout de l'horizon. Ils approchaient de Porquerolles. L'île se reflétait sur la bonace comme dans un miroir. Les forts du Petit et du Grand Langoustier, ancrés dans leurs rochers, protégeaient la passe d'*Escampa Barriou*, ainsi nommée parce que souvent, par mauvais temps, les barriques de vin amarrées sur le pont des tartanes se désarrimaient et passaient par-dessus bord. Soudain, une farandole de marsouins bondit hors de l'eau, rasant la coque, comme pour accompagner le navire jusqu'à l'escale. Un instant, les jeunes passagers oublièrent leur souffrance et leur humiliation en contemplant ce ballet joyeux, étincelant de liberté. Puis ils s'entassèrent pour voir, du côté du quai, les manœuvres d'accostage, le débarquement de quelques passagers et des banastes de marchandises. Les gardiens eux-mêmes, intéressés par ce remue-ménage, oublièrent de commander le silence. Un peu plus loin, des pêcheurs, assis sur la jetée, apprêtaient leurs filets.

Puis, à nouveau, la cheminée lâcha un panache de fumée qui déchira l'azur. *L'Ernest* repartit, en projetant des escarbilles qui tombaient en pluie dans le remous du sillage, le couvrant d'yeux mordorés.

Moins d'une heure après, le vapeur accostait à Port-Cros.

— Résumons, Pérignon, dit Pourtalès en essayant de garder son sang-froid. Donc, le capitaine de *L'Ernest* a refusé, comme ça, d'un coup, ce matin, de les emmener au Levant. Il n'aurait pas pu vous en informer plus tôt ?

— C'est que, monsieur le comte... Quand la semaine passée j'ai rencontré l'armateur, je crois que je n'avais pas bien compris ce qu'il racontait, avec son accent et son jargon maritime. Et je n'ai su que ce matin que c'était au commandant de décider, selon le temps, s'il pousserait jusque chez nous.

— Et vous êtes sûr que *L'Ernest* refusera de pousser jusqu'à l'Avis ? Cela nous met dans l'embarras. Capitaine Brémond, pouvez-vous me donner une explication plus claire ?

Le comte se tourna vers l'ancien *mestré-pescadou* qui avait écouté, impassible, la discussion entre le propriétaire et le directeur du Levant. Toutefois, une lueur de malice pétillait dans ses yeux.

— Je veux bien essayer de parler au commandant, mais ça m'étonnerait qu'il accepte. Malgré le temps de bonace, il ne voudra pas se risquer jusqu'au Grand Avis. Son vapeur porte régulièrement le courrier et les passagers de Toulon à Porquerolles et à Port-Cros. Mais il ne s'est jamais aventuré jusqu'au Levant. On prétend en effet que les abords en sont dangereux, surtout par vent d'est. De plus, jusqu'à aujourd'hui, l'île ne présentait aucun intérêt pour les armateurs de Toulon. Maintenant, ils disent que c'est votre affaire, puisque le service de batellerie de votre île vous appartient. Et puis, jusqu'à présent, les rares personnes qui se rendaient au Levant préféraient partir du Lavandou. Si vous le permettez, je vais quand même parler au commandant pour essayer de le convaincre.

Brémond escalada la passerelle du vapeur d'où il redescendit quelques minutes plus tard.

— Mauvaise nouvelle, annonça-t-il à Pourtalès. Le commandant ne veut pas en démordre : *L'Ernest* repart à Toulon. Si monsieur le comte le permet, je vais donc affréter quelques barques de pêcheurs pour emmener les enfants jusqu'au Levant.

— Très bien. Occupez-vous de cette histoire de transbordement. J'espère toutefois que vos pêcheurs ne se montreront pas trop gourmands.

Brémond s'approcha du prudhomme de Port-Cros et l'emmena à l'écart des oreilles indiscrètes :

— Il y a urgence monsieur Julien. Plus de quatre-vingts enfants et leurs gardiens vont débarquer de *L'Ernest*, et je dois les transporter à l'Avis. Je pourrai en charger une trentaine sur le *Titan*. Pour le reste, il faudrait que vous me trouviez cinq pointus d'ici deux heures.

Le prudhomme souleva sa casquette et se gratta le crâne :

— Ça peut se faire, mais l'embêtant, c'est que les bateaux ont les filets à bord pour la pêche de prime et d'aube. S'ils les débarquent maintenant...

— ...la pêche est perdue, je sais, répliqua Brémond. J'ai quand même fait le métier quelque temps, pas vrai ? Leur prix sera le mien. Enfin, celui du comte. Qu'ils ne poussent pas trop fort quand même. M. de Pourtalès est riche, mais n'allez pas le prendre pour une vache à lait. Je préférerais que vous en discutiez en tête-à-tête avec les patrons. Si je suis là, ça risque de les gêner. On se retrouve chez Étienne tout à l'heure ?

Pendant que le prudhomme s'éloignait, Brémond se dirigea vers l'auberge. Sur le pas de la porte il lança, tonitruant :

— Comment va mon ami ?

— Bonjour, Victor, lui répondit Étienne Follis l'aubergiste. Une petite absinthe, comme d'habitude ?

— Et un paquet de tabac, aussi. À propos, j'ai pensé à toi. Voici la pipe de bruyère du Levant que je t'avais promise. Elle est belle, non ? Salvat, le maître pipier, me l'a façonnée. Ça va te changer de tes vieilles bouffardes en terre, je te l'assure.

Étienne prit la pipe, nicha un moment le fourneau au creux de sa paume, cala le tuyau entre ses lèvres pincées, émit quelques suçotements et dit enfin :

— Splendide, je l'ai bien en main. Merci du cadeau, Victor ! Alors c'est le grand jour !

— Un grand jour pour toutes les îles. Pour toi, aussi. L'ouverture du pénitencier, ça veut dire un va-et-vient continuel, donc beaucoup de monde qui viendra vider tes bouteilles, acheter ton tabac et remplir ta caisse.

— Je te crois. Mais... les prisonniers, là, ils ne sont pas dangereux ?

— Voyons, Étienne ! Ce sont des enfants. Et puis, d'après ce que je sais, ils n'ont pas fait grand mal. Des malheureux, des vagabonds, des orphelins. Je ne les imagine pas attaquer Port-Cros, comme l'ont fait les marins anglais en 1793.

Peu à peu l'auberge s'emplissait. La conversation générale tourna bientôt autour du pénitencier de Sainte-Anne. Le prudhomme entra et entraîna Brémond à l'écart pour lui donner les conditions des patrons pêcheurs.

— Ça me paraît raisonnable, grommela enfin le capitaine. Il faut que j'en parle au comte. D'ailleurs, le voilà qui revient de sa promenade.

— Eh bien ! capitaine, dit Pourtalès en entrant dans l'auberge, vous avez la réponse ?

— Dix francs par bateau. Cinquante francs au total. Ça peut paraître cher, mais ils perdent leur pêche. Ils n'auront pas le temps de faire l'aller-retour, puis de charger leurs filets, puis de...

— Affaire conclue.

Toute la population ou presque de Port-Cros, une soixantaine de personnes sur les quatre-vingt-dix insulaires, avait convergé vers le port pour y attendre avec impatience et un peu d'appréhension le débarquement de ces jeunes « forçats » comme on commençait à le dire. Que seront ces étranges voisins ? Des loups ou des agneaux ?

Enfin, le gardien-chef Radol commanda le débarquement des détenus. On s'écarta sur leur passage. Un silence extraordinaire tomba sur le petit port, ponctué seulement par le martèlement des sabots fendus et noircis, le reniflement d'un môme et les cris des goélands qui, effrayés par cet attroupement, plongeaient de leur nid en vol plané, et, dans un simulacre d'attaque, rasaient les têtes. Une horde misérable défilait, titubante et sale.

Une voix de femme, chantante, s'éleva. La veuve Bourrely clamait :

— *Pécaïré, régardés un pòu aquélis enfants, soun pichouné, qué maou en fa ?* Peuchère, regardez un peu ces enfants, qu'ils sont petits, quel mal ont-ils pu faire ?

Le comte de Pourtalès sursauta. Il ne comprenait pas le provençal, mais il n'avait pas besoin que le capitaine

Brémond lui traduise pour saisir toute la pitié qu'il y avait dans ce cri. Il eut alors envie d'aller vers la femme qui avait lancé vers le ciel cette imprécation emplie de toute la compassion du monde. Il ressentait, dans sa chair, le besoin de lui expliquer que ce n'était pas pour les punir qu'on emmenait ces garçons au Levant, mais pour les sauver. Une petite voix murmurait pourtant au fond de lui-même : « En es-tu sûr, Henri ? Ils devront travailler durement pour toi, pour que ton île devienne ce que tu en attends... » Il aurait aimé dire à tous ces braves gens qu'il ne leur voulait aucun mal, bien au contraire. Mais il n'osait pas. Un mur invisible et infranchissable se dressait, depuis la nuit des temps, entre lui, le millionnaire, l'aristocrate le seigneur de Gorgier et du Levant, et ces humbles femmes, ces hommes rudes de Port-Cros. Alors le comte maudit encore une fois l'étrange timidité qui le prenait souvent quand il s'adressait à quelqu'un qui n'était pas de son monde, timidité qu'il cachait derrière une ironie et une désinvolture incontrôlables qui le faisaient passer à leurs yeux, croyait-il, pour un être arrogant et méprisant.

Le cri du cœur de la veuve Bourrely fut comme un signal. Toute la population de Port-Cros fit assaut de générosité vis-à-vis des *pichouné*. On leur apporta de l'eau teintée de vin, du pain, un morceau de lard, des figues séchées... Un vieux glissa dans la main de Devillaz, avec des airs de conspirateur, une chique de tabac. Le directeur Pérignon voulut intervenir dans ce qui lui semblait un grand désordre, mais un geste du comte l'en dissuada. Quand, peu après, la cantinière du convoi eut distribué la sempiternelle soupe à peine améliorée de graisse de porc où les détenus trempaient d'ordinaire leur quignon, certains, gavés, eurent du mal à finir leur gamelle.

Les enfants furent répartis à bord des cinq bateaux de pêche et du *Titan*. Comprenant que M. de Pourtalès leur demandait de l'indulgence, les gardiens les laissèrent bavarder à leur guise. Le départ de Port-Cros se fit dans une atmosphère de sortie de collège. Puis le silence tomba à nouveau. Les jeunes passagers regardaient, emplis d'admiration, les patrons, timon en main, diriger leur barque dans la passe de Bagaud, tels des dieux de la mer.

— Tenez-vous tranquilles, les enfants, lança le capitaine Brémond, à bord du *Titan*.

Les trente détenus embarqués sur le bateau du pénitencier obéirent à cette injonction débonnaire avec bien plus de zèle qu'à n'importe quel ordre lancé par le plus redoutable des gardiens. Matelots et novices souquaient ferme. Un petit vent frais de ponant qui s'engouffrait dans la passe de l'entre-deux-îles frisait la surface de l'eau. Les équipages hissèrent les voiles, d'une soyeuse couleur rouge brique. Un soyeux et une couleur que les femmes de pêcheurs avaient obtenue en frottant les toiles de lin avec de l'argile grasse pour les imperméabiliser. Les pointus gîtèrent légèrement, tandis que les enfants, pris d'une délicieuse frayeur, poussaient des cris excités, en se cramponnant éperdument où ils pouvaient. Puis ils se calmèrent.

Le comte de Pourtalès, les yeux mi-clos, mine de rien, contemplait les jeunes sujets de son royaume. Il s'étonnait de la diversité des visages : ce gros, là, bien joufflu et rougeaud au regard naïf, un sourire un peu stupide toujours accroché à ses lèvres, d'où venait-il ? Et ces deux petits aux yeux globuleux, presque des nourrissons, collés contre un grand gaillard aux larges épaules, l'air franc sur un visage affûté d'adulte, pourquoi se trouvaient-ils sur le *Titan* ?

— Alors, mon garçon, demanda le comte au grand blond, le voyage s'est bien passé ?

— Oui, m'sieur !

— On dit « monsieur le comte », coupa le gardien-chef.

— Laissez, Radel ! Et comment t'appelles-tu ?

— Devillaz, monsieur le comte.

— Ah, mais c'est un nom du pays savoyard, presque de chez moi.

— Je suis du Fayet, monsieur le comte....

— C'est bien, c'est bien, répliqua Pourtalès qui ne savait pas comment poursuivre la conversation. Et... quel âge as-tu ?

— J'aurai seize ans en octobre.

Juste un an de moins qu'Arthur, le fils du comte ! Et pourtant quelle différence entre le vicomte aux allures encore floues de l'enfance et ce jeune homme, solidement campé sur ses jambes. Quels malheurs, quelle fatalité avaient entraînés jusqu'ici ce Devillaz ? Pourtalès n'osa l'interroger sur ce sujet. D'ailleurs, la brève traversée s'achevait et la flottille se présenta dans la calanque du Grand Avis.

— Bah, se consola le comte, ce gaillard est assez costaud pour nous abattre le travail de quatre de ses congénères...

Il avait déjà oublié son nom.

Les pointus s'amarrèrent aux pilotis du débarcadère. Pourtalès descendit le premier, le directeur suivit. Les deux hommes prirent place dans la calèche qui les attendait au bout du ponton. Tandis que le gardien-chef Radel disposait ses hommes, les enfants se hissèrent sur l'appontement aux planches branlantes et volontairement disjointes afin d'éviter que des coups de mer ne le disloquent, et progressèrent prudemment. On les fit mettre en rang dès qu'ils eurent atteint la terre ferme et ils partirent au pas cadencé.

— Gauche, droite, gauche, droite, gauche, droite, commanda martialement l'un des gardiens.

Ils gravirent ainsi le chemin de l'Avis. Quand la montée amorça enfin un faux-plat, on vit apparaître le pénitencier. Plus il approchait, plus Devillaz sentait son cœur se serrer. Les vagues espérances qu'il avait ressassées durant sa longue marche se dissipèrent d'un coup : le porche de Sainte-Anne, encadré de colonnades et surmonté d'un imposant fronton triangulaire, était le même que celui des bâtiments dans lesquels il avait déjà passé tant de nuits. Et le bruit des sabots résonnant sous la voûte cochère sonnait de la même façon qu'à la Roquette, à Montluc ou dans les casemates du fort Lamalgue.

Dans la cour carrée, on les fit aligner par ordre de taille devant une petite estrade où se tenaient, en rang d'oignon, tels ces portraits de famille accrochés au mur des maisons bourgeoises, le comte, entouré de son épouse, de son fils et de ses trois filles, du directeur Pérignon et de sa femme. Derrière eux, le greffier, le docteur et l'aumônier. Le gardien-chef Radel, après un salut militaire, hissa sa bedaine à leurs côtés.

Marie, la fille aînée du comte qui devait avoir vingt ans, se pencha à l'oreille de sa sœur Émilie pour lui chuchoter quelque chose qui fit pouffer sa cadette derrière sa main gantée de dentelle blanche. Pour ne pas être en reste, la benjamine Louise soupira :

— Mon Dieu, qu'ils sont petits, ces forçats !

Un regard sévère d'Arthur, le fils, le dauphin, qui tentait d'imiter les allures dignes de son père, les rappela à l'ordre. Le comte de Pourtalès, une fois que tout le monde fut bien en place, s'avança d'un pas, et, légèrement appuyé sur sa fine canne à pommeau d'argent ouvragé, lança d'une voix forte :

— Mes enfants, bien que cette maison existe officiellement depuis le 8 janvier, ce n'est qu'aujourd'hui, 23 mars 1861 que se sont ouvertes devant vous les portes de la colonie agricole de Sainte-Anne. Sainte-Anne, dois-je vous l'apprendre, est la patronne des marins et des îles d'Hyères. Il y a longtemps de cela, des moines courageux labourèrent cette terre sauvage et en firent un lieu prospère, plein de bonheur. Tous ensemble, nous allons reconstruire ce petit paradis. Vous y apprendrez à lire, à écrire, les métiers de la terre, et aussi ceux de cordonnier, de tailleur, de forgeron, de maçon et même à fabriquer des pipes. Pour vous aider à accomplir cette noble et grande tâche, la colonie est placée sous les ordres de M. Pérignon, qui fut en Afrique du Nord un héros des guerres contre les tribus rebelles. « Henri, pensa le comte, tu ne crois pas que tu en fais un peu trop ? » Voici M. Blampignon, le directeur d'exploitation, qui vous conseillera dans vos travaux. Monsieur le greffier veillera à ce que rien ne vous manque en nourriture et en vêtements. Je vous présente le docteur Grimaldi qui vous soignera si vous tombez malades, le père Roux s'occupera de vos âmes. Je n'oublierai pas le gardien-chef Radel qui, avec ses hommes, a en charge la discipline et votre sécurité. Si vous avez des problèmes particuliers, ces messieurs sont là pour vous aider. Maintenant, retroussons nos manches ! À l'ouvrage !

Le comte crut bon d'ajouter, sur le ton de la plaisanterie complice :

— Naturellement, nous ne commencerons pas ce soir. L'air marin nous a donné très faim. Et je crois que cette nuit, nous allons dormir comme des loirs. N'est-ce pas, les enfants ? Allez ! Bon appétit.

Le gardien Lenepveu, croyant bien faire, se mit à applaudir. Il fut le seul, car un signe de la main du comte l'arrêta après trois claquements de paume. Il resta là, les mains suspendues dans le vide, comique et ridicule. Pourtalès prit sa femme par le bras, ses enfants le suivirent. D'un pas lent, ils se dirigèrent vers la calèche qui les attendait de l'autre côté du porche. De la cour s'éleva un brouhaha.

— Silence, hurla Radel, écoutez monsieur le directeur.

— Nous allons faire l'appel, dit Pérignon quand le calme fut rétabli. Quand on dira votre nom, vous avancerez. Ceux qui ont plus de douze ans se rangeront à gauche. Les autres à droite. M. le greffier vous donnera à chacun un numéro. Il faudra bien le retenir. Ensuite, par groupes de quatre, vous irez par cet escalier au magasin avec ce papier d'état civil. L'économe vous distribuera votre trousseau que vous marquerez au numéro qu'on vous a indiqué. Il y a sur le comptoir ce qu'il faut pour cela. Ceux qui ne savent pas écrire demanderont à leurs camarades. Puis vous irez dans votre dortoir : les petits d'un côté, les grands de l'autre. Les gardiens vous guideront. Vous ferez votre lit et rangerez vos affaires sur l'étagère de droite. Ensuite vous descendrez dans cette cour en attendant la cloche pour le souper. Compris ? Que tout se passe dans l'ordre. Pas de bavardage inutile. Ne nous obligez pas à vous punir dès le premier jour.

— Alors, on va être séparés ? demanda Décors en levant un regard éperdu vers Devillaz.

— Ne t'inquiète pas, nous serons quand même tous ensemble.

— Ouais ! j'ai bien peur que ce soit la fin des Vulnérables, murmura Beaumais.

— Ça, jamais, dit Devillaz entre ses dents. Jamais !

Aux premiers rayons du jour, la cloche se mit à tinter et les coqs chantèrent à tue-tête. Le pénitencier de Sainte-Anne s'éveilla. Cette longue et lourde bâtisse tenait à la fois de la caserne, du collège et de la grande ferme. Le bâtiment principal d'un étage, qui abritait dortoirs, réfectoires, cellules, chambres des gardiens, locaux administratifs, infirmerie, ceignait une grande cour carrée bordée d'arbres et au milieu de laquelle une fontaine coulait dans un bassin rectangulaire. La colonie agricole proprement dite jouxtait, à l'est, ce bâtiment central, avec sa ferme, sa bergerie, sa boulangerie, sa forge, sa cordonnerie et le logement du gardien-chef Radel.

— Tout le monde au garde-à-vous au pied de son lit, lança le gardien Guilleminot en surgissant dans le dortoir des petits. Ceux de la rangée de droite, prenez vos serviettes, vos brosses et allez vous débarbouiller dans la cour. Pendant ce temps, ceux de gauche, ouvrez les fenêtres et faites vos lits. Vous partirez à la toilette quand les autres remonteront. On ne traîne pas !

En se penchant sur la cour où chantait la fontaine, Décors s'étonna de la douceur du temps, lui qui n'avait connu dans sa vie que des petits matins grelottants. Mais il n'eut pas le temps d'évoquer cela avec Denis, son voisin de dortoir, car il fallait faire son lit, descendre se laver au bassin, aller s'entasser dans la minuscule chapelle le temps d'un bref sermon et enfin revenir dans la galerie principale du rez-de-chaussée.

Derrière une grande table s'étaient installés le directeur, le greffier, l'économe, ainsi que Laborde le fabricant de pipes, le forgeron, le boulanger, le cuisinier. Il s'agissait de donner une affectation à chacun des quatre-vingt-deux enfants. Dix d'entre eux auraient la chance de devenir apprentis dans les différents corps de métier, à la ferme, dix autres travailleraient à l'atelier de pipes, deux à la buanderie et les cinquante restants seraient divisés en deux brigades, l'une de défrichage de terres agricoles et l'autre de récolte des souches de bruyère.

Denis avait fait en sorte qu'à la sortie de la messe, les petits Vulnérables rejoignent Devillaz, Geuneau, Beaumais, Roncelin et Guendon. Les retrouvailles eurent lieu en silence : un sourire, un clin d'œil, une bourrade sur l'épaule. En se tenant ainsi dans la longue galerie les uns derrières les autres, ils espéraient qu'on ne les séparerait pas.

— Présente-toi, dit le directeur.

— Geuneau, m'sieur.

— Pas ton nom, ton numéro.

— Euh, ben... Vain Dieu, je ne m'en souviens plus !

Encore un qui a oublié ! Et on ne jure pas, crénom ! Vous avez son dossier ?

— Oui, monsieur le directeur, répondit le greffier. Geuneau, numéro 32, né dans la Nièvre, père ouvrier agricole. Mère...

— Parfait. À la brigade du gardien Guilleminot ! Tu t'en souviendras, numéro 32 ?

— Oui, m'sieur !

— On dit monsieur le directeur, proféra le gardien-chef. Suivant !

Décors et Grand Noël furent également affectés à cette brigade. Mais quand vint le tour de P'tit Noël, il fut jugé vraiment trop frêle pour ce travail. On le nomma aux cuisines. Comprenant qu'il allait être arraché à son aîné, l'enfant éclata en sanglots.

— Monsieur le directeur, osa dire Devillaz en levant le doigt, ce sont deux frères, ils sont toujours ensemble. Il ne faut pas les séparer.

— De quoi se mêle-t-il, celui-là ? Sergent Radel, collez-lui donc trois jours de cellule.

— Si vous me permettez, monsieur le directeur, intervint Laborde, ce garçon m'a l'air fort astucieux. Pourrais-je le prendre à la fabrique ?

— Pardon, protesta le maréchal-ferrant. Cédez-moi ce gaillard, je vous prie. Je le lorgnais depuis tout à l'heure. Il est assez costaud pour faire un bon aide à la forge.

— Oh, non, m'sieur, lança Roncelin, qui se trouvait juste derrière Devillaz. S'il vous plaît.... Moi, j'étais forgeron, avant. Je l'jure. Regardez dans vos papiers, je suis le numéro 72.

— Et moi, lança une voix gouailleuse, loin derrière, je sais rudement bien faire les pipes !

On reconnut Hernebrood. La galerie, brusquement, résonna d'un immense éclat de rire. Sabots et galoches se mirent à marteler les dalles. On entendit des « miaou ! », des « cocorico », des aboiements, des gros mots. « Silence ! » hurlaient en vain les surveillants. Le directeur se leva, gesticulant. Un des gardiens sortit Hernebrood de la file d'enfants, lui envoya une retentissante paire de claques puis, en le tirant par les cheveux, le traîna jusqu'à la table des adultes. Deux jours de cachot. Quelques autres, au hasard, étrennèrent les cellules. Curieusement, Roncelin et Devillaz furent épargnés. Les enfants se calmèrent. Le directeur céda, pour en finir, Devillaz et Beaumais à Laborde, Roncelin au forgeron, Denis au cordonnier. Guendon le berger devint, à sa grande joie, le muletier du Levant.

Huit heures sonnaient à la cloche quand s'acheva le cérémonial des affectations. Le directeur Pérignon en fut soulagé. Malgré le chahut, il avait respecté ses horaires, ce qui était pour lui une grande satisfaction, car il considérait la ponctualité comme la meilleure preuve de sa compétence.

Les enfants, redevenus silencieux, entrèrent au réfectoire. Depuis leur réveil, ils avaient le ventre creux. On leur distribua généreusement leur déjeuner : dans l'écuelle, trois tranches de pain dur sur laquelle la cantinière versa une louche d'eau chaude. Mais avant de se jeter sur ce repas, ils durent écouter le gardien-chef réciter le *bénédicité*. Puis ils partirent au travail...

Ils étaient neuf. Désormais, on les appellerait « les pipes ». Ne manquait à l'appel que Hernebrood, enfermé dans ce mystérieux cachot qui leur semblait bien redoutable.

Devillaz avait toujours aimé le travail du bois. Quand il était petit, il sculptait, avec son couteau, des cuillères dont il décorait le manche et qu'il offrait à sa mère. Fabriquer des pipes ne devait pas être bien différent, songeait-il en suivant Laborde. Ce brave homme qui l'avait sauvé du cachot. Maintenant, il allait apprendre un métier. Son père en aurait été content. Et puis Beaumais, son ami, était à côté de lui. Au fond, s'il n'y avait eu cette faim qui lui griffait le ventre, il n'aurait eu aucun motif de se plaindre de son sort.

Le porche franchi, le gardien commanda aux « pipes » de tourner à gauche, sans oublier d'ajouter le sempiternel « en silence ». Au creux du vallon de l'Avis, en contrebas du pénitencier, se dressait une cheminée carrée coiffée d'un panache de fumée blanche. Sous cette haute silhouette en brique, les bâtiments de la fabrique résonnaient du souffle saccadé d'une machine à vapeur. Derrière des baies vitrées, deux rangées de poulies entraînées par un volant tournaient au rythme du va-et-vient du piston. De longues courroies de cuir claquaient, en dominant le roulement continu des scies, des tours et des tourets à polir. Les ouvriers et le mestré-pipier Salvat étaient déjà à leur poste de travail avec, en dessous d'eux, les caissons servant à stocker les ébauchons.

— C'est beau, murmura Devillaz.

— Oui, répliqua Beaumais, ça nous change de la prison.

Maître Laborde frappa dans ses mains et, d'une voix forte qui dominait le vacarme des machines :

— Les enfants, soyez très attentifs à ce que je vais vous dire. Ces messieurs que vous voyez travailler sont, les uns, scieurs d'ébauchons, les autres tourneurs. Ils vont vous apprendre à vous servir des machines. Vous allez devenir leurs apprentis, jusqu'au jour où vous serez capables de travailler tout seuls. Je vous recommanderai surtout la plus grande prudence. Évitez tout mouvement brusque, marchez lentement, ne bousculez pas un camarade près d'un tour, d'une courroie ou d'une lustreuse en train de fonctionner. Cela peut provoquer des accidents très graves : une main coupée, un bras arraché. Nous allons vous apprendre les gestes à faire et ceux à éviter. Je ne tiens pas à ce que l'un d'entre vous soit estropié ou tué. Aussi, ceux qui ne suivront pas nos conseils seront immédiatement mutés à la brigade de débroussaillage. Et croyez-moi, ici, vous êtes les mieux lotis de tous.

Alors, émerveillés, admiratifs devant ces ouvriers aux gestes sûrs et précis, excités par la nouveauté, les enfants se mirent au travail, studieux et attentifs.

Le gardien Burgeade, fort content, pensa :

— Avec ceux-là, je n'aurai pas de problème. Pour Guilleminot et Lenepveu, dans leur fichue brigade de vingt-cinq, ça doit être une autre paire de manches. Je crois que je vais me plaire, ici.

Et il sortit de la fabrique pour fumer une pipe au soleil. Il pouvait prendre tout son temps avant d'aller jeter un œil aux ateliers de la ferme, puis aux cuisines.

En rang par deux, au pas cadencé, la brigade « récolte » du sergent Guilleminot escaladait le plateau supérieur de l'île. On leur avait distribué des outils, aux uns une hache, aux autres une pioche, aux troisièmes un *faussoun*, serpe droite à l'extrémité recourbée.

— J'ai encore faim, moi, grommela Geuneau à l'adresse de Décors. Avec ce qu'on nous a donné ce matin, je ne tiendrai jamais jusqu'à l'heure du midi.

— Hé, toi ! dit le gardien. Fini, le bavardage ? Je note : numéro 32, ce soir, au pain sec.

Alors, le pauvre Vain Dieu se sentit couler jusqu'au fond de la détresse.

Ils se retrouvèrent à la lisière d'une végétation très dense de bruyères, de pins, de chênes-lièges et d'arbousiers. Là les attendaient quelques bûcherons piémontais, les *bouscatiers* comme on les appelait. Le chef d'équipe s'approcha :

— Je vais vous expliquer comment débroussailler et récolter les souches de bruyère. Ceci est une souche mâle. Elle est facile à reconnaître : il ne lui pousse que quatre ou cinq grosses branches. Prenez-en soin, ce sont celles avec lesquelles on fabrique les pipes. Voici maintenant une souche femelle avec sa quinzaine de petites branches. De ces rameaux, on fait des balais, des paillassons pour abriter les potagers ou des fascines pour cuire le pain. Quant à la racine, elle ne vaut que pour la cheminée. Les très grosses, je vous montrerai comment les fendre d'un coup de *destraou*.

— De quoi ? demanda un gamin aux allures de titi parisien.

— De hache, si tu veux. Voilà, vous avez compris ? Ce n'est pas sorcier, hein ?

— Non, monsieur, répliquèrent en chœur les enfants.

— Mais revenons aux souches mâles qui seules nous intéressent, du moins celles qui ne sont pas véreuses. À dix ou vingt ans, elles ont à peu près la taille d'une écuelle. Dès que vous en avez arraché une, vous l'ébarbez et vous l'enfouissez dans de la terre humide, ou vous la couvrez d'un sac mouillé. Sinon, elle éclate. Vous travaillerez par groupes de deux. Le premier coupe et arrache, l'autre ébarbe.

Décors souleva sa pioche. Elle ne lui avait pas paru aussi lourde quand il la portait sur l'épaule. Mais maintenant... Non loin de là, le titi parisien, enhardi par sa question de tout à l'heure, pensait sans doute la même chose puisqu'il se dirigea vers le gardien et lui dit :

— Monsieur, il n'y a pas d'outil plus léger ?

— Tu feras avec ce qu'on te donne, répliqua Guilleminot. Les rouspéteurs sont punis de dix coups de férule.

— Je ne rouspète pas, je demande, protesta le titi.

Guilleminot nota sur son carnet : « numéro 18, dix coups de férule pour insolence ».

Décors, à l'évocation de ce châtiment, crut sentir sur ses reins les meurtrissures que lui infligeait jadis son tuteur. Il se souvint aussi du claquement qui résonnait dans la cour de Clairvaux quand le gardien-chef administrait les punitions avec une palette de bois flexible. L'enfant trouvé avait toujours su éviter ce châtiment, en se faisant le plus discret possible. Heureusement, maintenant, il avait des amis, les Vulnérables. Quel chaud au cœur quand, quelques minutes plus tard, Geuneau lui murmura, alors que le gardien s'était éloigné :

— Après la pause de midi, on échangera : moi je piocherai, toi tu ébarberas. Il n'y verra que du feu.

Alors, pendant quelques instants, l'outil parut moins lourd à ses bras fluets de neuf ans.

Le temps s'éternisait et Décors n'était plus que douleur. Parfois, un vertige le prenait. La sueur lui brûlait les yeux, la faim lui tenaillait le ventre. Enfin, la cloche du pénitencier retentit, appelant au repas de midi. Ils descendirent, toujours deux par deux, jusqu'au réfectoire où les attendait une soupe maigre. Les voilà, sitôt leur écuelle engloutie, de retour sur le lieu de travail. Le gardien ne remarqua pas l'échange d'outils entre Geuneau et Décors : ces gosses, il les confondait tous. L'ébarbage était effectivement moins pénible, mais demandait une attention soutenue, dans des positions inconfortables. Nouvelle pause à quatre heures, un morceau de pain sec et un quart d'eau. Il fallait maintenant tenir jusqu'au soir. À sept heures enfin, ils redescendirent, les reins brisés, les muscles douloureux, sales de sueur séchée.

M. de Pourtalès avait tenu à suivre des yeux le déroulement de cette première journée de travail. Il était allé visiter chacun des groupes et échangea quelques mots avec ceux qu'il appelait « chef de chantier ». Il s'était ensuite rendu aux cuisines pour constater que la soupe du soir était suffisamment grasse de saindoux et abondamment fournie en pommes de terre. Enfin, il avait demandé à Pérignon de gracier les premiers punis et de mettre leur faute sur le compte de l'inexpérience. Ce qui fut fait. Il était encore présent, après le repas du soir, bavardant avec le directeur, tandis que les détenus se précipitaient dans la cour pour la récréation. Cette première journée avait paru au comte très prometteuse.

Les retrouvailles entre les Vulnérables furent joyeuses, même si Décors et Grand Noël harassés, éreintés, n'aspiraient qu'à une chose : dormir. Geuneau, lui, avait bien mieux supporté cette première journée : sous ses aspects de gros garçon un peu mou se charpentait une solide carcasse de paysan nivernais. On échangea les premières impressions.

— Avec Décors, dit Geuneau, on récolte les pipes.

Devillaz le reprit aussitôt :

— Tu confonds. Vous ne récoltez pas les pipes, mais les souches à pipes.

Roncelin, à la forge, avait su montrer au maréchal-ferrant qu'il n'avait rien oublié du métier, et celui-ci l'avait pris en affection :

— Quand il a appris ce qu'on avait mangé à midi, il m'a même donné un saucisson, pour que je retrouve des forces au travail. J'en ai gardé pour vous.

— Bravo, répliqua Devillaz. Partage-le sans te faire voir entre Décors et Grand Noël. Ce sont eux qui en ont le plus besoin. Ils le mangeront cette nuit dans leur lit. Beaumais et moi, pour le moment, à la fabrique, nous n'avons eu aucune occasion de trouver de quoi manger. Mais M. Laborde est bon homme. Mestré Salvat et les ouvriers ont l'air brave, eux aussi. Je pense qu'ils nous aideront. N'oubliez pas, les gars, dès que vous trouvez un peu de nourriture en plus, vous la rapportez pour qu'on la partage. Attention à ne pas vous faire pincer par les gardiens. À chaque fois, ils penseront que c'est du vol. Le scieur d'ébauchon qui m'apprend le métier m'a dit que le personnel civil n'avait pas le droit de donner quoi que ce soit aux détenus, mais qu'il s'arrangerait pour me passer un peu de pain en douce, à condition que je ne le dise à personne. Heureusement, parce qu'avec ce qu'on nous donne ici, on finira tous par crever de faim. Pas vrai, Beaumais ?

Le jeune Belge approuva de la tête, mais, contrairement à ses habitudes, il resta coi. Guendon prit la parole :

— Moi, comme muletier, je me balade un peu partout dans l'île. J'aurai des occasions. Le travail est dur, il faut tout le temps charger et décharger de la chaux, de la pierre et des souches. Mais ma mule est drôlement gentille. Quand je lui parle, je crois qu'elle va me répondre.

— Et comment s'appelle-t-elle ? demanda Geuneau, l'œil brillant.

— Je n'en sais rien. Elle n'a pas de nom, je crois.

— Ah ! Il faut lui en donner un, décréta Denis. Nous, on a une chienne qui vient nous voir à la cordonnerie. Le *mestré* nous a dit qu'elle aimait l'odeur du cuir et qu'il fallait faire attention à ce qu'elle n'en chaparde pas. Il l'a appelée « Semelle » parce qu'elle se mêle de ce qui ne la regarde pas.

Ils éclatèrent de rire, même Beaumais qui semblait pourtant morose.

— Et nous à la cuisine, dit P'tit Noël, on a été obligé de chasser un chien terrier à coups de pied. Dommage. Il avait l'air gentil. Il ressemblait à mon frère...

— C'est dit, lança Devillaz, on appellera ton aîné « Terrier », pour vous distinguer l'un de l'autre. Alors, cette mule, Guendon, quel nom tu lui donnes ?

— Dans ma montagne du Luberon, quand je gardais mes moutons, j'avais un mulet. Il était comique et intelligent ! En été, après la traite, j'attachais les bidons de lait de brebis sur son dos et je lui disais : « Allez, à Oppède. » Il rentrait tout seul à la maison. Lorsqu'il traversait le village, tout le monde disait : « tiens voilà Oppède », tout simplement. Et ma mère pouvait faire sa brousse avec du lait tout frais.

— On pourrait nommer la mule « Oppède Deux » ! suggéra Devillaz.

— *Pas d'ascour, com disou m'père* quand il n'était pas d'accord, répliqua Beaumais qui se déridait enfin, n'oubliez pas que cette bête est la propriété du comte. Il lui faut donc un nom plus noble. Je propose : « Oppède du Luberon ».

— Oh, oh, bouffonna Denis en s'inclinant très bas et en faisant tournoyer un chapeau imaginaire : marquise Oppède du Luberon, je vous salue ! Mais ce serait mieux que Guendon le dise. Avec son accent, ça sera bien plus drôle.

De fait, dans la bouche du berger provençal, le nouveau nom de la mule se mit à sonner et à chanter d'une tout autre manière. Les Vulnérables éclatèrent d'un nouveau fou rire et applaudirent très fort. Devillaz les calma d'un geste :

— Prudence, les gars ! Il y a trop d'oreilles d'espies qui traînent dans le coin.

Et il jeta un œil plein de menace à Hernebrood qui s'éloigna.

— Pourquoi faut-il que tu fasses ton malin ?

Le père Hernebrood criait toujours cela à son fils Henri, quand il rentrait du cabaret de Commercy, ivre mort. Le futur détenu numéro 67 ne pouvait pas s'empêcher de se faire remarquer. S'agitant sans cesse d'une jambe sur l'autre, bavard frénétique, la bouche pleine de mots orduriers, le jeune Henri voulait toujours faire rire ses camarades, leur plaire, devenir leur ami. Pourtant, les autres enfants, sans pitié, le rejetaient avec mépris. Ou bien ils l'utilisaient, comme à la Roquette, quand le Capitaine, Boule-de-Neige et Laurent le contraignaient à leur servir de domestique. Il leur obéissait, croyant ainsi gagner leur estime. Aussi, avant le départ de Paris, fut-il triste en apprenant qu'il serait séparé de sa bande expédiée en Corse, tandis que lui devrait suivre le convoi du Levant. Son dossier stipulait qu'il serait enfermé dans une colonie agricole seulement pour l'arracher aux mauvais traitements paternels, et non pour le punir d'un quelconque délit. Durant toute la descente vers Toulon, il avait tenté de se rapprocher du clan de Devillaz et de Beaumais, mais ceux-ci l'avaient systématiquement rejeté, à cause de sa réputation de vicieux. Il était vrai qu'à bientôt quatorze ans, Hernebrood se sentait parfois aveuglé de l'irrépressible désir de reproduire sur ses codétenus, surtout les plus jeunes au visage d'ange, des caresses imitées de celles que lui prodiguait son père, quand celui-ci avait l'ivresse trop affectueuse.

Naturellement, dès le premier jour au Levant, Hernebrood s'était encore senti obligé de « faire son malin », en lançant une obscénité au moment des affectations. Tout aussi naturellement, il fut le premier puni, mis au cachot. En fin d'après-midi, un gardien vint le chercher et, sans ménagement, le traîna jusqu'au bureau directorial. Hernebrood tremblait de tous ses membres : les adultes le terrorisaient.

Le directeur Pérignon l'attendait, sévère, derrière la grande table où était posé, sur un buvard bordé de cuir, le dossier 67. Il demanda au gardien de sortir.

— Mon garçon, tu peux remercier monsieur le comte. Il a décidé, en ce premier jour, de gracier tous les punis. J'ai lu ton dossier. Pas joli joli. Mais je veux oublier tout ça à condition que toi, tu te montres le plus exemplaire des pensionnaires de cette maison. T'y sens-tu prêt ?

— Oui, m'sieur le directeur, je le jure.

— Ne jure pas. Pour preuve de ta bonne volonté, j'aimerais que tu me tiennes au courant, comment dirais-je ? du climat, de l'ambiance parmi tes camarades. De quoi se plaignent-ils, de quoi parlent-ils entre eux, y a-t-il des voleurs, des paresseux, ou des candidats à l'évasion ? On t'avait affecté à l'atelier de pipes, n'est-ce pas ? J'ai préféré te placer à la buanderie. C'est un endroit où l'on échange des propos avec plus de liberté. Mais si j'apprends que tu me caches quelque chose, gare à toi. Tu comprends ce que je veux dire ?

Bien sûr que Hernebrood comprenait ! Il avait accompli la même besogne à la Roquette, sous la même menace de devenir le bouc émissaire des gardiens. Il savait comment s'y prendre pour éviter de trahir les plus importants secrets de ses camarades tout en donnant du grain à moudre aux adultes en leur racontant des peccadilles.

Tel serait donc son lot. C'est ainsi que Hernebrood devint le premier *espie* du Levant.

La récréation du soir se termina au son de la cloche. Là-haut, les paillasses avaient été garnies de draps propres et craquants : le comte de Pourtalès avait prévenu de sa visite au dortoir.

Il ne fallut guère plus de quelques secondes pour que la colonie de Sainte-Anne s'endormît dans la douceur de la nuit printanière, bercée par le chant des rossignols.

Le lendemain à cinq heures et demi, ce fut une autre antienne. Dans la fraîcheur de l'aube, les muscles des bras et du dos semblaient durs comme de la pierre, chaque mouvement arrachait des grimaces. À la fontaine, on se débarbouilla à peine, on avala une gorgée d'eau fraîche et on s'en fut, le ventre vide, grelottant, sur le lieu de travail. À huit heures du matin, déjà en sueur, on revint au réfectoire pour y avaler un morceau de pain trempé dans l'eau chaude, avant de repartir. Et cela continuerait ainsi, toujours, toujours ? se demandait Décors.

Les jours passaient, routiniers, machinaux, abrutissants. La tête vide, les enfants des brigades coupaient, arrachaient, défonçaient, transpiraient. Maintenant que le défrichage du maquis avait progressé, il fallait aussi enlever la pierraille, l'entasser, travail de forçats plus que de jeunes « colons ». Ces pierres serviraient à la construction des murs de soutènement des terrasses de terre que Guendon appelait, avec son accent méridional, *bancaou*. Sur les mains meurtries, des ampoules éclataient et la chair à vif saignait. Un des *bouscatiers* leur apprit comment s'y prendre pour calmer la douleur en étalant, en guise de pansement, de la résine de pin sur les plaies.

Seul jour de repos, le dimanche était ponctué par la grand-messe, les prières avant chaque repas, et les vêpres. Entre-temps, on baguenaudait dans la cour, on jouait, on redevenait des enfants. Ces nourritures spirituelles avaient d'ailleurs valu sa première punition à Denis. En effet, durant le *bénédicité* du soir, le ventre de son voisin de table Geuneau s'était mis à gronder son appétit de façon fort bruyante. En entendant ce concert improvisé, le petit Grenoblois n'avait pu s'empêcher d'éclater de rire. Les vingt coups de férule qu'il dut subir ne ravivèrent en rien sa ferveur religieuse, au contraire.

Avec l'arrivée des premières chaleurs, la famille Pourtalès était repartie sur le continent. Du coup, la qualité et la quantité de la nourriture s'en ressentit. Moins de pommes de terre ou de légumes secs dans l'écuelle, mais plus de charançons flottant à la surface de la soupe de fèves séchées ou de biscuits de mer parfois véreux. Le pain, moins bien cuit, puait. Et le dimanche, il n'y avait plus que trois kilos de viande bouillie à partager entre quatre-vingt-deux estomacs affamés, car le reste était avarié. Les chapardages se multiplièrent : quinze coups de férule pour trois tomates cueillies dans le jardin de l'aumônier, vingt-cinq autres et un peloton de corvée pour le vol du déjeuner d'un gardien. Les pécules destinés à être versés aux enfants en fin de détention se voyaient sérieusement grevés d'amendes : moins deux francs pour une poignée de figues chapardées au bord du chemin. La prison ne désemplissait pas : huit jours de cellule, par exemple, pour avoir siphonné une rasade de vin au passage d'une barrique entre l'Avis et les caves de l'établissement. L'infirmerie aussi affichait complet : le médecin, mal approvisionné par le continent, doté d'un enfant en guise d'infirmier, ne savait comment soigner de sporadiques épidémies de dysenterie dues à la malnutrition.

Les Vulnérables avaient été plutôt épargnés. À la récréation du soir, ils partageaient le butin de la journée. Le maréchal-ferrant gavait discrètement son apprenti Roncelin de fromage de chèvre et de salaisons de sa fabrication, afin de le maintenir en forme, mais le garçon s'arrangeait toujours pour en dissimuler une bonne partie dans la poche de sa blouse ; aux cuisines, P'tit Noël, profitant qu'on ne faisait guère attention à lui, avait vite appris à gratter fort habilement dans les réserves. Devillaz et Beaumais, décrétés « meilleurs apprentis pipiers » par maître Salvat, avaient droit, quand Laborde était de retour de Cogolin, à quelques friandises. Denis n'avait pas ce genre d'opportunités, mais s'arrangeait toujours pour rapporter quelque chose à manger, tout en jurant ses grands dieux à Devillaz que ce n'était pas du vol. Geuneau, Décors et « Terrier » Noël étaient les moins bien lotis. Toutefois, Guendon, l'ancien berger, leur apprit à reconnaître les plantes qui soulagent et les baies qui nourrissent, manne offerte à profusion par le maquis. Le jeune muletier était d'ailleurs le principal pourvoyeur de leur garde-manger secret. Circulant librement entre les chantiers, le port de l'Avis et le pénitencier, il apportait plus souvent qu'à son tour des poissons bien cuits offerts en cachette par Augustine Brémond, l'épouse du capitaine du *Titan*, et par sa fille à la marche claudicante, que les matelots, moqueurs, appelaient par-derrière « *la goio* ». Toutefois, le soir où, avec des airs de conspirateur, Guendon sortit de dessous sa charrette une bécasse et un perdreau dorés à point, Devillaz s'inquiéta :

— Où as-tu déniché cette viande ? Tu n'as pas fait de bêtises au moins ?

— Ça, Devillaz, c'est mon secret, répliqua Guendon

qui ajouta en provençal avec un étrange sourire : un secret qui se mange en salade...

Cachés dans la remise ouverte sur la cour, ils partageaient ce trésor équitablement, tandis que Décors faisait le guet. Mais ils attendraient la nuit, quand tout dormirait, pour le dévorer, au creux du lit.

— Charretier, c'est ce que je voudrais faire, répétait chaque jour Geuneau.

Pour Guendon, toujours accompagné d'Oppède de Luberon, l'île devenait de plus en plus familière. Il y faisait parfois des rencontres inattendues et secrètes. Dans la descente dominant l'Avis, les guides d'une main, la corde de la mécanique de l'autre, il pouvait quelquefois s'extasier à la vue des bancs de poissons aux écailles argentées. Ces bogues, les pêcheurs les prendraient certainement dans la calée de prime. De temps en temps, Guendon bavardait avec un moussaillon qui lovait ses cordages. Celui-ci lui parlait de son travail à bord, il l'écoutait avec beaucoup d'attention. Ce jour-là, à l'Avis, il vit le jeune marin qui, à l'appareillage, le saluait d'un signe discret. Puis, en un tour de main les drisses fixèrent les antennes, les voiles se gonflèrent, donnant de la gîte aux barques. Le muletier regarda l'armada s'éloigner. « Un jour viendra... », se dit-il plein d'espoir.

Le soir, à la récréation, Beaumais dit que si on le punissait, il s'évaderait. Guendon le regarda longtemps avec un air étrange.

La température, la bonace et le chant des premières cigales étaient au rendez-vous d'un printemps finissant. Lentement, mains derrière le dos, à l'ombre des pins suintant la résine, le directeur et le gardien-chef Radel remontaient le chemin de l'Avis. Les deux anciens militaires se connaissaient depuis si longtemps qu'ils continuaient à s'appeler par leur grade.

— Sergent, je suis inquiet, dit Pérignon. Voilà deux

mois et demi que la colonie a ouvert ses portes et tout piétine. Je n'aurai pas grand-chose à montrer au comte comme terre prête à être cultivée, quand il reviendra. Ce cul-terreux de chef d'exploitation prétend que ce n'est pas avec cinquante gamins mal nourris qu'il y arrivera. L'économe, lui, répond qu'il fait ce qu'il peut avec ce qu'on lui donne comme argent et que le ravitaillement laisse à désirer. Bref, tous ces péquins se rejettent la faute les uns sur les autres.

— Moi, je vous dis, mon capitaine, répliqua Radel, ces gosses, ce n'est rien que de la racaille. Fainéants et compagnie. Je vous les ferais marcher à grands coups de botte dans le train, moi...

— Au contraire, sergent, au contraire ! Pas juste avant l'arrivée de M. de Pourtalès. D'ici que le comte s'avise d'interroger les enfants pour leur demander s'ils sont contents, si la soupe est bonne... Enfin, vous voyez le genre, vous avez connu ça comme moi en Algérie quand les galonnés de l'État-Major débarquaient en inspection. Je vais proposer à M. de Pourtalès d'inciter les autorités judiciaires à nous envoyer de nouveaux contingents, afin d'atteindre, dans un premier temps, les cent cinquante détenus correspondant à nos actuelles capacités d'accueil. Et dans un deuxième temps, une centaine de plus.

— Comme vous y allez, mon capitaine ! Où comptez-vous mettre tout ce monde-là ?

— Ce n'est qu'une question de financement. Trop compliqué pour vous. Si vous voulez, soixante-dix nouveaux arrivants, ça veut dire soixante-dix primes de plus versées par l'État. De quoi payer les travaux d'agrandissement.

— Et vous croyez que M. le comte sera d'accord ?

— Non seulement il sera d'accord, mais il y a pensé avant moi. Il hésite encore, je pense, parce qu'il serait obligé par la pénitentiaire à engager de nouveaux gardiens. Et un gardien en plus, à loger avec sa famille, ça coûte cher, n'est-ce pas sergent ?

Après avoir laissé Radel bougonner un peu sur la maigreur de son salaire, Pérignon poursuivit :

— Je vais donc tenter de convaincre M. le comte que nous sommes en nombre suffisant pour surveiller tous ces colons supplémentaires. Pour cela, j'ai besoin de vous, sergent. Quel est l'état d'esprit aujourd'hui, parmi les détenus ?

— L'état de l'esprit ? répéta Radel en écarquillant ses petits yeux enfouis sous de lourdes paupières rouges. Pour ça, il vaudrait mieux interroger monsieur l'aumônier.

— Ce n'est pas ça que je vous demande, crénom ! Est-ce qu'il y a des préparations d'évasion, des complots, de la révolte dans l'air ?

— Pour ça, non ! répliqua le gardien-chef en éclatant d'un gros rire. Ils sont trop crevés au retour du travail pour penser à ce genre de choses. Pour tout dire, mon capitaine, ils ne pensent qu'à bouffer et à roupiller, ces fainéants-là ! Les espies ne me dénoncent que des histoires de chapardage de fruits ou de lits mal faits, alors...

— Eh bien, tirez-leur un peu les vers du nez, à vos... À vos espies, c'est cela ? Les vers du nez et les oreilles. Il faut que la plus grande discipline règne à l'arrivée du comte. Une discipline qui paraisse li-bre-ment consen-tie. Compris ?

Compris ou pas, Radel exécuta cet ordre avec grande célérité. Mais d'espie, il n'y en avait guère qu'un : Hernebrood, déniché par le directeur lui-même. Le gardien-chef et ses trois collègues, quant à eux, se contentaient de glaner des renseignements au coup par coup, menaçant par exemple un des plus jeunes enfants des pires sanctions à cause d'une maladresse s'il ne donnait pas de renseignements sur les complots sensés se tramer parmi les autres détenus. La récolte d'informations était maigre. D'abord parce que les petits étaient le plus souvent tenus à l'écart des secrets des grands, ensuite parce que les enfants se trouvaient dans un tel état d'épuisement et de malnutrition que leur seule hantise n'était plus que de survivre.

Le gardien-chef se dirigea vers la buanderie. Hernebrood s'y trouvait seul, frottant une chemise sans trop de conviction. Ses compagnons étaient allés étaler le linge au soleil.

— Dis-moi, 67, ça fait longtemps que tu ne m'as pas causé, gronda Radel, menaçant.

— Ben, chef, c'est que je n'avais rien à raconter. Tout va bien.

— Attention, 67, je n'aime pas trop qu'on se paie ma tête, répliqua Radel en levant une énorme main. Qu'est-ce que tu fais là d'abord ? Mais, ma parole, tu nettoies une chemise d'adulte ! Et de civil en plus. Tu sais bien que c'est interdit. Ça pourrait te valoir vingt coups de férule et un petit tour en cellule. Elle appartient à qui, cette chemise ?

Tout en se protégeant le visage de son avant-bras, Hernebrood chercha désespérément ce qu'il pourrait raconter de vrai au gardien-chef, un incident quelconque qui lui éviterait la sanction. En plus, il ne fallait pas avouer que la chemise en question était celle du maçon Mathé qui, en échange de cette lessive confiée en secret, lui offrait un verre de vin rouge et une aillade bien arrosée d'huile d'olive. Alors, le pitoyable espie songea à Devillaz, à Beaumais, à Denis et à toute leur bande qui le dédaignaient, lui qui aurait voulu rire et parler avec eux, à la récréation. Une idée lui traversa l'esprit en un éclair :

— Tapez pas, chef, tapez pas ! Ça y est, je me souviens. Il y en a qui ont dit des vilaines choses sur M. le comte. Même que le muletier a appelé sa bête d'un nom noble pour se moquer de lui. La marquise de je ne sais quoi ! Ce n'est pas le muletier qui a trouvé ce nom-là, c'est Devillaz, Denis, et Beaumais. Surtout Beaumais, le Belge... Avec le muletier, ils font une sacrée équipe, je vous dis. Toujours à raconter des bêtises sur tout le monde.

— Et comment ils l'ont appelée, leur mule, ces petits saligauds ?

— La marquise Je-pète-des-Lurons, chef. J'vous jure ! Mais, maintenant que je me rappelle bien, Devillaz n'y est pour rien. Denis non plus... Seuls Beaumais et le muletier sont dans le coup.

— Ah, les saligauds, les saligauds !

L'ancien sergent de l'armée d'Afrique sentit monter en lui une rage énorme. Quoi ! N'y avait-il donc rien de sacré pour ces jeunes voyous, ces gibiers de potence ? Oser se moquer de l'autorité, des titres de noblesse, de M. le comte ! « La Marquise Je Pète des Lurons » ! Abjection, ignominie ! Il les étranglerait de sa main, s'il le pouvait.

— Excusez-moi, chef !

Radel sursauta au son de cette voix suraiguë et se retourna. Dans l'embrasure de la porte se dessinait en contre-jour une minuscule silhouette.

— Qu'est-ce que tu veux, toi ?

— Je viens chercher des torchons propres pour la cuisine, chef !

— Fiche le camp, tonitrua Radel, fiche le camp avant que je ne t'écrase !

Et P'tit Noël s'en fut au grand galop. Il avait tout entendu. Dans sa cervelle de six ans, il avait compris que ses amis, qu'il considérait comme des frères, couraient un grand danger. Toutes les épreuves subies depuis que les gendarmes l'avaient pris avec son frère, l'an passé, avaient donné à l'enfant une intelligence vive, presque instinctive. Il avait mûri plus vite que « Terrier » à tel point que c'était lui, maintenant, qui se sentait responsable de son aîné. P'tit Noël se devait de prévenir rapidement Devillaz. Profitant de sa petite taille, il se faufila jusqu'à la fabrique, pénétra dans le bâtiment sans que le gardien, somnolent à l'ombre d'un arbre, l'aperçût. Il tira Devillaz par la manche. Il lui raconta tout ce qu'il avait entendu, et disparut tel un lutin. Quand il revint aux cuisines, une pile de torchons dans les bras, personne ne s'était aperçu de son absence.

À la pause de midi, dans la cour, Devillaz rameuta Beaumais, Guendon, Denis et P'tit Noël qui répéta ce qu'il avait entendu à la buanderie. Il fallait organiser la défense. Ce soir, le directeur les convoquerait, leur demanderait de s'expliquer, puis ce serait la punition assurée. L'accusation leur semblait assez grave pour deviner qu'ils subiraient non seulement une bonne vingtaine de coups dans la cour, mais aussi au moins huit jours de cachot, et sans doute une amende.

— *Oh fan des chichourles*, jura Guendon en provençal, ils vont tout faire tomber sur moi !

— On peut échapper à la punition si on leur dit tous les quatre la même chose, répliqua Devillaz. Voilà ce que je propose...

— Pas la peine, grand, coupa Beaumais. J'aurais préféré mieux préparer mon coup, mais tant pis : aujourd'hui, je m'évade.

— Ah, toi aussi, tu y as pensé ? répliqua Guendon. Moi, j'y réfléchis tout le temps depuis que les gendarmes m'ont pris. J'ai mon plan. Vous autres, vous en êtes ?

— Vous êtes fous, les gars ! s'exclama Devillaz, comment voulez-vous partir de cette île ? La mer, c'est pire que les plus gros barreaux d'une prison ! Vous voulez vous enfuir à la nage ou quoi ?

— On volera un bateau, dit Beaumais, ça ne doit pas être plus compliqué à mener qu'une péniche.

— Moi, j'ai bien regardé faire les pêcheurs, j'ai même pu poser des questions au moussaillon des *Deux frères*, renchérit Guendon. Je pourrai me débrouiller à la manœuvre. Ça n'a pas l'air sorcier.

Devillaz allait émettre une nouvelle objection quand la cloche sonna la reprise du travail. Guendon eut juste le temps de chuchoter avant de s'éloigner vers la charrette attelée à Oppède du Luberon :

— Rendez-vous dans une heure sur le chemin du couchant, vers la batterie de l'arbousier.

— Qu'en penses-tu ? demanda Denis à Devillaz.

— Va à la cordonnerie et ne bouge pas. Il y a trop de risques.

Denis approuva. Tout ce que disait le chef des Vulnérables était pour lui parole d'Évangile.

Sur le chemin de la fabrique, Beaumais et Devillaz s'arrangèrent pour traîner en fin de cortège.

— Beaumais, mon vieux frère, tu ne vas pas faire cette bêtise, au moins ? Vous risquez de vous noyer...

— Tu ne viens pas avec nous ? Tu as peur ?

— Je n'ai peur de rien. Mais chaque soir, avant de m'endormir, je jure à mon père que je protégerai les petits jusqu'au bout, que je ne les abandonnerai jamais. Sans les Vulnérables, ah oui ! j'aurais été de l'aventure.

— Écoute, grand, tu fais ce que tu veux, mais moi, je tente le coup. Je rentre en Belgique. Cette nuit ou jamais.

Les dix apprentis pipiers arrivaient devant la fabrique et, comme chaque jour, à la même heure et au même endroit, pendant qu'ils entraient, le gardien Burgeade se tourna contre le mur pour épancher un besoin naturel.

— C'est le moment, dit Beaumais. Salut, grand !

— Je vais tâcher de cacher ta fuite le plus longtemps possible, chuchota Devillaz. Bonne chance !

Beaumais se jeta derrière un arbre, attendit que le gardien, après avoir reboutonné sa braguette, entrât à son tour dans la fabrique, et se mit à courir comme un dératé jusqu'au maquis où il disparut. Quelques minutes plus tard, non loin de la batterie de l'arbousier, il retrouva Guendon.

— Tu es seul ? demanda le muletier.

— Oui. Qu'est-ce qu'on fait maintenant ? Tu sais mieux que moi où aller. Je te suis. Au fait, où sont passées Oppède et la charrette ?

— J'avais tout prévu depuis longtemps. Je les ai bien cachées. Oppède est toute contente de prendre des vacances. Suis-moi, et pas un bruit.

Ils arrivèrent bientôt sur les hauteurs de l'Avis. Guendon désigna un fourré où ils se dissimulèrent. L'endroit était idéal pour observer les manœuvres d'appareillage des pêcheurs, la mise en place des mâts, des voiles et des avirons avant que les bateaux s'éloignent à grands coups de rame, et que se hissent les voiles de couleur brique qu'un petit lévagnòu, soufflant de l'est, gonflait majestueusement. Seul le *Titan* resta à l'appontement.

— C'est drôle, murmura Beaumais, on va prendre le même bateau qu'à l'aller.

Puis il ôta sa blouse, la roula, s'en fit un oreiller, s'allongea en prenant bien soin qu'on ne puisse voir de loin la tache de sa chemise écrue en ramenant sur lui les tiges d'une *messugue*. L'arôme des fleurs du ciste l'enivrèrent. Il s'assoupit.

Un tintement continu de cloche s'élevant du côté du pénitencier le fit sursauter.

— Qu'est ce que c'est ?

— Chut ! dit Guendon, je crois qu'ils ont découvert notre évasion. Ils ont mis le temps. Ça doit faire deux bonnes heures qu'on est partis.

— Devillaz a bien fait son travail, répondit Beaumais. Quel brave type ! Qu'est-ce qu'on fait maintenant ?

— On attend.

Car, en vrai berger, Hilarion Guendon savait ce que le mot « attendre » voulait dire. Attendre, observer, écouter. Trois heures encore et le crépuscule envelopperait l'île. Il se souvenait que naguère, ce moment était le plus difficile pour repérer une brebis égarée, donc le meilleur pour les fugitifs. Les deux garçons restaient immobiles, la peur au ventre. Mais parfois, ils pouffaient d'un rire silencieux : cela faisait si longtemps qu'ils n'avaient pas joué à cache-cache.

Quand enfin la lumière déclina entre chien et loup, le jeune berger du Luberon se dressa, son compagnon wallon l'imita et ils descendirent vers l'Avis. Ils se cachèrent dans le *cannier*, à l'est de la calanque, où la densité des cannes les dissimulait parfaitement. Bientôt, ils aperçurent une corpulente silhouette, Augustine Brémond fermait la porte de sa maison. Le ponton fut plongé dans l'obscurité. Les deux garçons enlevèrent leurs galoches et sentirent sous leurs pieds le contact du sable encore chaud. Silencieux comme des chats, ils se hissèrent sur l'embarcadère, coururent jusqu'au *Titan* et montèrent à bord. Beaumais détacha les amarres tandis que Guendon plaçait les avirons. Ils s'assirent sur le banc de nage, les pieds bien en appui. Ils s'arc-boutèrent en tirant sur les avirons. La barcasse quitta lentement la calanque. Peu à peu, après quelques hésitations, ils réussirent à ramer de concert. La silhouette montueuse du Levant s'éloignait dans la nuit. Jugeant que le moment était opportun, ils arrêtèrent de voguer et, non sans tâtonnements, montèrent le mât, hissèrent une voile et emboîtèrent le timon. Guendon se mit à la barre et dirigea le pointu, au jugé, dans la même direction que celle des pêcheurs se rendant sur le continent. Le *Titan* naviguait lentement car la brise était légère. La lune se leva. L'eau se froissait sous l'étrave. Les évadés sentirent enfin se dissiper leur peur et leur nervosité. Ils furent envahis d'un étrange sentiment de paix et de sérénité. La côte sombre se rapprochait. Guendon ignorait que cette masse était le cap Bénat, mais c'est vers lui qu'il choisit de se diriger. Quand la terre fut plus proche, Beaumais se mit en vigie, à cheval sur le capian de proue. À un moment, il désigna une petite plage brillant à la clarté lunaire. L'endroit semblait désert et bien caché. Le *Titan* s'aligna dans l'axe du rivage, son avant toucha le sable caillouteux en crissant, se souleva et *s'amourra*, étrave à sec. La voile se mit à claquer. Très vite, les deux enfants l'amenèrent, sautèrent à terre et disparurent dans la nuit.

Beaumais avait vu juste. L'ami Devillaz avait fort bien accompli sa mission : retarder le moment où l'alerte serait donnée. Une bonne heure durant, à la fabrique, personne ne s'était aperçu de la disparition de l'un des dix apprentis. Quand Laborde revint de déjeuner, il demanda :

— Où est donc ce garçon ? il devrait être devant son touret. Devillaz, toi qui es le copain de Beaumais, tu sais quelque chose ?

— Je crois qu'il doit être au bassin en train de brosser les souches. Vous voulez que j'aille le chercher ?

— Non, ça va. Mais je préférerais le voir à son poste.

Un quart d'heure se passa. Toujours pas de Beaumais. Laborde alla jeter un œil au bassin. Désert, évidemment.

— Devillaz, tu ne serais pas en train de te payer ma tête ? Ton ami Beaumais a disparu.

— Peut-être qu'il est à l'infirmerie, mestré. À la pause de midi, il m'a dit qu'il avait mal au ventre.

Laborde dévisagea le grand gaillard qui se dressait devant lui. En deux mois et demi, il avait appris à le connaître. Devillaz était la franchise même.

— Eh bien va voir là-bas. Je commence à me demander s'il n'a pas fait une grosse bêtise. Et ne t'attarde pas en route, mon garçon.

Malgré cette injonction, Devillaz traîna quelque peu le pas, à l'aller comme au retour. Mais il savait qu'il ne pouvait pas faire plus pour son ami évadé. Quand il fut bien obligé d'informer Laborde que Beaumais ne se trouvait pas à l'infirmerie, le fabricant n'eut plus aucun doute : la grosse bêtise avait été commise. Il fallait prévenir le directeur. Il s'adressa, un peu caustique, au gardien nonchalamment assis devant la porte :

— Monsieur Burgeade, excusez-moi de vous déranger dans vos méditations, mais je crois qu'il se passe quelque chose de grave. Un de mes apprentis a disparu. Suivez-moi.

Sur le chemin, ils aperçurent la mule, tirant seule sa charrette et rentrant paisiblement à l'écurie.

Bientôt la cloche se mit à tinter et les enfants furent rassemblés dans la cour. À l'appel, il n'en manquait que deux : Beaumais et Guendon. L'évasion était confirmée. Tandis que les détenus restaient cantonnés sous la surveillance des gardiens, le directeur convoqua dans son bureau l'ensemble du personnel. Il demanda également à Laborde de se joindre à eux.

— Avant toute chose, demanda Pérignon à Brémond, pensez-vous que ces garçons puissent s'emparer d'une embarcation pour s'enfuir ?

— Possible, répondit Brémond. Il y a eu de gros coups de mistral ces derniers jours, ce qui fait parfois s'échouer des barques à la dérive et diverses épaves. Mais auront-ils l'audace de s'aventurer sur l'une d'entre elles ? De toute façon, ils attendront la nuit.

— J'ai le dossier des deux garçons sous les yeux, dit le greffier. Beaumais est belge, et Guendon berger dans les montagnes du Luberon. Ils ne connaissent rien aux choses de la mer. Ce serait du suicide... Non, ils ont sûrement trop peur de l'eau pour tenter une chose pareille.

— Ça me paraît peu vraisemblable en effet, approuva le docteur.

— Pas forcément, répliqua le capitaine Brémond. En trente ans de métier, j'ai vu des choses plus incroyables encore. Avec un peu de chance, ils peuvent arriver à partir. Mais réussir à atteindre la terre, ça... S'ils font cette folie, j'ai bien peur qu'ils soient perdus corps et bien.

— Mon Dieu, soupira l'aumônier, mais qu'est-ce qui leur a pris, à ces pauvres petits ?

— Je le sais, moi, dit Radel en sortant son carnet de sa poche. Le muletier Guendon a donné à sa bête un nom grotesque pour se moquer de M. le comte. Et Beaumais est son complice. On a dû leur apprendre que j'étais au courant. Ils auront eu peur de la punition.

— Vous avez raison, sergent, décréta Pérignon, il ne faut négliger aucun détail. À propos, monsieur Laborde, racontez-nous comment vous vous êtes aperçu de la disparition.

Quand Laborde eut fini de donner son témoignage,

Radel revint à la charge, expliquant que Devillaz aussi était dans « le coup de la mule », comme il disait. On dut l'interrompre, car la discussion s'égarait. Il fallait recruter des volontaires et organiser la battue avant la nuit.

— Nous devrions alerter les familles vivant au phare et au sémaphore, dit l'aumônier. Elles sont peut-être en danger.

— Allons donc, mon père ! répliqua le docteur en haussant les épaules. Que risqueraient-ils de la part de ces deux enfants ? J'ai eu l'occasion de leur parler, je n'ai pas constaté qu'ils étaient agressifs.

— Je vous prie, docteur, de garder vos commentaires pour vous, coupa le directeur. Nous allons effectivement prendre cette précaution, mon père. Ce qui n'empêche pas de concentrer nos recherches face à Port-Cros pour deux raisons : la première, la mule revenait seule par le chemin de la batterie qui domine la passe entre les deux îles, et la deuxième, le mistral rejette souvent ses épaves sur ce rivage.

Brémond et Radel approuvèrent un directeur tout faraud de son analyse qui confirmait, selon lui, sa réputation de fin stratège.

Pendant que l'un des gardiens restait à surveiller les détenus enfermés au réfectoire, la battue s'organisa. Une dizaine de civils se joignirent aux recherches, les uns parce qu'ils redoutaient que les deux disparus n'aillent se noyer, les autres parce qu'ils craignaient qu'un refus de leur part leur fasse perdre leur place. Mais tous savaient que l'île du Levant, la sauvage, recelait trop de cachettes. À moins que les fugitifs ne commettent une erreur, on ne les retrouverait certainement pas ce jour-là. Et quand la nuit tomba, le directeur Pérignon gardait encore un espoir : que Beaumais et Guendon, poussés par la faim, finissent tôt ou tard par se rendre.

On ne s'aperçut qu'à l'aube de la disparition du *Titan*. Les deux garçons avaient osé entreprendre ce que personne, pas même le capitaine Brémond, n'aurait imaginé : s'emparer du bateau de la colonie et appareiller.

Vers le milieu de la matinée, *La Volonté de Dieu* fit son apparition dans la calanque de l'Avis. Il était suivi du *Titan* en parfait état de marche. Le patron, harcelé de questions par Brémond et Pérignon, raconta qu'à l'aurore, alors qu'il sarpait ses filets à Bénat, il avait aperçu le grand pointu de la colonie échoué dans une calanque sous la batterie de Cristaou. Il ne lui avait pas été difficile de comprendre que jamais un marin comme Brémond n'aurait abandonné son bateau sans amarrage et la grand-voile affalée en désordre.

— Pas de traces des voleurs ? interrogea Pérignon.

— Si, leurs pieds dans le sable, répliqua le patron de *La Volonté de Dieu* avec un sourire. Ils avaient bien choisi leur échouage : le *baou*, cette haute falaise, les cachait de la vigie des douaniers. Ah, ils auraient fait de sacrés contrebandiers, ces petits *fourçats*-là !

— Ces petits quoi ? demanda Pérignon.

— Forçats, traduisit Brémond. C'est ainsi que les gens d'ici appellent vos jeunes pensionnaires, monsieur le directeur.

Le capitaine du *Titan* se sentait soulagé, car son bateau n'avait pas la moindre égratignure. Au fond de lui-même, il ne pouvait s'empêcher d'admirer l'exploit des évadés et de leur souhaiter bonne chance pour la suite de leur entreprise.

Le *Titan* repartit en début d'après-midi vers Toulon. Brémond avertit la gendarmerie de l'évasion des deux garçons et donna leur signalement. Mais, par une bizarrerie administrative, les recherches ne furent entreprises que cinq jours plus tard. Plus personne n'entendit parler des deux premiers évadés de Sainte-Anne.

Parmi les détenus, la nouvelle se répandit comme une traînée de poudre. Ils avaient réussi ! Certains en déduisirent que l'évasion devait être facile, ils tenteraient leur chance. Du coup, la surveillance se renforça considérablement, et les appels se multiplièrent. Puis tout rentra dans l'ordre quand le comte fut de retour.

Après avoir fait de lourds reproches à son directeur, M. de Pourtalès passa l'éponge. Après tout, en comparaison avec les autres colonies agricoles, Sainte-Anne du Levant, qui n'avait guère que cet incident-là à se reprocher, pouvait passer pour un modèle. En fait, le comte était surtout préoccupé par la lenteur des travaux de défrichement. Et il n'avait pas attendu l'opinion de Pérignon pour demander à l'administration judiciaire de lui envoyer d'autres jeunes colons. Il fit jouer pour cela le poids de ses relations, fort nombreuses et puissantes. Hélas, il ne serait plus question d'arrivage massif car il n'y avait plus de Clairvaux à fermer.

De son côté, pour éviter d'envenimer les choses, le directeur Pérignon passa sous silence l'affaire « Oppède du Luberon ». Il avait longuement interrogé Devillaz et crut, ou fit mine de croire, que le garçon n'était en rien complice de l'évasion. Laborde avait défendu le garçon avec chaleur, il ne tenait pas à perdre son meilleur apprenti, même s'il n'était pas dupe que Devillaz l'avait bel et bien berné en protégeant la fuite de son camarade.

L'évasion fit un autre heureux, Geuneau. Deux jours après la disparition de Guendon et Beaumais, le gardien-chef et le gardien de sa brigade le prirent à part.

— Alors, comme ça c'est toi, Geuneau ? dit Radel. Tu prétends que tu ferais un bon muletier ?

— Oh oui, chef, je connais bien les bestiaux, vous savez. À la ferme, je m'en occupais avec mon père.

— Pour avoir envie de te balader comme ça en toute liberté, tu n'aurais pas une petite idée d'évasion derrière la tête, comme ton copain ?

— Le muletier ? Je le connaissais à peine. Et puis, m'évader, moi ? Pour quoi faire ?

— Vous voyez ce que je vous avais dit, chef, dit le gardien Guilleminot. Entre la mule et lui, on se demande quel est le plus bête.

Geuneau les regarda d'un air ahuri.

— Eh bien, c'est dit, continua Radel. Te voilà muletier. Va te faire inscrire chez le greffier et à l'écurie. En vitesse !

— Merci, chef, vous êtes bon, s'exclama le jeune Nivernais. Ma mule, je l'appellerai Cigale !

— Pourquoi ? grogna le gardien-chef soudain soupçonneux. Tu savais donc que l'autre nom était injurieux pour M. le comte ?

— J'savais pas, chef. Moi, je ne comprends rien à toutes ces histoires. Cigale, vous trouvez que c'est injurieux ?

— File, crétin, te voilà muletier.

Et Geuneau, en poussant mille et un « Vain Dieu ! » de bonheur, courut vers la ferme.

Parfois, en polissant une pipe, Devillaz, mélancolique, pensait à Beaumais et Guendon. Il imaginait ses deux amis envolés, sautant sur une plage, courant dans la nuit, s'enfonçant dans des forêts, escaladant des montagnes. Ils arrivaient devant un chalet ressemblant singulièrement à celui de sa propre enfance. Un chien, qui avait tout d'Edelweiss, venait en jappant à leur rencontre, léchait les mains de Guendon en remuant la queue avec frénésie. Les parents du berger apparaissaient sur le pas de la porte. Ils prenaient leur fils dans les bras, pleuraient de joie. La mère caressait les cheveux de Beaumais. Puis Devillaz voyait les deux adultes — qui avaient le visage de papa et maman — entraîner ses copains dans le chalet. Là, sur la grande table, ils se gavaient de cochonnailles et de fromage. Après...

Devillaz continuait son roman, le répétant sans cesse. C'était lui qui, maintenant, les entraînait dans la montagne pour les cacher, le temps que les gendarmes abandonnent les recherches. Dans son imagination, il jouait le rôle du parrain Hilarion, dont Guendon lui avait tant parlé, et les guidait vers sa bergerie des hauts pâturages. Ils vivront heureux, là-haut, dans la paix des montagnes. Un jour enfin, sac au dos, Beaumais partira très loin au nord. Le Savoyard croyait voir les canaux de Belgique tant chantés par son ami perdu. Une péniche est à quai. Beaumais saute à bord...

Devillaz n'eut jamais de regret de ne pas avoir suivi ses compagnons dans leur aventure. Il était content pour eux que cela ait réussi, voilà tout. Mais lui, il lui fallait rester défendre ses Vulnérables. Il l'avait promis à son père.

Le brûlant soleil de juin était à son zénith. Sur l'embarcadère de Port-Cros, Théo Gruner passa la main sur ses joues où poussait le duvet prometteur d'une barbe touffue. À seize ans passés, matelot de haute paie, il avait baroudé sur bien des mers. Mais, après une bordée marseillaise qui avait mal tourné, il se retrouvait condamné à passer deux ans dans une colonie agricole, pour vol et tentative d'évasion par bris de prison.

Tu parles d'une tentative d'évasion ! pensait-il fou de rage. Quand la rousse l'avait ramassé dans le quartier du Panier, il était complètement soûl. Après une campagne de six mois, ça se comprenait un peu, non ? En goguette dans les rues chaudes, où les filles, pour attirer le chaland dans une encoignure de porte, cueillaient d'un geste vif les chapeaux des passants, il avait perdu ses compagnons. Il s'était mis à leur recherche, et puis, et puis... Il ne se souvenait plus très bien de la suite. Dans sa cellule, il avait fait un esclandre, démolissant le bat-flanc, déchirant la couverture, cassant la cruche d'eau. Un policier avait ouvert la grille pour le calmer et hop, Gruner lui avait filé sous le nez. Il ne franchit pas la porte du commissariat. Quant au vol... Dans quel mastroquet, et pourquoi avait-il enfoui cette chope de bière dans la poche de sa veste, il fut bien incapable de le dire au juge. Toute cette affaire, où il s'était comporté comme un imbécile, il le reconnaissait volontiers, aurait dû lui valoir huit jours de taule, et basta ! Marseille en avait vu d'autres. Eh bien non, le juge, constatant qu'il était mineur, l'expédia dans cette fichue colonie agricole. Comme s'il était un gamin, lui qui avait roulé sa bosse du Havre à Rio, de « Frisco » à Pondichery. Ah oui, il en avait fait du chemin, Théo

Gruner, depuis le jour où il était monté sur une péniche de Genevilliers, à l'âge de neuf ans, doté d'une autorisation écrite de son père, veuf avec huit autres enfants à charge.

Quand il vit, à bord du vapeur *L'Ernest*, un sabot selon lui, ses quatre compagnons de voyage, quatre enfants, il se tint à l'écart, un peu méprisant. À croire qu'on l'expédiait dans une pouponnière ! Une chance quand même dans son malheur, on l'envoyait dans une île. Une île, cela signifiait des bateaux, donc pour Gruner le moyen le plus facile de s'évader.

Mais il lui fallait prendre d'abord ses renseignements. Jambes pendant au-dessus de l'eau, les matelots du *Titan* bavardaient en attendant le retour du capitaine, qui avait quelques visites à faire au hameau de Port-Cros. Ostensiblement, Gruner retroussa les manches de sa chemise, fit saillir ses muscles nerveux pour mieux mettre en valeur les deux splendides tatouages qu'il arborait sur les avant-bras. D'un côté, une sirène dessinée à Rotterdam, de l'autre, une ancre de marine ornée de multiples fioritures composées par un tatoueur de Papeete. Un vrai artiste, ce Revello. Il avait présenté à Gruner une vahiné qui...

— Té, Marius, s'exclama l'un des matelots en désignant à son compagnon les tatouages en question, regarde le *fourçat*, on dirait un vrai marin !

— Mais je suis marin, répliqua Gruner. Gabier sur le trois-mâts barque *Eugénie*, en radoub à Marseille après une campagne de huit mois en Océanie. La preuve ? Passe-moi donc ton bout, matelot, tu vas voir comment je te fais une épissure et je peux aussi tailler un bordé à l'herminette.

Tandis qu'il tendait la main vers le cordage que tenait le matelot, le gardien s'approcha :

— Holà, monsieur Bret, dit-il, vous savez qu'il est interdit aux civils de parler aux détenus.

— Croyez-vous donc, monsieur Burgeade, répondit Marius Bret sur un ton affable, que je vais apprendre à ce forçat comment s'évader ? Avec ce qui s'est passé la semaine dernière, j'ai l'impression que ces enfants n'ont pas besoin de nous pour ça.

— Ce n'était pas ce que je voulais dire, bredouilla Burgeade dont le courage n'était pas la vertu cardinale. Mais c'est le règlement...

— Peut-être qu'avec un peu moins de règlement et un peu plus d'humanité, *aqueli pitchoun* penseraient moins à prendre la poudre d'escampette.

— Bon, ça va pour cette fois, grommela Burgeade. Je ne veux pas d'histoires, moi.

Et il s'éloigna en bougonnant :

— Humanité, humanité, toujours avec leurs grands mots, ces foutus Provençaux. S'ils croient nous épater...

Cependant, Gruner avait magistralement épissé son bout. Les deux pêcheurs étaient ferrés, il fallait remonter la ligne maintenant.

— Dites donc, matelots, votre Méditerranée, c'est la mare aux canards. Accoster les îles de la mer Iroise, c'était une autre affaire qu'à Port-Cros, croyez-moi. Et dans celles du Pacifique il ne faut pas manquer la passe dans la barrière de corail...

— Une barrière de corail ? Qu'est-ce tu nous chantes là ? demanda l'autre matelot.

Alors Gruner leur raconta les récifs écumants et mugissants qui ceignaient les îles du Pacifique. Il possédait à fond la faconde et l'art de conter de tout marin hauturier. À vrai dire, le jeune gabier y allait quand même un peu à l'esbroufe.

Quand il eut fini, Marius Bret intervint :

— Ho, le gabier ! Ce ne sont pas les gabians qui gouvernent nos barques. Ne va pas croire que dans notre pays, ce soit aussi facile que ça. On n'a peut-être pas tes barrières de corail, ce sont les grands fonds tout de suite, mais les vents, quand ils s'en mêlent, c'est quelque chose. Le mistral, par exemple, te pousse vers la Corse et la Sardaigne, et il ne fait pas bon ces jours-là s'aventurer en mer. Quant au vent *d'a Lévant*, il te rabat sur Marseille avant même d'avoir pu faire ouf !

— Sur Marseille, vraiment ? dit Gruner avec désinvolture.

Marius Bret, vexé qu'on eût traité son territoire de « mare aux canards », se lança dans une longue plaidoirie pour démontrer à ce prétentieux de gabier que sa Méditerranée demandait tout autant de métier que les atolls du Pacifique ou les côtes bretonnes. Quand le capitaine Brémond monta enfin à bord du *Titan* et donna l'ordre d'appareiller, Gruner jugea qu'il saurait se débrouiller. Mine de rien, il observa chaque geste des marins à la manœuvre et ce, durant toute la traversée.

Ils sortirent de la baie à grands coups d'aviron, hissèrent la grande et la petite latine qui se gonflèrent sans un pli ; la coque se souleva, glissa au-dessus des vagues, dans un mouvement lent et moelleux. Les criques, les falaises et les pointes défilaient à tribord. On passa Mange-Plomb et, plus loin, surgit l'éperon de la Galère où nombre de navires, jadis, avaient déchiqueté leur bordé. Trois bœufs marins à fourrure s'y prélassaient. Les goélands tournoyaient autour du *Titan*, rasaient les flots puis s'élevaient au vent sans un coup d'aile. Parfois, les oiseaux se figeaient au-dessus de la mâture, guettant leur proie en penchant leur tête effilée à droite, à gauche, dans l'espoir que leurs yeux jaunes repèrent quelques paquets de tripes de poisson jetés par-dessus bord. Passé la pointe, le souffle du ponant qui s'engouffrait dans la passe des grottes entre les deux îles fit gîter le gros pointu. Sa *pra*, sa proue, soulevait un double panache d'écume. Les reliefs de Port-Cros, la tour de Port-Man hérissée de canons qui avaient fait trembler tant de Barbaresques et de pirates, étaient déjà loin à tribord. Le *Titan* qui avait vaillamment traversé le goulet était maintenant sous la batterie de l'Arbousier qui du haut de ses cent vingt mètres dominait l'île du Levant. Enfin, le bateau contourna la pointe des Jarres et pénétra dans l'Avis.

En sautant sur l'embarcadère de planches rongées par l'eau de mer, Gruner était satisfait : il savait tout ce qu'il voulait savoir. Pour le reste, recruter un équipage parmi les colons, s'emparer d'un bateau, il jugerait sur place. Et puis, le moment venu... bon vent, matelot ! Qu'importe alors que, sur le chemin du pénitencier le gardien Burgeade, pour se venger de la rebuffade de Marius Bret, lui envoyât un coup de pied au derrière, sous prétexte qu'il traînait en regardant autour de lui. Qu'importe ensuite qu'on l'inscrivît sous le numéro 87, et qu'on le nommât à la brigade de débroussaillage. Il attendrait le bon moment. Patience ! Son évasion, Gruner l'avait déjà tout entière dans sa tête.

L'été 1861 fut particulièrement torride. La viande, livrée chaque semaine du continent, s'avariait avant même qu'on ait pu la conserver. Pour compenser la transpiration des jeunes forçats, rien que des gobelets d'eau tiédasse et pas de boisson acidulée. À l'infirmerie, le médecin avait obtenu qu'on lui affecte deux détenus comme infirmiers. Mais, faute de lits, faute de médicaments, il était obligé de refuser les moins atteints. Il tenta bien d'alerter le directeur, mais en vain. Celui-ci déclara que les jeunes malades étaient des tire-au-flanc, qu'il n'avait pas les moyens financiers suffisants pour équiper une infirmerie.

Au fond, le directeur Pérignon n'était pas un méchant homme, mais vingt-cinq ans d'armée l'avaient enfermé dans une conception abrupte des rapports hiérarchiques. Le Levant était pour lui un régiment, les enfants des hommes de troupe ; ses gardes, les officiers ; lui, le commandant ; le comte de Pourtalès et le fondé de pouvoir Biellon, l'état-major. La colonie avait ses priorités et jamais il n'aurait osé faire la moindre réclamation au propriétaire de l'île. Il avait des ordres, il fallait les respecter. Régulièrement, il envoyait à Toulon, au carrossier Biellon, un rapport circonstancié de l'avancement des travaux, de l'équilibre financier, mais il ne lui serait pas venu à l'esprit de lui signaler le nombre de malades à l'infirmerie et la pénurie alimentaire. Ça, c'étaient des questions d'intendance. Il fallait faire avec. À lui seul revenait la charge de se débattre contre d'incessants problèmes d'approvisionnement. Les caprices de la mer et des vents échappaient au directeur, aussi ne comprenait-il pas que Brémond refuse parfois de se rendre à Toulon le jour dit, ou que le *Titan* soit en retard sur l'horaire prévu. « Ces marsouins ont beau jeu de nous embobiner », songeait-il sans jamais le formuler. Il sentait bien qu'un deuxième bateau plus moderne aurait été nécessaire pour répondre au besoin de ses troupes qui dépassaient maintenant la centaine d'enfants. Mais il n'allait pas réclamer encore une fois auprès du comte ou de Biellon, quand même ?

L'automne arriva brutalement. Et le 6 octobre, au petit matin, à l'infirmerie, Pierre Magot, âgé de treize ans, né à Vaujours en Seine-et-Oise, ne se réveilla pas. Trois jours plus tard, mourut Éloi Goulet. Le registre lui donnait dix-neuf ans à la date de son décès. La semaine suivante, ce fut le tour de Jean Sarrobert, quinze ans, des Hautes-Alpes, de Louis Bussy, même âge, banlieusard. Puis du petit Parisien Alfred Overlack, âgé de onze ans, du Breton Joseph Tanguy, quatorze ans, et, le 6 novembre, de Jean-Baptiste Bellanger, quinze ans, normand de Caudebec-lès-Elbeuf, Seine-Inférieure. En un mois exactement, le pénitencier avait enregistré le décès de sept de ses pensionnaires.

Pour la septième fois, Geuneau, le nouveau muletier, transforma sa charrette en corbillard. L'aumônier, assisté d'un enfant de chœur portant la croix, ouvrait la marche en récitant quelques prières. Pérignon suivait le misérable cortège qui passait sous le porche du pénitencier et s'enfonçait dans le cœur de l'île jusqu'à un grand eucalyptus aux branches tourmentées. En cette saison, l'arbre gris et dénudé, le tapis vert-de-gris de ses feuilles mortes et racornies, les herbes folles couchées par les orages, les six petites buttes de terre des tombes précédentes, transformées en boue, donnaient à cet endroit une tristesse épouvantable qui piquait les yeux et serrait le cœur du trop tendre Vain Dieu. Et ce calvaire de fonte érigé au milieu du cimetière l'impressionnait.

Debourge, l'éternel galéjeur de Sisteron, attendait, pelle au pied. Il n'avait pas encore creusé la fosse. Radel l'avait désigné à cette tâche, car, affirmait-il, comme tous les fossoyeurs, Debourge avait toujours « le bouchon à la rigolade ». Geuneau et lui descendirent le cercueil du corbillard, quatre planches clouées à la hâte par un détenu. Une fois que cette boîte rectangulaire fut déposée dans la fosse, l'aumônier fit rapidement un signe de croix, et suivit Pérignon qui, d'un pas pressé s'en retournait vers le chantier des futurs bâtiments : les travaux n'avançaient pas, et il fallait être en permanence sur le dos du maçon Mathé, toujours entre deux vins.

Geuneau aussi avait hâte de partir : les blagues de Debourge lui étaient insupportables, en cette circonstance. Comment pouvait-il deviner que le jeune fossoyeur avait ainsi trouvé d'instinct la meilleure défense contre la mort qui l'environnait ?

— Allez, hue, Cigale, chuchota Geuneau à l'oreille de sa mule qui frotta affectueusement sa tête contre la sienne.

Depuis cinq mois qu'il était charretier, Geuneau était heureux. La solitude de ses journées convenait à son caractère rêveur et placide. Cigale était sa confidente. À l'aurore, il harnachait son attelage, se rendait au four à chaux encore désert, y remplissait des sacs de pierres calcinées qui approvisionneraient les maçons de la colonie et du sémaphore. Les deux Piémontais qui construisaient la vigie l'accueillaient de quelques bourrades amicales :

— Mama mia, qu'il est beau, ce matin, notre Vain Dieu ! On va t'aider à décharger, petit.

Ils le chahutaient un peu, mais quand il repartait vers les chantiers, il s'apercevait souvent que l'un d'entre eux avait subrepticement glissé un morceau de polenta dans la poche de sa blouse. Il le dévorait en hâte, en donnait un morceau à Cigale avant que d'arriver sous l'œil redoutable du gardien Lenepveu. Un geste d'amitié à Décors, qui, le pauvre, avait repris la pioche. Puis le muletier déterrait les souches, les empilait soigneusement dans sa charrette, et les recouvrait d'une toile de jute mouillée. Il descendait ensuite vers la fabrique. M. Laborde le félicitait toujours pour le soin qu'il apportait au chargement et au déchargement des souches. Le travail de son prédécesseur Guendon laissait souvent à désirer. Geuneau remplissait un seau au bassin et l'apportait à Cigale. Puis, passant devant l'atelier, il saluait Devillaz. Le grand Savoyard lui répondait d'un sourire tout en continuant à lustrer ses pipes. Il rentrait à la ferme, dételait la mule, avant que ne sonne la cloche pour le déjeuner. Un bouscatier piémontais l'interpella :

— Eh, Vain Dieu ! tout à l'heure il faudra que tu fasses deux voyages entre le défrichage et l'Avis. Un d'arbousier et un autre de chapeaux de pins. Les pêcheurs doivent teindre leurs filets et ils ont besoin de bois pour alimenter le *peïròu*.

Geuneau savait que ces chapeaux de pins, cimes des arbres pleines de résine, brûlaient vite et faisaient de grandes flammes. Ainsi la teinture du *peïròu* chaufferait plus rapidement dans le gros chaudron de cuivre. Après avoir chargé et billé ses fagots d'arbousier, Geuneau se dirigea vers l'Avis. La descente était raide. Pour que le chargement ne « gagne » pas, il passa derrière la charrette pour tenir fermement la corde du frein. Pas question de contempler ce paysage qui le ravissait tant. En bas, l'eau était si limpide qu'on pouvait voir en transparence les roches couvertes de mousse brune, les algues vertes et le reflet nacré des *piadons* dans leurs petites coquilles coniques se déplaçant sur le bord de plage à la manière de leur cousin bernard-l'hermite. Dans le prolongement du ponton où les bateaux étaient amarrés en couples, la petite maison de la famille Brémond nichait au fond de la calanque.

Geuneau était enfin arrivé en bas. De jeunes pêcheurs l'interpellèrent joyeusement :

— Salut, Vain Dieu ! Alors, ta Cigale, elle ne chante toujours pas ?

— J'essaie de lui apprendre, mais c'est difficile.

Il y avait une telle candeur dans sa manière de parler que personne ne savait vraiment s'il plaisantait ou s'il était parfaitement niais.

La bonne Mme Brémond, elle, n'aurait jamais pensé à se moquer du jeune muletier. Il lui avait fallu bien de la patience pour savoir enfin quel était le prénom du garçon qu'elle n'aurait jamais voulu appeler ni Geuneau, ni Vain Dieu, ni, pire encore, par son numéro.

— Bonjour mon petit Jean, dit-elle, va donc décharger le bois derrière la maison et après, je t'offre un verre de vin pour te remettre. C'est qu'il est tout en sueur, cet enfant-là. D'ici que tu ailles prendre du mal. D'ailleurs, tu n'as pas bonne mine, tu as perdu tes bonnes joues. Tu ne nous couves pas quelque chose au moins ?

— Non, non, je vais bien m'dame Augustine. Mais on vient d'en enterrer un autre, ce matin. Il s'appelait Bellanger.

Les larmes montèrent aux yeux de la femme du capitaine.

— Mon Dieu, s'exclama-t-elle, mais ils veulent donc tous nous les faire mourir, ces pitchouné-là !

— C'est la vie, m'dame Augustine, c'est la vie !

Dans la formule incongrue du jeune forçat, il y avait toute la résignation du monde, du monde des Geuneau, des siècles de misère et de servage pesant sur ses épaules de garçon de quinze ans.

Quand il eut fini son déchargement, Joséphine, la fille Brémond qu'on appelait la *goio* car elle avait une jambe plus courte que l'autre, vint vers lui en claudiquant. Espiègle, elle l'ébouriffa d'un rapide coup de main, alors que de l'autre elle lui tendait un linge enveloppant des poissons frits.

— Tiens, Jean, dit-elle. Cache-les bien sous le tablier de ta charrette. C'est pour toi et tes amis.

— Merci, mademoiselle Joséphine.

Puis pris d'une impulsion incontrôlable, il ajouta en rougissant jusqu'aux oreilles :

— Quand on sera grand, je te marierai !

Elle s'en fut en riant. Tout fiérot de cet accès de grand courage, Geuneau vida d'un trait son verre de vin rouge et remonta le chemin en sifflotant, tandis que Cigale, à son côté, semblait marquer de ses longues oreilles le rythme de la chanson. Il apportait aussi le combustible aux autres habitants. Sa gentillesse attirait la sympathie et, par mimétisme, commençait même à faire chanter à la provençale son roulant accent nivernais, ce qui en faisait sourire plus d'un.

Son travail le conduisait d'un bout à l'autre de l'île. Ce fut ainsi qu'il rencontra Salade. Le braconnier des Maures y effectuait des séjours incognito. Geuneau le croisa à plusieurs reprises. L'homme avait du cœur. À l'occasion, il sortait de sa carnassière trois ou quatre grives ou quelques petits rouges-gorges grillés. Cependant, il ne se montrait jamais, il ne voulait pas qu'on le suspecte d'avoir facilité l'évasion de Guendon, alors qu'il n'y était pour rien.

Gruner était épouvanté. L'ancien gabier de *L'Eugénie* croyait être descendu au fond de l'enfer. Il n'avait jamais fait escale à Cayenne, mais il supposait que la vie des bagnards, là-bas, devait être plus douce. Heureusement, bien que de petite taille, il était vigoureux, d'une force tout en nerfs, et supportait mieux que ses camarades les travaux pénibles de la brigade de défrichage du gardien Lenepveu. Son plan d'évasion était maintenant parfaitement au point dans sa tête. Il avait par ailleurs pris ses renseignements sur l'évasion du mois de juin dernier. Ces deux gars avaient eu une sacrée chance. Jamais des terriens n'auraient dû réussir un coup pareil. Lui, il voulait mettre tous les atouts de son côté. Il avait pu observer aussi ce qui se passait dans l'île en cas d'évasion car, fin août, deux autres détenus avaient tenté l'aventure. Ce qui l'avait intéressé dans cette affaire, c'était le comportement des gardiens. Leur premier réflexe avait été de mettre le petit port de l'Avis sous surveillance, ainsi que la pointe ouest de l'île séparée de Port-Cros par la passe des Grottes. Les deux évadés se rendirent après une journée d'errance dans le maquis. Alors, il y eut des appels à répétition, avant chaque repas et, de façon inopinée, sur le lieu de travail. Enfin, au bout de quelques semaines, cela se calma. Les gardiens du Levant étaient faits de la même étoffe que le reste de l'humanité : la routine reprenait toujours le dessus.

« L'avantage que le prisonnier a sur son garde-chiourme, philosophait le jeune marin, c'est que lui ne rêve qu'à une chose : mettre les voiles. Le gardien, de son côté, pense à sa femme, à sa paie, ne pense à rien, ou, au mieux, à se la couler douce quand le chef a le dos tourné. »

Pourtant, au Levant, les prisonniers n'étaient, dans leur majorité, qu'un troupeau résigné, affamé, épuisé, qui vivait dans l'attente de retrouver son lit, le soir. Pourtant, il lui fallait se trouver un équipage. Sans doute Gruner aurait-il pu, en cas d'urgence, manœuvrer tout seul le *Titan* et le mener tant bien que mal à bon port. Mais ça aurait été prendre un risque supplémentaire dont il ne voulait pas. En plus, cette idée d'être, ne serait-ce que l'espace d'une nuit, commandant de bord le flattait sans qu'il se l'avoue. Mais comment trouver l'équipage en question ? Il n'avait aucune confiance en ceux qu'il considérait comme des enfants. Certes, Gruner se montrait gentil avec eux, aidait les plus faibles dans leur travail, racontait à ses admirateurs lors de la récréation du soir ou le dimanche l'une de ses escales, une bagarre à Valparaiso, les cocotiers, et les filles à la peau de miel qui commençaient à tourmenter l'imagination des plus grands d'entre eux. Il imitait, pour les faire rire, le parler des Antillais. Il brodait, bien sûr, reprenant à son compte les histoires du calfat de *L'Eugénie*, un Breton qui, sans doute, tenait ces aventures de quelqu'un d'autre encore. Au fond, il aimait offrir à son auditoire un peu de bonheur, un peu de rêve. Il cherchait surtout à repérer parmi ceux qui l'écoutaient deux gars capables de lui obéir pour mener le *Titan* à Marseille. Parfois, il trouvait que celui-ci ou celui-là pourrait faire l'affaire. Devillaz, par exemple. Mais, au dernier moment, Gruner reculait. « Et si c'était un espie ? » Il y en avait tant qui, disait-on, étaient prêts à dénoncer leur voisin pour s'épargner une punition.

Son équipage vint à lui. Un dimanche matin, après la messe, un grand costaud au visage de fouine l'aborda. Il était accompagné par le fossoyeur Debourge et un autre garçon, solide lui aussi, que Gruner ne connaissait pas.

— Salut, je m'appelle Casenave. Alors il paraît que tu es marin, toi.

— Il paraît, oui, répondit Gruner sur le qui-vive.

Il avait déjà repéré ce type, arrivé au Levant en juillet, dans sa brigade de défrichement et n'avait aucune sympathie pour lui. Casenave sentait la racaille. Et Debourge, le cadavre. Gruner avait envers le fossoyeur une sorte de répulsion superstitieuse.

— Tu saurais conduire un bateau comme le *Titan* ? poursuivit Casenave.

Conduire ! Enfin passons ! Gruner n'avait pas le choix. Ou bien c'étaient des moutons, ou bien... Tant pis, il fallait risquer le coup.

— Oui, je saurais, mais il me faut des gars qui m'obéissent au doigt et à l'œil...

— Pour ça oui ! Si, sur le bateau, tu nous dis de tirer sur une ficelle, eh bien on tirera.

Une ficelle ! Ce Casenave ne lui plaisait décidément pas. Et les autres ne valaient guère mieux. Il fallait quand même prendre le taureau par les cornes :

— Vous voulez vous évader ? Moi aussi. J'ai mon plan. Il est simple. On prépare le coup soigneusement, et on y va, une nuit de vent d'est.

— Non, on part cette nuit ! répliqua Casenave.

Gruner tenta bien de le convaincre qu'une telle affaire demandait nombre de précautions, mais l'autre se butait. Sans doute Casenave craignait-il une quelconque dénonciation.

— D'accord pour cette nuit, se résigna finalement Gruner. D'ailleurs le vent a l'air de s'être mis à l'est. Mais moi j'avais prévu deux matelots, pas trois. Il y a un risque de plus de se faire repérer dès le départ.

Debourge, qui se sentait visé, eut un large sourire et dit :

— Tu as peur qu'un fossoyeur te porte la poisse ? Tu te trompes ! Je suis une vraie patte de lapin, moi.

De lapin ! C'était le comble ! Mais il était trop tard pour reculer. Inutile de se faire des ennemis. À Marseille, il lâcherait ces encombrants complices, et voilà tout. Il leur expliqua comment il comptait procéder.

Ce dernier dimanche de novembre semblait devoir ne jamais se terminer. Le ciel s'était couvert de gros nuages gris. Avec la pluie, les orchidées émergeaient de la terre mouillée, les cèpes, les délicieux lactaires *safranés* s'épanouissaient.

Vint enfin la nuit. Les quatre garçons, frémissant d'impatience, attendirent longtemps avant d'être sûrs que tout soit endormi. Gruner entendait les branches frémir sous le vent d'est. Ça se présentait bien. Le gardien Lenepveu fit sa ronde, puis partit se coucher. Alors, sur un signe de Gruner, ils se levèrent. En bourrant les draps sous la couverture, ils composèrent des formes qui pouvaient très bien passer, lors de la prochaine ronde, dans deux heures, pour des silhouettes endormies. Gruner ouvrit la fenêtre. Ses trois compagnons sautèrent dans la cour, en souplesse. De son côté, il attacha une longue ficelle à l'espagnolette, et bondit à son tour du haut du premier étage. En bas, il lia une pierre à la ficelle et, en tirant légèrement, il referma la fenêtre. Puis ils filèrent à l'écurie prendre des gourdes que Debourge avait cachées là. Ils les remplirent en passant au puits de la fabrique, avant de se diriger vers l'Avis.

— Eh, Casenave, où vas-tu ?

— On va avoir besoin d'argent, tu ne crois pas ? Je vais le prendre là où il est.

— Au château ? Tu es fou ! murmura Gruner. Il y a plein de monde en ce moment, le comte est arrivé avant-hier. Et là, c'est du vol... Si on se fait pincer, notre compte est bon. Je te l'interdis !

— Ah oui ? Essaie un peu.

Casenave s'approcha, menaçant. Dans une bagarre, Gruner n'était pas sûr d'avoir le dessus. Et puis, ce n'était pas le moment.

— Après tout, vas-y, imbécile ! Moi, je continue. Qui m'aime me suive ! Et pas question de t'attendre.

— Gruner a raison, dit Debourge, je vais avec lui. Et toi Grangier, qu'en penses-tu ?

Le troisième larron ne savait pas trop. D'un côté, il béait d'admiration devant le grand Casenave, de l'autre...

— Fichez donc le camp, bande de couilles molles, lâcha Casenave. Moi, je vais rendre ma petite visite à l'aristo. Je serai au bateau tout à l'heure.

Et il disparut dans la nuit. Les trois autres évadés arrivèrent à l'Avis, se cachèrent, comme convenu au-dessus de la plage du couchant. Tout était calme. Comme Gruner l'avait prévu, six mois après l'évasion de Beaumais et Guendon, la surveillance autour du *Titan* s'était relâchée. La petite maison du capitaine Brémond dormait paisiblement. Le bruit du vent et des vagues couvrirait celui de leur départ. Gruner se déshabilla, entra dans l'eau, nagea jusqu'au bateau. Il se hissa à bord, lança une haussière qui atterrit sur la mate. Ses deux compagnons se précipitèrent hors de la cachette, s'avancèrent sur cette concrétion végétale ourlant le couchant de l'Avis avec de l'eau jusqu'aux genoux et saisirent le cordage. Gruner largua les amarres. Casenave, sortant des buissons, rejoignit les deux autres. Alors que ses deux camarades halaient le pointu, Casenave hurlait en brandissant une boîte en fer :

— J'ai réussi, les gars. Il y a cent quatre-vingts francs là-dedans.

— Silence, répliqua Gruner à voix basse. Tu veux nous faire repérer ?

— Ma parole, il se prend pour le chef, grommela Casenave en montant à bord.

Mais il fut bien forcé d'obéir quand l'ancien matelot lui désigna son aviron puis leur chuchota des « *héé-ho ! héé-ho !* » traînant sur le « hé », accentuant sèchement le « ho », pour tenter d'imprimer à ses compagnons le rythme d'une vigoureuse voguade. Le *Titan* remonta au vent, dépassa la pointe des Jarres. Gruner commanda à son équipage de relever les avirons. Même Casenave ne put s'empêcher d'admirer la virtuosité avec laquelle Gruner dressa le mât et l'*hasti* puis régla la voile avant de s'installer à la barre. Le pied était sûr, le geste précis, l'œil en alerte. Et Casenave sentit la jalousie lui pincer le cœur.

Gruner, le marin, se retrouvait. Il s'était calé confortablement dans le trou d'homme. Le contact de ce timon poli par tant de mains l'inondait de bonheur. Il n'osa penser, superstitieux comme tout marin qui se respecte, que la partie était gagnée. Mais quelle volupté de distinguer à bâbord les contours ronds et imposants de Port-Cros, puis Bagaud, basse, allongée comme l'échine d'un chien battu. Poussé par vent arrière, le bateau accompagnait les vagues, dressait sa proue, soulevait sa poupe. Entre Gruner et le *Titan*, c'était le coup de foudre.

Soudain, des éclairs percèrent la nuit.

— Qu'est-ce qui se passe ? sursauta Casenave.

— Ne t'inquiète pas, répliqua Gruner en riant. C'est

seulement le phare de Porquerolles qui nous indique la route à suivre.

Et il se coiffa du béret de marin déniché sous le pont avant. Pour ne pas être en reste, Casenave enfila une veste de drap bleu foncé et un pantalon de toile écrue.

À hauteur de Bagaud, Gruner gouverna pour garder le phare en point de mire sur trois quarts tribord avant. Les vagues se creusaient et les paquets de mer capelaient le bateau. Prostré, Debourge penchait la tête pardessus bord. Casenave et Grangier ne valaient guère mieux, mais ils obéirent quand Gruner leur demanda d'écoper. Une heure et demie durant, ils rejetèrent l'eau par-dessus bord. Enfin, la situation devint meilleure quand Porquerolles fut débordée. À la vue des éclats du phare de Sicié, Gruner vira de bord.

— C'est quoi, cette lumière ? demanda Casenave.

— Toulon, répondit laconiquement Gruner.

— Eh bien, arrêtons-nous là.

— Pas question ! On va jusqu'à Marseille.

— Et pourquoi, je te prie, monsieur Je-Sais-Tout ? Toulon Marseille, c'est du pareil au même, non ?

— Toulon est un port de guerre bien gardé, je te jure. Nous n'aurons pas mis le pied à terre que...

Casenave, suivi de Grangier, se leva, menaçant. Gruner tenta de les raisonner, mais rien à faire, ils étaient prêts à la bagarre. Malgré sa colère, l'ancien gabier se résigna. À cinq heures du matin, il jetait l'ancre dans une crique abritée du cap Sicié. En bon marin attentionné, il assura le mouillage, replia la voile. Sur la plage, une patrouille de douaniers s'avançait vers eux.

Au Levant, les pêcheurs ne s'aperçurent de la disparition du *Titan* qu'en se levant pour la calée d'aube. Et ce n'est qu'en s'approchant du lit que le Lenepveu s'aperçut que les formes n'étaient que polochons et couvertures roulées. Le comte, lui, ne constata le vol des cent quatre-vingts francs et l'effraction de la porte que deux heures plus tard. Le lendemain seulement, en fin d'après-midi, un courrier apporté par un pêcheur informa le directeur Pérignon que le *Titan* avait été retrouvé en parfait état, et que les quatre évadés étaient enfermés à la prison de Saint-Roch.

Le comte demanda à son fondé de pouvoir de ne pas porter plainte. Pourtant, Gruner, Casenave, Grangier et Debourge furent condamnés pour vol à six mois de prison, peine non cumulative avec le temps qu'il leur resterait ensuite à passer au Levant.

Pendant ce temps à l'infirmerie, Julien Portenard puis Prosper Oneroy, respectivement âgés de quinze et douze ans, moururent le 24 et le 29 novembre. Ce furent les derniers décès, en cette première année, à la colonie agricole de Sainte-Anne du Levant.

Mélancolique, Geuneau revenait pour la neuvième fois du cimetière. Le gardien-chef Radel l'interpella :

— Alors, Geuneau, ce nouveau fossoyeur fait-il bien son travail ?

— Je ne sais pas, chef. Mais, vain Dieu, les morts pourrissent !

— C'est normal, répliqua Radel en haussant les épaules, comme tous les morts !

— Venez sentir chef ! Ça pue là-bas !

— Allons voir ça.

En approchant, Radel eut un mouvement de recul. Une odeur pestilentielle se dégageait de l'endroit. Le remplaçant de Debourge jetait des pelletées sur la caisse de bois.

— C'est une véritable infection, s'exclama le gardien-chef. Qu'est-ce qui se passe ici ?

— Bé chef, répondit le nouveau jeune fossoyeur, hilare, j'ai bien essayé de creuser jusqu'à deux mètres comme le veut le règlement, mais à la moitié, je suis tombé sur de la roche tellement dure qu'il faudrait creuser au burin et à la barre à mine. Ça prendrait dix jours ! Et les morts ne m'en ont pas laissé le temps.

— Ça va, ça va, répondit le gardien-chef, on retourne au pénitencier.

Il fallait faire quelque chose, sinon, on risquait une épidémie. Si ce n'était pas malheureux d'embêter le capitaine Pérignon avec ça. Il avait déjà assez de soucis !

Immédiatement prévenu, le directeur décida que l'affaire était trop grave. Prenant son courage à deux mains, il décida d'alerter le comte. Le soir, avant de rentrer chez lui, il alla frapper à la porte de M. de Pourtalès, dont la serrure venait d'être réparée et renforcée.

Le château était une belle demeure spacieuse construite en surplomb du Grand Avis. L'une de ses dépendances, jouxtant le presbytère et la chapelle, était réservée au directeur du pénitencier. Les communs se trouvaient dans le prolongement du bâtiment principal, non loin d'un puits en surélévation qui assurait l'eau courante à toute la demeure. Côté est, une vaste terrasse couvrait l'écurie et offrait une vue magnifique sur la mer, sur le continent et la côte nord des îles d'Hyères.

Pérignon fut introduit par un domestique dans le bureau du comte. Celui-ci, en robe de chambre, lui désigna un fauteuil.

— Eh bien, mon cher directeur, qu'est-ce qui me vaut le plaisir de votre visite. Voulez-vous un brandy ? Ou plutôt non, je vais vous faire goûter un petit vin blanc suisse bien frais, le fendant, ça vous dit quelque chose ?

— Volontiers, monsieur le comte, vous êtes trop aimable. J'en ai besoin, l'affaire qui m'amène est grave...

Et il raconta les affreuses émanations qui se dégageaient du cimetière. Le comte l'interrompit avec un geste d'agacement :

— Monsieur Pérignon, dit-il d'un ton sec. Le directeur de cet établissement, c'est vous, pas moi. Je n'ai pas à vous désigner l'emplacement d'un nouveau cimetière. Je n'ai pas à vous expliquer comment faire cesser ces... miasmes. Voyez pour cela les fermiers du Jas Vieux. Ces frères Touze me semblent fort avisés. En revanche, je m'inquiète des neuf décès en moins de deux mois... Que se passe-t-il ?

— Le docteur Grimaldi affirme qu'il s'agit d'une épidémie, mais elle est en passe de cesser. Il se plaint tout le temps de ne pas avoir suffisamment de matériel. Je crois que ce médecin n'est pas à la hauteur de sa tâche...

— Eh bien, sermonnez-le, ou remplacez-le. Que sais-je, moi ? Mais prenez des initiatives, que diable !

Des initiatives ? Comment Pérignon aurait-il pu en prendre lui qui, de toute sa vie, n'avait fait qu'exécuter les ordres qu'on lui avait commandés ?

— Ces neuf petits morts me désolent, poursuivit le comte. Cela signifie une perte de huit pour cent de nos effectifs. Or, comme vous le savez, la colonie n'a pas donné, à ce jour, les résultats financiers escomptés. J'ai mis beaucoup d'argent dans cette entreprise. La Bourse est plutôt maussade, en ce moment, avec cette campagne du Mexique qui commence. Rien de grave pour mes affaires bien sûr, mais il vaut mieux être prudent. Bref, dans l'état actuel des choses, il est inutile de me demander un sou de plus. Changez de cimetière, changez de médecin, mais de grâce, monsieur le directeur, faites cela dans le cadre de notre budget. Et réglez ces affaires avec M. Biellon. Je comprends bien que les choses soient difficiles. Mais, après tout, c'est pour cela que je vous ai engagé. Si je pouvais, croyez-bien que je ferais de cette île un véritable paradis. De plus, ces neuf morts, ces évasions risquent d'attirer sur nous les foudres de l'administration pénitentiaire. Et je ne le veux pas. Je n'ai rien à cacher, mais croyez-en mon expérience, les affaires les plus discrètes sont les meilleures... Je ne veux pas vous retenir plus longtemps. Madame votre épouse et votre charmante fille doivent vous attendre.

Et le comte se leva de son fauteuil, bien décidé à

repartir sur le continent dès le surlendemain. Cette histoire de cimetière puant et d'épidémie l'inquiétait pour sa famille.

Pérignon, lui, suivit ces conseils comme des ordres. Il alla voir les frères Touze. Selon les conseils des fermiers du Jas Vieux, on condamna le périmètre du cimetière, on alluma sur les tombes plusieurs feux avec des fagots de broussaille et de romarin. Au bout de deux semaines, l'air était purifié et les cercueils transférés dans leur nouvelle sépulture.

Ensuite Pérignon signifia son congé au docteur Grimaldi. Celui-ci obtint malgré tout de rester jusqu'à l'arrivée de son successeur pour ne pas laisser les enfants sans soins pendant quinze jours. À Toulon, le choix du carrossier Biellon se porta sur un jeune médecin allemand qui se plaisait sur la côte méditerranéenne, mais n'avait pas réussi à se trouver une clientèle. La valse des médecins du Levant avait commencé. Elle n'était pas près de finir.

Quant à ouvrir un nouveau cimetière à un endroit où la couche de terre serait plus épaisse, le directeur y songea un instant, puis oublia : il n'y eut plus de morts au Levant. Du moins pendant six mois. Pérignon se dit alors qu'il avait bien fait de renvoyer ce médecin incapable, même si son remplaçant commençait déjà, lui aussi, ses récriminations sur le manque de moyens qu'il avait à sa disposition pour soigner les enfants.

La première chose que fit Grimaldi à son débarquement à Toulon fut d'aller voir le sous-préfet pour lui raconter ce qui se passait à la colonie. Le fonctionnaire recueillit sa plainte, mais n'y donna pas suite. Il mit cette démarche sur le compte de la rancune. Certes, le jeune Gruner, lors de son procès, avait lui aussi peint Sainte-Anne du Levant sous des traits fort noirs, et en outre les gens du pays commençaient à se demander ce qui se passait là-bas, mais le sous-préfet ne tenait pas à susciter l'inimitié du comte de Pourtalès, homme riche et influent. Le plus sage était d'attendre.

Gruner ne supportait pas d'être enfermé. Pourtant, à

choisir, il préférait la prison de Saint-Roch au bagne du Levant. Ici, au moins, on mangeait presque à sa faim, et on ne travaillait pas treize heures par jour comme des bêtes de somme, ou des esclaves. Il avait été placé dans une autre cellule que celle de ses camarades d'évasion. Ses nouveaux codétenus étaient de franches canailles, mais au moins on pouvait parler entre hommes. Parmi eux, il y avait un autre marin avec lequel il avait sympathisé. Le temps passait et viendrait bientôt le moment de prendre son sac et de réappareiller pour l'enfer. Aussi, durant le dernier mois, Gruner fit tout ce qu'il put pour qu'on prolonge sa peine à Saint-Roch. Quand il croisait Casenave à la promenade, il lui lançait des menaces de mort. En fin de compte il ne réussit à décrocher qu'un très sévère rapport que le gardien-chef communiqua au pénitencier peu avant son retour au Levant.

Le printemps enfin était revenu. Sur le rivage, les tortues de mer réapparaissaient, faisans et goélands nichaient. Mais pour les enfants qui travaillaient aux brigades de défrichement, la chaleur voulait dire une terre moins meuble, donc des souches plus difficiles à extraire. Aussi au cœur de cet après-midi de mai, ce fut un soulagement quand la cloche sonna et que le gardien Guilleminot annonça :

— Laissez vos outils sur place. En rang par deux, rassemblement dans la cour de la ferme.

— Qu'est-ce qui se passe, chef ? demanda Décors.

— Ça, tu le verras quand nous serons sur place, mon garçon.

Depuis plus d'un an que le pénitencier était ouvert, les rapports entre gardiens et détenus s'étaient, si l'on peut dire, humanisés. Ainsi, les enfants n'étaient plus, depuis longtemps, appelés par leur numéro. Cette pratique avait disparu d'elle-même, sans que ni les uns ni les autres ne s'en fussent rendu compte. Même si les punitions étaient devenues plus sévères et plus nombreuses, certaines consignes de discipline étaient tombées en désuétude. On avait appris à se connaître, des habitudes étaient venues. Parfois même des liens de sympathie s'étaient créés. Ainsi, le gardien Guilleminot, bon bougre au fond, s'était réellement attaché à Décors. Au point que, lors des bains de décrassage à la plage du Petit Avis, cet ancien plongeur de la marine avait appris à nager au petit Bourguignon. Bourguignon de moins en moins petit d'ailleurs, car Décors avait pris pas mal de centimètres et des muscles. La solidarité entre Vulnérables y était pour beaucoup.

— Hé Geuneau ! lança Décors à son ami qui attachait Cigale à un anneau du porche. Toi qui vas partout, pourquoi on nous appelle tous en plein après-midi ?

— Je ne sais pas, répondit l'autre, placide. Peut-être qu'ils ont décidé de nous donner du chocolat à quatre heures, comme aux enfants du château.

Du chocolat ! Tout le monde éclata de rire. Ce Vain Dieu, tout de même ! Ravi de son effet, Geuneau poursuivit :

— Gruner, Debourge et les deux autres sont de retour. Les pauvres gars ! On leur a mis les fers aux pieds et aux mains. Pourtant, vu la mine qu'ils ont, ils n'ont pas l'air bien dangereux.

S'il l'avait entendue, le directeur Pérignon n'aurait pas approuvé l'assertion du jeune muletier. En effet, dans la lettre qui accompagnait le rapport sur les quatre prisonniers, le gardien-chef de Saint-Roch avait précisé :

Je vous prie de prendre des mesures énergiques contre Gruner. Cet enfant peut devenir très dangereux. Il n'a que des menaces d'assassinat à la bouche. Il finira bagnard ou décapité.

Pérignon était décidé à faire un exemple. Même si, depuis cette évasion, il n'y avait pas eu d'incident grave, la discipline se relâchait. De toute façon, il fallait briser ce Gruner. Il fallait aussi montrer aux travailleurs civils qu'il ne faisait pas bon fraterniser avec les détenus. C'est pourquoi il avait convoqué à cette démonstration tout le personnel du pénitencier. Quand les enfants furent alignés, et les employés placés dans un angle de la cour, le gardien Lenepveu procéda à l'appel. Puis d'un geste théâtral, Pérignon, pistolet à la ceinture, et entouré de ses principaux collaborateurs, demanda à Radel de faire sortir les évadés du bâtiment.

— Ces quatre individus, déclara-t-il, ont commis, il y a six mois une série d'actes inqualifiables, dont un vol avec effraction chez M. le comte de Pourtalès. Pour cela, ils ont été condamnés à six mois de prison comme des criminels qu'ils sont. Pour ma part, j'ai décidé de les enfermer huit jours au cachot et...

— Vous n'avez pas le droit, cria Gruner, nous avons purgé notre peine.

Le directeur lui envoya une claque retentissante. Il y eut quelques mouvements dans le groupe.

— Huit jours de cachot, disais-je, barre de justice aux pieds.

À ses côtés, le directeur d'exploitation Blampignon sursauta. Cet ancien régisseur d'un grand domaine viticole du Sud-Ouest était chargé de superviser l'ensemble des travaux agricoles de la colonie. Depuis longtemps, il s'indignait des traitements subis par les enfants. Mais que faire ? Se plaindre à l'inaccessible comte de Pourtalès, ou à son fondé de pouvoir Biellon ? Il n'avait guère eu l'occasion de se rendre à Toulon, ces derniers mois. Il se pencha à l'oreille de Pérignon :

— Vous y allez fort, monsieur le directeur. Les fers de justice ne se pratiquent plus que dans la Royale ou au bagne. Ce châtiment me semble bien sévère, surtout appliqué à des enfants...

Le rouge monta au front de Pérignon. Oubliant qu'il parlait à un civil, oubliant aussi qu'il se donnait en spectacle devant ses détenus, il tonitrua :

— Depuis quand discute-t-on les ordres ? Ici, c'est

moi qui commande. Et le règlement m'autorise à appliquer toute mesure exceptionnelle que je jugerais utile.

— Même la torture ? répliqua Blampignon.

— Je ne vous autorise pas, monsieur ! Si vous n'êtes pas content de mes décisions, eh bien fichez le camp ! Votre solde vous attend à l'économat.

— Messieurs, messieurs, intervint l'aumônier, n'oubliez pas que ces enfants vous entendent...

De fait, parmi les détenus, on jubilait presque ouvertement de cette querelle. Le groupe des employés trouvait également plutôt drôle de voir les « patrons » se quereller.

— Vous, l'abbé, occupez-vous de ce qui vous regarde, poursuivit Pérignon pris de cette colère incontrôlable dont les faibles se prennent parfois.

— Je vous donne ma démission sur-le-champ, lança le directeur d'exploitation. Mais vous entendrez parler de moi. Vous vous comportez comme une vieille ganache.

Et il s'en fut à grandes enjambées. Pérignon reprit un peu de sa dignité. Il se devait de continuer jusqu'au bout cette scène soigneusement répétée. Radel fit glisser la barre de justice dans les anneaux qu'un garde maintenait autour de chaque cheville. Alors que la douleur arrachait un cri déchirant à ses compagnons, pas un trait du visage de Gruner ne bougea. Le directeur désigna de son pistolet la direction des cachots. Les gardiens soulevèrent sans ménagement les suppliciés par les aisselles et les entraînèrent dans le souterrain.

— Ma parole, dit Denis, il se prend pour un pirate avec son pistolet le père Ganache !

— Parle plus bas, dit Devillaz à Denis. Ce pauvre Gruner n'a pas fini d'en voir. Tu as vu ce que c'est, les fers de justice ! Avec ça, tu ne peux même plus bouger. D'après ce que m'en a dit un de la Roquette, les anneaux te cisaillent les chairs à vif et tu as l'impression que les fers sont de plus en plus lourds.

Blêmes, boitillants, épuisés, affamés, les quatre anciens évadés sortirent enfin du cachot. Debourge ne galéja plus jamais, du moins jusqu'à son retour à Sisteron, une vingtaine de mois plus tard. Grangier, un an après sa libération, se pendra dans la grange de la ferme où il avait trouvé un emploi de porcher. Il n'avait pu supporter la prison. La liberté lui fut intolérable. Il avait tout juste dix-neuf ans. Casenave passera, solitaire, la fin de son séjour au Levant, ne parlant à personne, au point même qu'on eût pu croire qu'il était devenu fou. Toutefois, peu après leur sortie du cachot, il s'avança vers Gruner, qui avait mieux résisté.

— Il faut que je m'excuse, dit-il en tendant la main. C'est toi qui avais raison. On aurait dû aller jusqu'à Marseille.

— Ça va, répliqua Gruner en souriant. Écoute, j'ai une idée. On était quand même mieux à Toulon qu'ici, non ? Alors, on va y retourner. Qu'est-ce que tu en penses ?

— Je n'ai plus que sept mois à tirer, il vaut mieux que je me tienne tranquille.

— Sept mois, c'est long, tu sais. Moi, j'en ai encore pour un an. Et ils peuvent nous faire crever d'ici là. Tu connais le père Ganache, tu sais de quoi il est capable pour nous en faire baver...

— Qui est-ce, le père Ganache ?

— C'est le nom que donnent les autres à cette ordure de Pérignon, depuis que l'ancien directeur d'exploitation l'a traité comme ça. Il faut que nous retournions à Saint-Roch. Plus question d'essayer de s'évader, bien sûr. Ils nous ont à l'œil. J'ai un autre plan. On va provoquer une mutinerie. Les gars sont excédés. Ils sont tous prêts à nous suivre. On casse quelques trucs. Les gardiens nous arrêtent. Et hop ! nous passons la fin de notre peine, tranquilles, à Toulon.

— Tu fais ce que tu veux, Gruner, mais sans moi. Je ne veux plus les fers de justice. Je ne veux plus.

Et Casenave s'éloigna, boitillant, voûté comme un vieillard.

Le prestige de Gruner était devenu grand parmi les enfants du pénitencier. Chacun parlait du courage avec lequel il avait subi son supplice. Pas une plainte. Aussi, cette punition produisit l'effet inverse de celui qu'escomptait le directeur. L'injustice flagrante du châtiment les révoltait. À la récréation, des petits groupes se réunissaient pour de mystérieux conciliabules. Dès qu'un gardien ou un supposé espie s'approchait, le silence se faisait. Au réfectoire, de brefs chahuts éclataient et s'éteignaient brutalement, sans que les surveillants puissent repérer les coupables. Sur les chantiers et dans les ateliers, le travail se faisait avec moins de zèle. Le directeur et les gardiens sentaient bien que le climat était à l'orage, d'autant que certains, parmi le personnel civil, affichaient une muette hostilité envers Pérignon, depuis l'incident des fers de justice et le départ du directeur d'exploitation. Inquiet de cette lourde ambiance, le directeur et ses hommes faisaient pleuvoir les punitions un peu au hasard.

Depuis sa sortie du cachot, on abordait Gruner de toute part pour lui demander des conseils sur la meilleure manière de fuir l'enfer.

— Pas la peine de penser à vous évader en ce moment, répondit-il. L'Avis doit être bien gardé. Si on peut tenter quelque chose, ce sera tous ensemble. Passez la consigne aux autres : demain soir après la récré, quand la cloche sonnera, tous autour de moi. Pas un mot aux espies, bien sûr.

Avant son évasion, Gruner avait repéré Devillaz. Il avait pensé un instant lui demander de s'enfuir avec lui, mais n'en avait pas eu l'occasion. Le grand avait visiblement réussi à constituer un groupe solide. Il se glissa à côté de lui et le tira par la manche.

— Ce soir, dit Gruner, il faudra tous se rassembler dans la cour, et refuser d'aller se coucher.

— Qu'est-ce que tu comptes faire ?

— Une mutinerie. On refuse de se séparer tant

qu'on n'aura pas obtenu une nourriture meilleure, des chaussures semellées, des vêtements pas troués de partout, comme les nôtres, et la suppression des cachots.

— J'en suis, répliqua Devillaz. Ça ne peut plus durer comme ça. Moi, je pensais aller voir le comte, carrément, pour lui raconter ce qui se passe. Mais il est jamais là.

— Et quand il est là, répondit Gruner, comme par miracle, nos écuelles sont mieux remplies, il y a moins de punitions. Alors tout le monde oublie les brutalités.

— Tu as raison. Si ça continue, il va encore y avoir des morts. Mais avant de te rejoindre, je mettrai les petits à l'écart. À tous les coups, si ça tourne mal, ce seront eux qui trinqueront en premier.

— C'est entendu, répliqua Gruner en tendant la main. Je te fais confiance.

Quand, sous une belle lune, la cloche appelant aux dortoirs retentit, ils étaient une bonne cinquantaine à s'être rassemblés autour du bassin de la cour. Quelques autres, refusant de participer à la mutinerie, par peur ou parce que l'état d'épuisement dans lequel ils étaient avait éteint en eux toute idée de révolte, se pressaient derrière les petits qui montaient sagement en rang vers le dortoir.

En voyant ce rassemblement et ce refus de monter au dortoir, le gardien Burgeade, de service pour la nuit, jugea plus prudent d'aller alerter son chef, Radel, qui habitait dans les bâtiments de la ferme.

Gruner se hissa sur la margelle :

— Mes amis, clama-t-il, on veut nous faire crever de faim. On nous traite plus mal que les esclaves d'Amérique. Refusons de bouger d'ici tant que le directeur ne nous aura pas promis...

— Ouais, à mort, le père Ganache, lança une voix.

Alors, quelques-uns des mutins se mirent à entonner

une chanson composée quelques jours avant par un jeune poète anonyme :

Ce salaud d'père Ganache
C'est une sacrée peau d'vache
Nous, on s'crève à la tâche,
Il pète dans sa moustache.

— Silence, cria Devillaz, laissez parler Gruner.

Celui-ci, de son côté, essayait bien de dominer les voix des autres, en scandant : « Du pain, du pain ! » Mais rien à faire, la chanson reprenait : « Ce salaud d'père Ganache... » La mutinerie organisée tournait au chahut.

Radel surgit dans la cour, fusil en main, bien que les armes fussent interdites aux gardiens. Il se dirigea tout droit vers Gruner, toujours perché au-dessus du bassin, le saisit au collet, le jeta à terre. Les autres refluèrent, tout en continuant de chanter. En les menaçant de son arme, l'ancien sergent les repoussait jusqu'à l'escalier menant aux dortoirs. Le gardien Guilleminot, venu à la rescousse, aida à refouler Gruner et les autres. Enfin, les deux hommes purent fermer la porte du dortoir à double tour.

Alertés par les cris et les chants, le directeur, le maçon Mathé, le capitaine Brémond, l'aumônier, le gardien Lenepveu étaient accourus.

— Où est Burgeade ? demanda Pérignon à Radel. Je lui avais demandé d'aller vous alerter, capitaine.

— Il a dû se planquer quelque part.

— Ouais ! Il aura de mes nouvelles, ce capon-là.

Dans le feu de l'action le directeur retrouva ses réflexes de soldat et donna ses ordres rapidement. Brémond redescendit à l'Avis pour demander à ses matelots de se tenir prêts à appareiller.

— Moi, je vais aller leur parler. Ils m'aiment bien, ces petits, bredouilla le maçon Mathé en s'élançant dans l'escalier.

La porte du dortoir s'entrouvrit, une violente bourrade l'envoya dinguer au bas des marches.

— Vous, Mathé, rentrez vous coucher, s'emporta Pérignon, vous êtes ivre.

Le maçon s'éloigna en titubant et en grommelant des phrases sans suite. Radel, Guilleminot et Lenepveu remontèrent au dortoir où le chahut continuait de plus belle. Même les petits s'y mettaient, maintenant. Les trois gardiens s'emparèrent de Gruner qui cria :

— Mes amis, on me conduit au cachot !

Il y eut un mouvement menaçant vers les gardiens qui purent refermer la porte précipitamment. Solidement agrippé par le collet, Gruner fut traîné sans ménagement jusqu'à la prison.

Mais Radel fit l'erreur de l'enfermer dans une cellule du rez-de-chaussée, juste en dessous du dortoir. Aussi, les garçons entreprirent de trouer le plancher de bois et de hisser leur meneur jusqu'à eux. Une immense clameur salua sa libération. Alors, comme pris de folie, ils se mirent à tout casser. Les vitres volèrent en éclats, la cloison de brique de la cabine du gardien fut démolie, d'autres défonçaient la porte du dortoir, certains sautaient par les fenêtres.

— Ça tourne mal, dit Devillaz à Roncelin et Geuneau. On file dans le dortoir des petits pour les empêcher de suivre.

Dans la cour, la folie destructrice était à son comble. On tordait et cassait les maigres arbustes plantés un an auparavant, on jetait des briques dans les fenêtres. Gruner tentait de mettre un peu d'ordre en rameutant autour de lui quelques fidèles.

Les gardiens entamèrent un repli. Le directeur Pérignon les regroupa sous le porche et déclara à quelques adultes qui venaient de les rejoindre :

— Il est trop tard pour reprendre les choses en main. Nous devons demander l'aide de l'armée. Replions-nous sur l'Avis.

— Je vais quand même les raisonner, dit l'aumônier.

— Je vous accompagne, renchérit un maçon piémontais.

Les deux hommes s'approchèrent du groupe de Gruner. Un des détenus se mit à hurler :

— Croâ, croâ ! À bas la calotte !

— Mes enfants, mes enfants ! supplia le prêtre.

— On ne veut plus de sermon, monsieur l'abbé, lança Gruner. On veut à manger ! On veut du pain !

En disant cela, il brandissait la barre de fer qu'il tenait en main. Se méprenant sur le geste, le maçon lui tordit le bras pour le désarmer.

— À mort sales Italiens ! Dehors sales *piantou*, allez faire la police chez vous, ici on est en France.

Le maçon, entraînant l'aumônier, battit en retraite. Les morceaux de brique et les cailloux commencèrent à pleuvoir sur eux. Les adultes s'enfuirent dans leurs maisons et s'y enfermèrent. Seul le directeur Pérignon partit à l'Avis où le *Titan* était prêt à appareiller.

Alors, dans la cour de Sainte-Anne, il y eut un moment de flottement.

— Qu'est-ce qu'on fait maintenant ?

— Ce que vous voulez, répliqua Gruner.

Les mutins se débandèrent. Certains remontèrent tout bonnement se coucher, d'autres partirent vers le port, dans l'espoir d'y trouver un bateau. Espoir vain, car à leur approche, une barque de corailleurs génois au mouillage à l'Avis largua les amarres. Quant au *Titan*, il était déjà en rade. Déçue, cette poignée de candidats à l'évasion fit demi-tour. Ils rencontrèrent le maçon Mathé, parfaitement saoul, tenant un pichet de vin rouge à bout de bras.

— Bravo les enfants ! Vive la révolution ! Dehors les Piémontais qui viennent nous lever le pain de la bouche !

Tandis que deux détenus brandissaient une dame-jeanne dérobée dans la cave du pénitencier, les autres hissèrent l'ivrogne sur leurs épaules en criant « Vive Mathé, vive Mathé ! » puis l'abandonnèrent au bord du chemin.

Gruner, lui, choisit de suivre un groupe qui avait pris la sente menant au phare du Titan. On lui avait dit qu'à l'extrémité est, on trouverait de quoi manger. À la ferme du Jas Vieux, ils s'arrêtèrent pour boire l'eau du puits. Réveillé par le bruit de la noria, le fermier Jacques Touze sortit de son lit :

— Qu'est-ce que vous faites là, les enfants ? Vous devriez être couchés depuis longtemps.

— On s'est révoltés, répliqua l'un d'eux. On ne veut plus crever de faim.

— Attendez un moment.

Touze entra dans la bastide. Il était au courant, comme tout le monde dans l'île, des mauvais traitements que subissaient les *fourçats*. Mais que faire pour eux ? Un modeste paysan comme lui n'aurait jamais osé en parler au comte de Pourtalès quand celui-ci venait se promener dans les parages et acceptait un verre. Le fermier prit cinq beaux fromages à moitié secs et les offrit aux mutins. Ils se confondirent en remerciements et s'enfoncèrent dans la nuit, laissant derrière eux un Jacques Touze rassuré : les adolescents étaient une bonne vingtaine et ils auraient fort bien pu le mettre à mal, lui et sa famille, pour piller la maison.

Les mutins arrivèrent enfin aux ruines de la ferme du Cannier qui, jadis, avait été détruite par des pirates. Mais son champ de pommes de terre était toujours cultivé. Il y avait même une ruche. Certains d'entre eux y mirent le feu pour tuer les abeilles et récupérer le miel, tandis que les autres arrachaient les pommes de terre. Ce fut un festin de roi. Puis ils s'endormirent, repus.

Au petit matin, Mathé vint les voir, tout essoufflé, il en était presque dessoûlé.

— Les soldats sont là ! Ils sont prêts à vous tirer comme des lapins. Il faut vous rendre.

— Gruner, qu'est-ce qu'on fait ?

— On se rend, répondit l'ancien gabier avec un drôle de sourire.

En guise de petit déjeuner, chacun but une large

rasade à la dame-jeanne de Mathé. Le pitoyable cortège reprit le chemin du pénitencier.

Gruner avait obtenu ce qu'il voulait. Emmené à Toulon avec six autres détenus qualifiés de meneurs, il fut condamné à trois mois de prison. Toujours ça de pris sur le bagne du Levant. Un huitième garçon aurait dû être du voyage. Mais Henri Bellanger, quinze ans, de Sablé, fut jugé intransportable par le médecin. Lui qui avait injurié l'aumônier, le soir de la mutinerie, il rendit l'âme treize jours plus tard, à l'infirmerie du pénitencier.

Quant aux Vulnérables, ils se tirèrent plutôt bien d'affaire. Toutefois, leur réserve de vivres fut découverte par le gardien-chef Radel qui en déduisit que se préparait une évasion massive.

III

LA VIE QUOTIDIENNE À SAINTE-ANNE

Aux premières lueurs de ce début d'été et avant que la grosse chaleur n'avarie la pêche, les quais de Toulon grouillaient de femmes de pêcheurs qui chargeaient leurs brouettes de poisson pour vendre dans les quartiers. Trois hommes, serviette sous le bras, se frayaient péniblement un passage le long de la vieille darse encombrée d'étals de poissonnières et de tas de filets, dont se dégageait un relent de poisson boucané qui incommodait souvent les passagers en partance pour les îles.

Juste un mois après ce qu'on avait désormais coutume d'appeler « la mutinerie Gruner », le 25 juin 1862, l'inspecteur général des prisons Bazennerye arrivait de Paris à l'improviste, accompagné du juge d'instruction de Toulon et de son greffier, et débarquait à l'Avis après une traversée difficile.

Assez difficile pour que le haut responsable des prisons de France comprenne que l'un des problèmes importants de la colonie de Sainte-Anne du Levant était celui des communications avec l'extérieur : nourrir, vêtir, soigner une centaine d'enfants et d'adolescents devait être un éternel casse-tête pour le directeur et son personnel, sans parler de leurs propres difficultés familiales. Et Bazennerye se morigéna de n'avoir émis, à l'époque, aucune opposition à ce projet. D'ailleurs, l'aurait-il fait, aurait-il eu gain de cause ? Pourtalès était trop bien en cour... Bazennerye ne décolérait pas contre le comte : celui-ci, malgré la gravité des événements, n'avait pas consenti à se déplacer, prétextant l'urgence de certaines de ses affaires. Pourtant, après tout, Sainte-Anne faisait partie d'entre elles. Et elle vivait en partie des deniers de l'État. Alors, cette désinvolture... Pourtalès n'avait même pas cru bon d'avertir son fondé de pouvoir Biellon, lui-même en déplacement chez l'un de ses clients des Basses-Alpes.

Pérignon accueillit les enquêteurs avec courtoisie, mais sans plus, et les invita d'abord à prendre une collation chez lui, puis à se reposer des émotions de la traversée dans les chambres du château que l'on avait préparées pour eux.

— Je vous remercie, dit le juge, mais nous préférons être à pied d'œuvre dès maintenant. Nous n'aurons pas assez d'une journée et demie pour notre enquête. M. l'inspecteur et moi-même, ne sachant pas si vous pouviez nous loger, avons retenu à l'auberge de Port-Cros.

Tout en montant dans la jardinière mise à leur disposition, Bazennerye approuva le juge. Au premier abord, le directeur lui parut plutôt bon homme, et dépourvu de cette obséquiosité habituelle aux responsables des établissements qu'il venait inspecter. Il est vrai que Pérignon ne dépendait pas directement de la Pénitentiaire.

Sous le porche de l'établissement, le greffier et l'économe saluèrent les autorités et suivirent l'inspection des détenus rassemblés dans la cour. Les tenues étaient sales, déchirées, quelques chapeaux de paille n'avaient pas de fond, et les cheveux ras de certains détonnaient avec les cheveux longs et peu soignés des autres. Les fenêtres brisées lors de l'émeute n'avaient pas toutes été remplacées. Au dortoir des grands, le plancher avait été grossièrement rebouché. Le juge demanda alors à Pérignon de lui montrer son bureau afin qu'il s'y installe pour y entendre les premières dépositions. Une fois le magistrat au travail, Bazennerye entraîna Pérignon dehors où déjà attendaient les premiers témoins.

— M. le juge vous recevra en dernier, dit l'inspecteur au directeur. Pour le moment j'ai besoin de vous pour me guider. Il va de soi bien sûr que je ne tiendrai pas compte des destructions commises pendant l'émeute et que vous n'avez pas encore réparées.

— Nous avons paré au plus pressé, monsieur l'inspecteur, répliqua Pérignon. J'ai mobilisé beaucoup de monde pour remettre en ordre les choses les plus urgentes, surtout pour des questions de sécurité, le dortoir des grands...

— Vous me l'avez déjà dit, et j'ai mis cela à votre crédit. Cependant...

Cependant, plus l'inspection avançait, plus le « crédit » du directeur diminuait. La saleté régnait partout, les vitres étaient opaques, la poussière recouvrait les planchers et imprégnait les couvertures, les paillasses grouillaient de vermine et les vêtements traînaient en désordre sur les lits. Intérieurement, Bazennerye fulminait. Mais il se contentait de noter chacune de ses constatations. Chaque fois qu'il voyait la plume courir sur la tablette, Pérignon essayait bien de se justifier, mais l'inspecteur le coupait sèchement :

— Vous vous expliquerez *in fine*, quand M. le juge et moi-même vous auditionnerons, demain soir. Emmenez-moi plutôt aux cuisines et à la réserve des approvisionnements.

Dans le magasin aux vivres, légumes secs et pommes de terre étaient de bonne qualité. Mais, d'expérience, Bazennerye savait qu'il était facile, à l'annonce d'une inspection, de remplacer l'ivraie par le bon grain. Bien que les biscuits de mer ne parussent pas encourir de reproche, autour des sacs, un résidu farineux semblait attester la présence de vers. Il avait à l'esprit les premières auditions des jeunes inculpés, que le juge de Toulon lui avaient communiquées. Leurs revendications alimentaires revenaient sans cesse : asticots dans la soupe, manque de viande, pain malodorant, etc. Toutefois, malgré ses tentatives de dissimulation, le directeur de Sainte-Anne avait commis une erreur :

— Je note : parmi les réserves de vivres pour les détenus, cinq sacs de fèves séchées.

C'était en principe un aliment réservé au bétail et aux bagnards, aux vrais. Ces sacs auraient donc dû être entreposés près des étables.

— C'est que la place manque à la ferme, expliqua Pérignon. Jamais nous n'en avons donné aux enfants. Je connais le règlement.

— Nous allons voir ça. Allons aux cuisines.

L'endroit ne sentait pas très bon. Le sol de terre battue collait aux semelles. Le cuisinier les attendait, tandis que ses deux aides, des détenus, récuraient les casseroles dans une lavasse peu ragoûtante. L'inspecteur général apprit que le responsable des enfants avait remplacé récemment, à la va-vite, la cantinière des débuts qui était partie avec son mari, le directeur d'exploitation démissionnaire. Bazennerye n'aurait pas grand-chose à apprendre du nouveau cuistot. Aussi demanda-t-il au plus grand des deux marmitons de s'approcher.

— Comment t'appelles-tu ?

— Coudurier, m'sieur, répondit le garçon avec cet air en dessous des chiens trop battus dont on ne sait jamais s'ils vont mordre ou s'enfuir à votre approche.

— Excusez-moi d'intervenir encore, dit Pérignon, mais ce garçon n'est pas le meilleur choix que vous pouvez faire : il s'agit du rejeton de la bande des Coudurier. Son père et trois de ses oncles sont à Cayenne ou en prison. Et le dernier n'est autre que le fameux Antoine, exécuté à Caen il y a quatre ans pour le meurtre d'un horloger. C'est de la graine d'assassin.

Cette fois, Bazennerye explosa :

— Monsieur le directeur, je vous rappellerai l'une des principales raisons d'être de votre établissement : arracher les enfants à la néfaste influence de leur milieu.

L'inspecteur, toisant l'enfant, ne put s'empêcher de ressentir une sorte de malaise. « Graine d'assassin »...

— Quel âge as-tu ?

— Je vais avoir douze ans, monsieur. Je suis né à

Tarascon, répondit Coudurier, les yeux baissés au sol. Je suis arrivé ici en février.

— Regarde-moi quand tu me parles. Quels sont les motifs de ta détention à la colonie ?

— J'ai pris quelques pièces dans le tronc d'une église de Tarascon. C'était pour aider ma mère, nous avions faim.

Le fonctionnaire de Napoléon III ne put s'empêcher de trouver ce délit bien bénin. Mais où trouver dans ce visage lisse, ni laid ni beau, un peu sournois peut-être, les stigmates du criminel par hérédité ?

— Ce n'est pas bien. Mais parlons plutôt de ton travail. Servez-vous des fèves séchées aux repas ? Si oui, comment les préparez-vous et combien de fois par semaine ?

— Quatre ou cinq fois, bouillies à l'eau, avec de temps en temps un peu de saindoux.

Pérignon sentit la sueur lui couler sur le visage. La plume de Bazennerye crissait sur la tablette. Il poursuivit :

— Et la viande, combien de kilos par semaine ?

— Je ne sais pas peser, monsieur, mais le chef est en train de m'apprendre à lire les poids.

— Monsieur le directeur, dit Bazennerye, les mutins détenus à Toulon ont affirmé qu'ils n'avaient droit, selon nos estimations, qu'à cinquante grammes de viande par semaine et par personne. Est-ce exact ?

— C'est bien le chiffre que vous donnez, monsieur l'inspecteur. Quinze kilos de viande, abattue le jeudi, nous arrivent de Toulon le vendredi. Mais il y en a beaucoup d'avariée à cause de la chaleur et de la perte de sang pendant le transport.

— Neuf kilos de perte sur quinze, cela me paraît énorme. Je vérifierai. Est-ce du bœuf, au moins ?

— Un dimanche sur deux, toute l'année. Le reste du temps, c'est du porc.

— Vous savez pourtant que le porc est malsain en été.

— D'après l'économe la viande consommée trois ou quatre jours après l'abattage ne peut être avariée.

— Et surtout, elle est moins chère que le bœuf.

— Je peux vous garantir, monsieur l'inspecteur, que personne ici ne gratte ni sur la quantité, ni sur la qualité. J'y veille personnellement.

— Nous verrons avec vos livres de compte.

Bazennerye en savait assez. Il s'apprêtait à quitter les cuisines quand il vit, au-dessous de lui, de grands yeux dans un tout petit visage qui le regardaient avec une candide curiosité.

— Comment t'appelles-tu, mon enfant ?

— Noël Aimé, m'sieur. Et mon frère, c'est Terrier.

— Quel âge as-tu ?

— Sept ans, m'sieur.

L'inspecteur général des prisons, qui se croyait endurci par ses quinze ans de carrière, sortit des cuisines comme d'un cauchemar.

Le reste de l'après-midi le confirma dans ses impressions. À l'infirmerie, cinq lits étaient occupés par des malades souffrant tous de diarrhées. Le jeune médecin allemand expliqua que leur mal était dû aux fruits verts qu'ils chapardaient. Certains d'entre eux avaient d'ailleurs été punis pour maraudage. Quand le praticien quittait l'infirmerie, ses patients étaient abandonnés à deux jeunes détenus affublés du titre d'infirmiers. Le médecin ajouta que si ses conditions de travail ne s'amélioraient pas après cette inspection, il donnerait sa démission.

Sur les chantiers, les enfants, pour la plupart mal chaussés, en haillons, semblaient livrés à eux-mêmes. L'inspecteur général crut deviner aux propos de certains d'entre eux qu'en raison de la venue du juge, le directeur avait demandé aux gardiens d'assouplir la discipline. Ce Pérignon était d'une maladresse insigne, jusque dans cette mise en scène ! Sans parler de ses flagrants mensonges et de ses graves manquements aux règlements régissant ce genre d'établissement. Surtout avait-il constaté l'absence d'un instituteur et d'une salle de classe primaire.

Au soir de cette longue journée de juin, le *Titan* emmena les enquêteurs jusqu'à Port-Cros où ils devaient passer la nuit avant de repartir le lendemain à l'aube terminer leur travail. Le vent était presque tombé. Le crépuscule d'équinoxe déployait ses splendeurs. Au débouché de la pointe du Moulin, les rayons du soleil couchant ricochaient sur les eaux de la baie et projetaient sur Port-Cros leurs éclats de diamant. Blotti dans cet écrin de couleur, le hameau prenait un soyeux relief, jouant des ombres et des lumières. Une goélette oscillait doucement, affourchée dans la baie. Le *Titan* s'approcha du large quai de pierres aux margelles blanches. Les enquêteurs descendirent à terre et se dirigèrent vers la vieille « Auberge du Marquisat » aux volets verts et à la façade ocre.

Bazennerye sentit une douce ivresse l'envahir, une étrange sérénité. Mystérieux, indéfinissables sont les premiers moments de l'escale dans une île.

En fin de matinée du lendemain, le juge et l'inspecteur intervertirent les rôles. Le premier partit enquêter sur le terrain, le second resta dans le bureau directorial pour recevoir une trentaine d'adultes et d'enfants, puis éplucher les livres comptables. Ils étaient parfaitement tenus. Il ne s'agissait donc pas de malhonnêteté, mais d'incompétence. En fin d'après-midi, l'audition du directeur par les deux enquêteurs vint apporter les preuves définitives de l'impéritie de Pérignon.

Le lendemain matin, alors qu'ils déjeunaient à l'auberge, le lieutenant commandant le détachement du huitième Génie de Port-Cros vint les informer que le vapeur *L'Ernest*, réquisitionné par le service des forts, ne reprendrait sa rotation que dans deux jours. Par ailleurs, le mistral venait de se lever et aucun pointu ni aucune tartane au mouillage dans les îles d'Or ne pourrait faire la traversée vers Toulon.

— C'est le comble, plaisanta le juge Bellon : l'inspecteur général des prisons et un magistrat prisonniers des vents !

— À toute chose malheur est bon, répliqua Bazennerye. Profitons-en pour faire une petite visite surprise à M. Pérignon. Si toutefois un bateau est prêt à nous ramener au Levant.

Il y en avait effectivement un, le *Danton*, qui les embarqua. En moins d'une heure, le pointu franchit la distance séparant Port-Cros de l'Avis. Le retour de la commission d'enquête dans la cour du pénitencier fut comme un coup de pied dans une fourmilière. Pris de panique, Pérignon s'agitait en tous sens. Cette fois, il ne pouvait plus rien dissimuler. Bazennerye découvrit qu'il avait jeté le jeune marmiton Coudurier au cachot, après lui avoir fait donner quinze coups de férule. Le motif ? Trois semaines avant, ce détenu avait tué d'un coup de pelle la chienne Semelle et lui avait enfoncé un bout de bois dans la tête. Entre le fils de bagnard et les chiens il y avait une haine ancestrale. Mais l'inspecteur constata que Coudurier avait déjà purgé sa peine. Cette deuxième punition n'était qu'une mesquine vengeance de Pérignon. Et Bazennerye se jura alors qu'il ferait en sorte d'éliminer ce méprisable personnage.

L'été vit une recrudescence des morts au pénitencier de Sainte-Anne. Autant on aurait pu mettre sur le compte des désordres de la mutinerie Gruner les deux décès du mois de juin, autant ceux qui frappèrent au cœur de juillet et à la fin août avaient sans doute d'autres raisons : tout allait à vau-l'eau. Le directeur avait reçu, quinze jours à peine après la visite de la commission d'enquête, une note très sèche du fondé de pouvoir Biellon qui lui signifiait son renvoi. Mais il lui ordonnait de rester dans ses fonctions jusqu'à l'arrivée, début septembre, de son successeur, un certain Fauveau.

Pérignon se sentit trahi par le comte de Pourtalès : il l'avait donc lâché, cédant aux instances de l'administration pénitentiaire qui imposait à la colonie de Sainte-Anne l'un de ses fonctionnaires, ancien directeur à Clairvaux, colonie agricole d'État et désormais fermée. Trahi, oui, et humilié quand il entendit le verdict du procès de la mutinerie, où il avait témoigné. Gruner, pourtant récidiviste, ne fut condamné qu'à trois mois de prison. Les autres, dix jours. Quant au chef maçon Mathé, qu'il avait lui-même désigné comme complice des mutins et congédié, il fut relaxé. Le désaveu était d'autant plus cinglant que dans les attendus du jugement, sa déplorable gestion du pénitencier était considérée comme une circonstance atténuante. Tout l'univers de Pérignon s'effondrait d'un coup. Aussi, en attendant son départ, décida-t-il de prendre du bon temps. Pour le rencontrer, désormais, il fallait se rendre aux Pierres de fer, où on était sûr de le trouver, canne à pêche en main. Sainte-Anne se retrouva donc de fait dirigée par le gardien-chef Radel qui, lui-même, se demandait quel serait son sort avec l'arrivée du nouveau directeur.

L'anarchie aurait alors été totale dans l'île si le personnel civil et les gardiens n'avaient tenté de maintenir un semblant d'ordre. Les uns craignaient pour la sécurité de leur famille si se produisait une nouvelle émeute. Les autres se faisaient tout miel avec les détenus, de peur que ceux-ci ne se plaignent à leur nouveau patron de leur conduite et qu'ils perdent leur place. Mais, durant ces trois mois, il n'y eut pas d'incident, malgré la pénurie alimentaire dont souffraient les employés.

Par une indiscrétion du gardien Guilleminot, Décors apprit un jour que le nouveau directeur serait le même qu'ils avaient eu à Clairvaux. Il le répéta à ceux qui avaient quitté avec lui, jadis, l'ancienne colonie. Tout ce qu'ils avaient subi depuis embellissait dans leur souvenir ce passé pourtant proche. C'est ainsi que dans leur esprit, et bientôt dans celui de tous les détenus, Fauveau devint le meilleur directeur possible qu'il eût pu leur échoir. Leur sort allait changer, ils en étaient maintenant tous sûrs.

La passation de pouvoir eut lieu le 13 septembre. Elle fut fort brève. Personne ne songea à faire ses adieux à Pérignon. Même les gardiens l'évitèrent, eux qui furent pourtant, jadis, de ses campagnes d'Afrique. L'ancien capitaine soupirait encore sur l'ingratitude humaine quand *L'Ernest* entra dans la rade de Toulon.

En cette fin d'été, Augustine Brémond ramendait la boguière que son mari avait étendue sur la plage de l'Avis, lorsque la voix de son époux, commandant à ses matelots d'amener les voiles, résonna dans la calanque. Jacques Fauveau ne débarqua pas tout seul. Outre sa famille, descendirent également du *Titan* deux nouveaux gardiens professionnels que l'administration pénitentiaire avait imposés au Levant : les effectifs ayant dépassé les cent vingt, ce renfort n'était pas superflu. De son côté, Fauveau avait communiqué par lettre à Pourtalès son désir de remplacer l'ancien économe par un détenu de Clairvaux désormais relégué, et qui faisait, disait-il, des prodiges en matière de comptabilité et d'intendance. Le comte accepta volontiers ce changement, car il était persuadé que la tempête qui avait soufflé sur son île n'était due qu'à l'incapacité gestionnaire de ses anciens subordonnés. Remise entre de bonnes mains, selon lui, la colonie de Sainte-Anne ne pouvait que devenir une très bonne affaire.

« Ou alors, songeait Pourtalès, ce serait à désespérer de mes talents de financier. »

Ainsi, le dénommé Massé, ex-sergent-major condamné pour détournements de fonds de l'armée française, devint l'intendant du Levant.

L'ancien directeur de la colonie pour enfants de Clairvaux avait une assez longue pratique de ce genre d'établissement pour juger rapidement de la situation de Sainte-Anne : elle était calamiteuse. Le bâtiment principal et la ferme adjacente étaient des constructions inachevées qu'on aurait pu croire à l'abandon. Les brigades de colons constituées par son prédécesseur un peu n'importe comment ressemblaient à des hordes de jeunes clochards, tant leurs habits étaient mal entretenus. Leurs gardiens ne prêchaient pas d'exemple. Pendant leur service, ils accrochaient négligemment leurs uniformes délavés à une branche d'arbre et fumaient leur pipe, en maillot de corps ; les espadrilles avaient remplacé les grosses chaussures noires réglementaires. Comment pouvaient-ils, dans cette tenue débraillée, se faire respecter et imposer un semblant de discipline ?

L'arrivée du comte dans l'île était prévue pour la mi-octobre. Le directeur Fauveau et son comptable Massé discutèrent chaque soir, jusque tard dans la nuit, des mesures à prendre et des propositions à faire au propriétaire de l'île. En fait tout se résumait à une chose : permettre au pénitencier de vivre sur ses propres ressources en dépendant le moins possible du continent et des caprices de la mer. Mais la première urgence fut de constituer une brigade de détenus, encadrée par les maçons piémontais du sémaphore, pour achever les bâtiments. Le jour de l'arrivée du comte, le pénitencier semblait comme neuf, une petite salle de classe aménagée à côté de l'infirmerie n'attendait plus que son instituteur. Le tailleur et ses aides ainsi que la cordonnerie avaient réussi à transformer les cent vingt guenilleux en colons dignes de ce nom. Une discipline rigoureuse régnait.

Depuis deux semaines, la tempête battait la côte des îles d'Or. Une pluie diluvienne tombait sans discontinuer. Ce matin-là pourtant, dans une accalmie, *L'Ernest* put partir de Toulon, puis le *Titan* emmena le comte de Pourtalès de Port-Cros au Levant. De la terrasse du château, Fauveau vit pointer les voiles du bateau derrière le rocher du Rascas. Aussitôt, il descendit et conduisit la calèche jusqu'à l'Avis. La première rencontre entre les deux hommes fut courtoise. Ils s'observaient. En prenant le chemin du château, ils évoquèrent le temps épouvantable. Sur le continent, racontait le comte, les routes étaient inondées, les ponts emportés, les jardins et les semis ravagés. Alors qu'ils se séparaient sur le pas de la porte du château où les domestiques, femmes et filles de gardiens, attendaient, Fauveau tint à dire :

— Les aléas du climat nuisent à l'approvisionnement. Je pense vous soumettre...

— Nous verrons cela plus tard, monsieur le directeur, l'interrompit le comte. Pour le moment, je suis épuisé. Venez donc demain matin à onze heures.

Dans la cheminée du salon, du bois de pin crépitait. Un mélange d'essences d'arbousier et de résine parfumait la pièce. Pourtalès, après s'être séché et avoir enfilé une robe de chambre, se cala dans son fauteuil. Il sonna une servante et lui demanda de servir le ragoût de morue aux olives noires, plat qu'elle avait préparé et dont il raffolait. Il poussa un soupir d'aise. Dehors, des éclairs sillonnaient les gros nuages noirs, la pluie fouettait les persiennes et la forêt gémissait sous le vent. Il était quatre heures de l'après-midi.

Là-haut, dans le maquis, après la pause, la brigade de débroussaillage avait repris le travail.

Le lendemain matin, le directeur Fauveau fut exact au rendez-vous. Il avait suivi le chemin qui menait du pénitencier au château d'un pas précautionneux : c'était un véritable bourbier et il ne tenait pas à se présenter crotté devant son nouvel employeur. La servante le débarrassa de sa cape dégoulinante avant de l'introduire dans le bureau du comte. Après quelques nouvelles considérations sur les caprices du ciel, Pourtalès entra dans le vif du sujet :

— J'ai bien reçu votre courrier. Vos premières propositions de changements dans le fonctionnement de la colonie me semblent fort pertinentes. Vous m'y évoquiez également votre projet d'un nouveau règlement. Qu'en est-il ? Je dois toutefois vous rappeler que toute modification doit être soumise au préalable à l'administration.

Fauveau eut un fin sourire :

— Je le sais d'expérience, monsieur le comte, depuis vingt ans que je pratique la Pénitentiaire. Je vous avoue que je n'ai guère eu le temps d'y travailler. Depuis un mois que je suis en poste, j'ai surtout consacré mes efforts à effacer toute trace de l'émeute de juin. Je crois que j'y suis assez bien parvenu, comme vous pourrez le constater lors de votre visite. Il m'a fallu par ailleurs restaurer la discipline, tant parmi les gardiens que les colons, voire le personnel civil. En l'espace d'un mois, ces mesures ont commencé à porter leurs fruits, le rendement des différentes exploitations et des ateliers a augmenté dans des proportions non négligeables. Mon prédécesseur...

— Je n'ai jamais douté de vos compétences et de votre expérience, interrompit le comte. Vos supérieurs me les ont suffisamment vantées. Pouvez-vous plutôt me donner les grandes lignes de votre projet de réforme ?

— Bien sûr, monsieur le comte, répliqua Fauveau qui avait perçu qu'en évoquant Pérignon, il avait commis un faux pas. Il s'agira essentiellement de mettre noir sur blanc, jusque dans les moindres détails de la vie quotidienne, le fonctionnement de la colonie. Par exemple : que l'on détermine strictement les régimes disciplinaires et alimentaires, la tenue vestimentaire, la lingerie, les uniformes du personnel, les emplois du temps, les programmes de l'instruction religieuse, scolaire, professionnelle, le service de l'infirmerie, que l'on dresse une échelle des punitions et des récompenses, et enfin que l'on définisse la nature des aides à apporter aux colons au moment de leur libération.

— Tout cela n'avait pas été fait ? s'étonna Pourtalès.

— Je pense qu'on agissait au coup par coup, selon les circonstances. Pourtant, on ne peut pas se permettre d'improviser lorsque l'on a quelque cent vingt jeunes colons à rééduquer. À ce propos, monsieur le comte, vous m'aviez évoqué, dans votre réponse à mon courrier, une éventuelle augmentation des effectifs. Puis-je vous demander...

— On m'a promis en haut lieu que dans quelques mois vous aurez à votre disposition un total variant entre deux cents et deux cent cinquante colons. Serez-vous en mesure de les accueillir ?

— Je m'en flatte. Ces nouveaux arrivants ne seront pas de trop. L'ampleur de la tâche réclame bien des bras pour défricher, construire, planter, fabriquer.

Le comte se croisa les doigts devant la bouche et sembla se plonger dans une profonde méditation. Ce Fauveau lui semblait être l'homme de la situation, quoique quelque peu bureaucrate et paperassier. Enfin, après un moment de silence, Pourtalès demanda :

— À moins que vous n'ayez d'autres obligations, monsieur le directeur, voulez-vous partager mon repas de midi ? Nous parlerons de tout cela plus à l'aise.

— Ce sera un honneur, monsieur le comte. Toutefois, j'aimerais que vous me précisiez avant quelles seront exactement mes attributions.

— Qu'entendez-vous par là ?

— Eh bien, vos affaires vous retiennent souvent loin du Levant. Et s'il se pose un quelconque problème financier ou administratif, il me semble que je pourrais en venir à bout, si vous me donniez une délégation.

Décidément, l'homme ne manque pas d'entregent, un peu trop même, songea le comte qui répondit :

— Pour cela, mon cher directeur, j'y ai déjà songé. Comme vous le savez, mon fondé de pouvoir à Toulon, M. Biellon, me donne entière satisfaction. Il a par ailleurs l'avantage d'être en permanence sur place. Je veux dire que son atelier de carrosserie se trouve juste en face de la prison Saint-Roch, aux portes de l'arsenal, à deux pas de la sous-préfecture et à une encablure du port. Ce qui vous décharge des soucis de transfert des détenus, mais aussi de toute la paperasse administrative et financière. Par ailleurs, il est originaire de la région, où il est fort estimé. Il n'a que des amis, et non des moindres, ce qui, avouez-le, facilite bien des choses. Toutefois, vous avez raison. Je compte repartir en fin de semaine, si le temps le permet. Aussi, je vous demanderai de m'accompagner jusqu'à Toulon, afin que nous clarifiions, tous les trois, la répartition de vos charges respectives, en présence d'un avoué. Répartition qui tiendra compte des recommandations de l'inspection générale des prisons et des suggestions qu'a formulées le juge dans son procès-verbal...

« Si nous passions à table, maintenant ?

Durant plusieurs jours, la tempête continua. Il était impossible de repartir dans ces conditions. Le comte en profita pour inspecter soigneusement son établissement et dut constater que son nouveau directeur était d'une efficacité remarquable.

Tous les matins, malgré la pluie, Pourtalès montait son cheval et allait se promener à la découverte des neuf cent trente-sept hectares de son île. Lui qui se piquait d'archéologie, d'histoire et de géologie, il avait de quoi assouvir sa passion. Ce jour-là, malgré les gros nuages noirs qui s'amoncelaient, sa monture trottinait allégrement vers le phare du Titan. À chaque pas du cheval, les ferrures des sabots étincelaient sur les quartz qui couvraient le chemin de couleurs flamboyantes. Arrivé en haut du promontoire, le comte posa pied à terre et s'assit au bord de la falaise. Il aimait cet endroit plus que tout autre. Il resta longtemps à contempler à ses pieds les vagues déroulant leurs longues mèches blanches sur une mer d'un bleu profond ondulant jusqu'à l'horizon. Elles assaillaient l'île dans un fracas sourd, jaillissant en gerbes d'écume.

— *Mare nostrum allegro furioso*, apprécia le comte.

Soudain, son esprit se trouva à califourchon sur la vague qui croisait au large.

— *La vague et l'univers*, dit-il à haute voix en sortant son carnet. Ah ! quel titre !

En chef d'orchestre de son imaginaire, il entama l'Allegro furioso de Mare Nostrum qui s'était mis à trotter dans sa tête :

La vague qui roule sur les mers et les océans est pleine de vie. Sur des eaux apaisées, elle est toute petite, cajoleuse, réconfortante, rassurante. Elle supporte tous ceux qui, grand ou petit, nagent et naviguent à sa rencontre. Le sillage d'un bateau égratigne son onde, elle n'en a aucune amertume. Sa patience est infinie. Elle ballotte, elle pousse tous ceux qui s'abandonnent à ses caprices. Soudain, elle s'agite. Sa colère éclate, la voilà qui gonfle, gonfle, gonfle, relève sa crête comme un coq au combat, devient puissante, agressive, se précipite sur l'intrus, le frappe, le submerge et quelquefois l'engloutit. Un rayon de soleil l'effleure, elle se calme. Sa vie continue, les vents la conduisent d'un côté, d'un autre, elle voyage, longe les côtes, repart vers le large. Un jour, la fin de son errance approche, elle le sait, car de temps en temps elle se dresse plus haut que les autres et voit la côte qui s'avance. Tout à coup, le fond la soulève, comme une vieille femme elle courbe l'échine, déroule sa longue chevelure blanche, culbute sur le rivage. Dans un dernier sursaut, elle affine le sable, lisse les rochers et disparaît.

Glissant son carnet dans la poche intérieure de son veston, le comte le tapota de satisfaction. L'inspiration soudaine du solitaire venait de le surprendre sur son rocher du Titan. Lui, l'admirateur, parfois jaloux des brillants esprits de salon, était tout à sa fierté.

Il revint vers son cheval, qu'il avait mis à l'abri sous le sémaphore, remonta en selle et rebroussa chemin. À la ferme du Jas Vieux, le cheval s'arrêta tout seul pour boire à la conque de la noria, attendant patiemment que l'eau veuille bien s'en écouler. Le comte lui tapota l'encolure, mit pied à terre et fit tourner la roue à godets.

Les frères Touze sortirent sur le pas de leur porte.

— Bonjour, monsieur le comte, dit Jacques, l'aîné. Entrez donc boire un verre. Vous allez prendre la *raïsse*.

— La rincée ? Oh, vous savez, dans mon pays, les pluies sont froides et fréquentes. Alors on ne craint pas les vôtres, au contraire, car ici elles sont reçues comme le plus précieux des dons de Dieu.

— Ma foi, vous avez raison. Dès que ça tombe, la nature dresse la plus petite de ses brindilles vers le ciel.

Le comte entra sans façon dans la salle aux murs blanchis à la chaux et accepta volontiers le verre de vin rouge servi à ras bord. Naturellement, Jacques Touze commença par évoquer l'émeute de juin et le passage devant le Jas Vieux des mutins. Mais le comte détourna vite la conversation : il n'aimait pas mélanger les loisirs et les affaires.

— Allons, dit-il d'un ton léger, ces enfants sont tout de même moins dangereux que les incursions barbaresques qu'eurent à subir vos ancêtres. Comment donc faisaient les insulaires pour se protéger des pillards ?

Les Touze, seuls vrais habitants du Levant depuis des générations, étaient intarissables sur leur île :

— Nos aïeux connaissaient de nombreuses caches pour la famille, le bétail et les récoltes. Dès que les pirates apparaissaient à l'horizon, ils s'y réfugiaient. Mais nos pères avaient l'astuce de laisser quelques chèvres dans la bergerie pour laisser croire à un départ précipité. Les Barbaresques devaient se contenter de ce qu'ils trouvaient et s'en retournaient, plutôt bredouilles, à l'anse du Titou où leurs bateaux étaient au mouillage. Ils postaient un guetteur sur le promontoire du Titan, deux autres sur la falaise du Castellas et du Grand Cap. Quand un navire marchand passait à proximité, les pirates partaient à l'abordage. En revanche, dès qu'une frégate de la Royale se profilait à l'horizon, croyez-moi qu'ils déguerpissaient à toute vitesse. Heureusement, tout ça, c'est du passé ! Quand la garnison a pris ses quartiers à la batterie de l'Arbousier, on en a vu de moins en moins. Mais tout de même, il y a encore une douzaine d'années s'aventuraient par ici des pirates napolitains....

Dehors, les premières gouttes de pluie faisaient chanter le feuillage et la nature se parait de couleurs foncées. Ruisselant, le capitaine Brémond apparut sur le seuil.

— Monsieur le comte, je vous cherchais. Demain, nous pourrons appareiller pour le Lavandou.

— Vous êtes sûr ? La traversée ne risque-t-elle pas d'être quelque peu mouvementée ?

— Au contraire. Le vent de traversier fera avancer le *Titan* à une allure telle qu'il jouera avec les creux et les crêtes des vagues.

— Capitaine, je vous fais une confiance absolue. Le dit d'un vieux loup de mer comme vous est pour moi parole d'Évangile. Messieurs Touze, merci de votre accueil. Un jour, j'aimerais que vous me fassiez découvrir tous les secrets de votre île. Je veux dire de « notre » île.

Et le comte s'en retourna au trot vers son château, sous une pluie battante. En passant près d'une brigade de récolte de souches de bruyère, il leur lança un joyeux encouragement :

— Bon courage, les enfants, travaillez bien. Votre récompense est au bout.

Décors, la pioche en suspens, leva la tête, releva une mèche qui collait à son front et sourit au comte. Il trouvait que vraiment, cet homme-là, tout riche qu'il était, ne faisait pas son fier.

Le capitaine Brémond avait vu juste. Ce matin-là, le temps était idéal pour filer vers le Lavandou. Les voiles à baleston, fixées sur des mâts de petite taille, prenaient le vent à pleine bordée sans que la gîte en soit modifiée. Pourtalès, assis sur le pont, se laissait aller au mouvement du bateau, savourant l'impression de vitesse. Le directeur Fauveau se cramponnait, crispé, livide et claquant des dents : il s'était contenté de revêtir la tenue coloniale qu'il désirait faire porter à l'avenir par ses gardiens. Le temps s'était radouci, mais le ciel, encore couvert de gros nuages, restait chargé d'humidité.

Moins d'une heure et demie après, la plage, les dunes et les pins parasols du Lavandou défilèrent à bâbord. Plus à l'est apparurent, portes ouvertes sur le sable, les maisons de pêcheurs, adossées à la colline. Les barques, abandonnées sur la plage, attendaient une accalmie.

À l'arrivée du *Titan*, les pêcheurs accoururent, soulagèrent l'étrave et glissèrent des palas suiffés sous la quille. Puis ils accrochèrent un gros palan à la coque. D'un même élan, une trentaine de bras tirèrent sur la corde. Dès que le pointu fut calé sur ses quilles latérales, les *escoua*, passagers et équipage sautèrent à terre. Pourtalès et Fauveau montèrent dans le landaulet — de fabrication Biellon, bien sûr — qu'on avait envoyé chercher, tandis que le voiturier chargeait les bagages dans la malle. Au petit trot, la voiture parcourut les terres de Saint-Pons, se remit au pas pour grimper le chemin du château de Bénat. Retrouvant son élément, Fauveau bavardait avec le comte, qui lui décrivait les lieux traversés. Le landaulet longea la forteresse de Brégançon, et les camelles des salins, avant de s'arrêter enfin, à l'heure du midi, devant le relais de Saint-Nicolas à Mauvanne.

— Il est grand temps, lança le comte, encore un peu j'allais mourir de faim. Pas vous, monsieur le directeur ?

— C'est que... j'ai encore un peu l'estomac retourné par cette traversée agitée.

— Vous vous amarinerez, mon cher Fauveau, vous vous amarinerez !

M. de Pourtalès avait la réputation d'aimer la bonne

chère, comme le confirmait son solide embonpoint. Fauveau, tout au contraire, était long, maigre et sec. L'aubergiste accueillit ses hôtes sur le pas de la porte, avec mille et une truculentes protestations de bienvenue : le comte fréquentait l'endroit depuis des années, bien avant même d'entrer en possession du Levant. Quand ils pénétrèrent dans l'auberge, le fumet exhalant de la cuisine fit saliver Pourtalès. Fauveau, lui, blêmit sous l'effet d'un haut-le-cœur.

La commande ne fut pas longue à passer. On connaissait les habitudes du généreux arrivant : pâté de grives, brouillade de truffe d'Aups, suivie d'une des spécialités de la maison, le *jambinoti*, ce succulent civet de lapin, d'écureuils, de grives et d'oisillons. La daube de sanglier ou l'aïoli serait pour une autre fois. Viendraient ensuite les desserts. Mais le comte, comme toujours, se contenterait pour finir d'une simple pomme. Durant tout le repas, il taquina Fauveau qui n'avait consommé qu'une tisane de farigoulette :

— Goûtez de ce plat, mon cher, goûtez au moins. C'est un délice ! Et ça vous remettra les esprits en place !

En vain. Remonté dans la voiture, le comte s'endormit d'un coup. Il ronflottait légèrement, constata non sans amusement le nouveau directeur de Sainte-Anne. Dehors, la campagne entourant Hyères était un immense potager, avec sa succession de jardins ceinturés de murs pour empêcher les lapins de pénétrer. Hors les murs de l'ancienne cité, la plaine s'étendait jusqu'aux faubourgs de Toulon. Derrière de solides remparts, le port de guerre protégeait ses rues bruyantes et encombrées. Parfois, la fumée des cheminées et des savonneries envahissait la ville d'odeurs âcres et nauséabondes que seul le mistral parvenait à dissiper. Le vacarme des seaux vidés dans la tinette, des sabots des chevaux, des bandages métalliques des carrioles et des cris des marchands animait les rues. Le comte se réveilla quand le landaulet s'arrêta devant l'hôtel de Victoria. Il étouffa un bâillement et murmura avec une drôle de voix enfantine :

— On est déjà arrivé ?

La fabrique de Saint-Roch du carrossier Biellon était une véritable ruche. Une bonne dizaine de charrons s'activaient, certains à ployer les jantes, d'autres à fabriquer les rayons, un forgeron façonnait les cerclages de roues qu'un apprenti rougissait au soufflet de la forge. Peintres et celliers peaufinaient les véhicules afin qu'ils resplendissent dans les stations en vogue de la région. Alexis Biellon s'excusa d'accueillir ses visiteurs en blouse grise et en casquette. Il leur annonça que, selon les consignes transmises, l'avoué les attendait déjà dans son bureau. Ils le suivirent dans le magasin attenant à l'atelier. Sur les murs, des planches finement dessinées présentaient ses derniers modèles. Des coupons de tissus et des peaux pour la sellerie étaient soigneusement empilés sur des étagères. Leurs échantillons, punaisés à côté sur un présentoir, permettaient à la clientèle de choisir plus facilement. Au fond du magasin, dans l'angle de droite, le bureau, de dimension modeste, local en boiseric aménagé aussi coquettement que la cabine d'un vaisseau amiral. Un homme tout de noir vêtu et serrant un portefeuille en cuir lustré les attendait, debout : l'avoué. Présentations faites, les quatre hommes s'installèrent dans des fauteuils cannés à accoudoirs.

Alexis Biellon ne cachait pas ses modestes origines. Au contraire même, il les exhibait avec une certaine ostentation. Ainsi cette blouse grise, cette casquette... Sous ces allures d'humble artisan, modeste et bon enfant, se cachait un homme entreprenant, au redoutable instinct commercial. Son coup de génie avait été de prévoir les bouleversements que la mode anglaise allait provoquer sur la côte méditerranéenne. Ce fils de simple charron s'attaqua donc à la clientèle de luxe qui se déversait l'hiver dans la région. Prudent, il n'en avait pas moins gardé ses anciens chalands, charretiers, fermiers, vignerons, les officiers de la flotte et de l'arsenal. Les carrosseries Biellon & Fils étaient devenues en deux décennies une des affaires les plus solides du Toulonnais.

Fauveau, qui s'était préparé, avec son comptable Massé, à négocier point par point la répartition des prérogatives de chacun, en fut pour ses frais. Pas la moindre faille. Le carrossier traiterait désormais toutes les affaires financières avec les banques, réglerait les factures des fournisseurs et percevrait les paiements de l'administration pénitentiaire. Il élaborerait les grandes lignes du budget annuel de Sainte-Anne que Fauveau pourrait amender, si les circonstances l'exigeaient. En cas de divergences graves entre les deux hommes, et en dernier recours, le comte de Pourtalès arbitrerait. Le directeur, quant à lui, serait entièrement responsable de la colonie de Sainte-Anne, affecterait tous les personnels à leur poste, et pourrait les révoquer à tout instant sans en demander l'autorisation à quiconque. En revanche, le recrutement proprement dit serait soumis à l'acceptation de l'administration. Par ailleurs, puisque le carrossier connaissait tout le monde dans la région, Fauveau serait tenu de le consulter sur le personnel local qu'il désirerait embaucher. Mais il serait seul à gérer le pécule des colons, il paierait les personnels et assurerait la comptabilité de l'établissement. Enfin, en ce qui concerne les commandes, elles devraient passer par le fondé de pouvoir. Fondé de pouvoir qui, en raison de sa situation géographique, assurerait le transit des détenus de la prison Saint-Roch au port, où ils seraient pris en charge par le capitaine Brémond, accompagné d'un gardien. Bref, le territoire de Fauveau serait délimité par les côtes du Levant. Il aurait espéré plus, mais la logique parlait contre lui. Aussi, il ne contesta aucun des points du document que Biellon avait su parfaitement préparer, avec l'aide de l'avoué. À la fin de la réunion, Pourtalès invita son fondé de pouvoir et son directeur dans un restaurant de la ville où il avait ses habitudes. L'après-midi, il fit agréer ses mandataires auprès des autorités préfectorales, judiciaires et maritimes ; le soir, il s'excusa de les abandonner : l'amiral commandant la flotte l'avait invité à visiter l'escadre. Biellon rentra en famille et Fauveau, qui découvrait le luxe, savoura la confortable et très anglaise hospitalité de l'hôtel Victoria. Le lendemain, il fit ses adieux au comte qui devait se rendre à Londres assister à l'un des nombreux conseils d'administration dont il était membre. Le directeur, lui, resta deux jours supplémentaires à Toulon, afin de rencontrer, avec Biellon, les différents fournisseurs.

Fauveau avait hâte de retrouver « son » île. Les bornes de son domaine étaient maintenant parfaitement définies. Le comte lui avait donné carte blanche pour proposer à l'administration un nouveau règlement. Régulièrement, jusque tard dans la nuit, avec l'aide de son comptable Massé, il rédigeait article après article de ce qu'il croyait devenir un jour son grand-œuvre. Quand tout fut parfaitement au point, il expédia le document, une centaine de pages, à la direction générale des prisons. À la mi-décembre, il reçut la réponse. Une bonne partie des articles était refusée, en particulier tous ceux qui concernaient les rapports entre le chef d'établissement et les habitants de l'île non employés par la colonie. Fauveau pesta contre ces gens de Paris qui ne comprenaient rien à la situation géographique très particulière dans laquelle se trouvait le pénitencier de Sainte-Anne.

— Ne vous inquiétez pas pour cela, monsieur le directeur, lui dit Massé. Ils vous refusent un droit de regard officiel sur les insulaires. Soit ! Cela se fera sans eux, à l'usage. Vous êtes, de fait, le personnage le plus important du Levant. Et tous, ici, fermiers, pêcheurs, bouscatiers, gardiens de phare, du sémaphore et leurs familles vous reconnaissent déjà comme le vrai patron.

La Pénitentiaire refusait que l'on verse leur pécule chaque mois aux détenus. On ne leur remettrait la totalité de la somme qu'à leur libération. Fauveau avait en effet émis cette proposition, reprise des demandes faites par les émeutiers lors du procès. Cet argent aurait permis aux détenus d'améliorer l'ordinaire en achetant des aliments. Mais l'administration arguait que si ce procédé avait cours, il rappellerait singulièrement les cantines des maisons centrales. Il fallait éviter à tout prix la comparaison entre ces deux catégories de détenus que la loi avait voulu distinguer le plus nettement possible.

Massé fit la grimace, mais c'était là son rôle d'économe, quand Fauveau lui lut les améliorations demandées dans le régime alimentaire. Pour cent enfants, le poids des légumes frais devrait être porté de huit à douze kilos par semaine, celui de la graisse à incorporer dans les soupes de 1,75 kilo à 2,3. Autres obligations : deux régimes « gras » également par semaine, distribution aux jeunes agriculteurs d'une boisson fortifiante pendant tout l'été, mise en réserve suffisante d'habits de rechange.

Fauveau concéda volontiers que ces modifications étaient parfaitement justifiées. Après tout, songeait-il, ce serait à Biellon de se débrouiller avec ça. Ce qui l'agaçait le plus, dans ces corrections, c'était l'atténuation des dispositions les plus rigoureuses du régime disciplinaire. Ainsi, avant d'enfermer un enfant en cellule ou au cachot, il fallait faire une demande écrite aux autorités judiciaires de Toulon.

— Absurde, clama-t-il. Le temps que la demande arrive entre les mains du sous-préfet et que son autorisation revienne, il pourrait se passer plus d'une semaine. Et la vertu exemplaire du châtiment en sera considérablement amoindrie. Se rendent-ils compte, là-haut, que nous vivons à l'écart de tout ?

— Bah ! dit Massé d'un ton apaisant. Ces amendements à votre règlement ont été rédigés pour le principe. Entre combien de bureaux, combien de ministères ce document a-t-il circulé ? Vous connaissez les gens de l'administration bien mieux que moi. Chacun veut mettre la main à la pâte, y aller de sa petite modification, pour montrer à son chef le travail qu'il fournit. Il me semble, en lisant entre les lignes, qu'on vous laisse les coudées franches. Pour leur plaire, mettez-y les formes, mais faites comme vous l'entendez. Dans quelque temps, ils auront tous oublié la colonie de Sainte-Anne. Jusqu'au moment où les résultats que vous aurez obtenus vous rappelleront à leur bon souvenir. Car seuls les résultats comptent. Il suffit, vous dis-je, de respecter les formes. Et de leur montrer que vous êtes le plus humble et le plus dévoué de leurs serviteurs.

Le cynisme léger, pétillant de Massé continuait de fasciner Fauveau. Cet homme, songeait-il, savait dire tout haut ce que les autres pensaient tout bas. L'économe avait raison : il fallait lire entre les lignes. Dès le lendemain, Fauveau fit appliquer le plus strictement possible les consignes alimentaires demandées par Paris. Que le marchand de carrioles se débrouille avec ça, jubilait-il.

De fait, la nourriture des enfants s'améliora à tel point que, pendant un an, il n'y eut plus aucun décès à déplorer. Le dernier en date, Auguste Roustan, dix ans, était mort peu de temps après l'arrivée de Fauveau, à mettre donc sur le sinistre compte de l'époque Pérignon et de son médecin allemand que le nouveau directeur s'était hâté de congédier pour le remplacer par un autre qui serait, cela allait de soi, bien plus talentueux. Durant toute cette période, il n'y eut guère de patients à l'infirmerie. Quelques blessures au travail, quelques teigneux, rien de plus.

Mieux nourris, les détenus avaient, en plus, gagné une nouvelle journée de repos. En effet, l'instituteur était enfin arrivé. Une fois par semaine, selon un roulement par âge, les enfants se rendaient dans la classe installée provisoirement dans l'aile sud-est du bâtiment principal. Le maître obtint assez facilement qu'on regroupât plutôt les enfants selon leur degré de connaissances. Il y avait là en effet des jeunes gens de dix-huit ans qui ne savaient ni A ni B, tandis que des petits d'à peine une dizaine d'années avaient déjà appris à lire et écrire.

Mais si les conditions d'hygiène, d'alimentation et de travail s'étaient, en l'espace de deux mois, considérablement améliorées, en même temps, une discipline de fer s'était abattue sur Sainte-Anne. Discipline d'autant plus rigoureuse qu'elle était tatillonne, méticuleuse, bureaucratique. Désormais, les consignés et les punis étaient mis à l'index de cette petite société. Ils devaient porter, le temps de leur peine, des sabots dont la description était rigoureusement détaillée ; en classe, ou au réfectoire, ils étaient regroupés à l'écart et logeaient en cellule dans un quartier séparé. Tout méfait avait son strict tarif : voler des cerises, marauder du raisin, se déplacer la nuit dans le dortoir — même pour le plus naturel des besoins —, fredonner à l'école, jeter des pierres à un camarade, se cacher dans la broussaille : pain sec durant une journée pour ceci, de cinq à vingt coups de férule pour cela — corvée d'une demi-journée, amende prélevée sur le pécule, privation de récréation, tant ou tant de jours de cellule selon la gravité codifiée de la faute. Certains Vulnérables n'y coupèrent pas : Denis écopa de trois jours de corvée pour avoir manqué l'inspection des lits. Qu'il fût retenu par le cordonnier pour un travail urgent ne fut en rien une circonstance atténuante. Décors se vit retirer trois francs cinquante sur son pécule pour avoir fait un accroc à son pantalon de travail. Peu importait le plaidoyer de son chef de chantier. Le règlement, c'était le règlement. Quant à Geuneau, il reçut quinze coups de fouet pour avoir déchiré un coin de son livre de messe afin de rouler une cigarette. Une cigarette ? Mais qui donc lui avait offert le tabac ?

— Ça, j'peux pas le dire, répliqua Vain Dieu avec l'air le plus benêt qu'il put, une fois qu'il eut reçu son châtiment. Ça ferait des salades.

— Alors comme ça, voilà donc le fameux Gruner, dont on m'a tant rebattu les oreilles. J'aurais bien aimé qu'on me dispense de ton retour au Levant, mon garçon.

— Et moi donc, monsieur le directeur !

Fauveau dévisagea, étonné, le jeune homme qui se tenait bien droit devant lui, les bras tendus le long du corps, de l'autre côté du bureau, râblé, court sur pattes, mais solide. Pas la moindre trace d'insolence dans la réplique. Une simple constatation. Dans le juvénile visage blêmi et bouffi par le séjour en prison, mais aux joues bleutées d'un début de barbe, le regard était net, franc, presque joyeux.

— Je te dispense de tes commentaires, Gruner. Ton dossier est déplorable. Évasion, insubordination, fomentation d'une révolte et j'en passe. Je vois même le mot « anarchiste ».

— Je ne sais pas ce que ce mot veut dire, monsieur le dirccteur.

— Mouais ! En tout cas, Gruner, je t'informe que les choses ont bien changé à Sainte-Anne. On y marche droit désormais. Un trublion de ton espèce n'y a plus sa place. Au moindre faux pas, je te colle au cachot. Et tu y retourneras autant de fois qu'il sera nécessaire. Comprends-tu ce que cela veut dire ?

Gruner croisa les bras sur sa poitrine. Il inspira longuement, puis, comme s'il parlait à un égal, d'homme à homme, il répondit posément :

— Monsieur le directeur, je vous dirai les choses comme je les pense. Il ne me reste que six mois à passer au Levant. Six mois, c'est une campagne dans les mers du Sud. Guère plus. Je saurai patienter jusqu'à ma libération. Je ne vous causerai donc plus aucun tracas. À quoi bon d'ailleurs ? Je serais le dernier des imbéciles si je me faisais remarquer d'ici ma libération.

L'économe Massé qui, jusqu'à présent, semblait plongé dans ses livres, leva la tête et dit :

— Ce garçon ne me semble pas, comme il dit, le dernier des imbéciles, tant s'en faut. Il a fort bien compris sa situation.

— À ma place, monsieur Massé, répondit le directeur, que feriez-vous de cet individu, jusqu'au jour où il nous débarrassera le plancher ?

— Sans vous commander, placez-le donc chez le tailleur. Un matelot, ça doit savoir coudre, je pense.

Quelques instants après, Gruner, tout guilleret, l'ordre du directeur en main, se dirigeait vers l'atelier de couture en chantonnant : « Et merde pour le roi d'Angleterre qui nous a déclaré la guerre. »

Il entra dans la cour de la ferme. Devant la forge, Devillaz et Roncelin bavardaient paisiblement. Le premier était venu apporter à l'apprenti maréchal-ferrant la pièce métallique d'un des tours à faire réparer. Denis sortit de la cordonnerie mains dans les poches, et partit à leur rencontre. Devant l'écurie, Geuneau étrillait sa chère Cigale, tout en interpellant de temps en temps ses amis.

Eh bien, songea Gruner, on n'a pas trop l'air de s'en faire de ce côté-ci. Ça me changera du défrichage.

— Eh ! lança Devillaz, regardez donc qui nous revient ! Holà, matelot, on ne t'a donc pas pendu au mât d'un navire ?

— Et toi, toujours dans tes bouffardes ?

Après avoir échangé une poignée de main, Devillaz présenta à Gruner ses amis Denis, Roncelin et Geuneau. Quand Gruner lui apprit qu'il avait été nommé tailleur, il le félicita car la vie dans les ateliers de la ferme était bien plus agréable que dans le reste de la colonie. Pas de gardien pendu à vos basques. Quant aux maîtres-artisans, ils vous laissent plutôt la bride sur le cou à condition que le travail soit fait et bien fait.

Gruner passa donc ses six derniers mois au Levant ciseaux ou aiguille en main sans qu'on pût lui faire le moindre reproche. Toutefois, à la récréation du soir, il ne se privait pas de donner des conseils de navigation aux candidats à l'évasion. C'était sa manière à lui de montrer aux détenus sa solidarité. En mûrissant, il avait appris la compassion.

Devillaz et lui étaient devenus inséparables. Le Savoyard retrouvait dans le matelot parisien l'amitié qui l'avait lié jadis à Beaumais. Toutefois, il ne lui parla jamais des Vulnérables. Non pour préserver le secret de la confrérie, mais par crainte du ridicule. Peut-être que son ami marin, de plus en plus barbu, se serait moqué de ces enfantillages. Des enfantillages, les Vulnérables ? Devillaz commençait à le croire : il avait dix-sept ans alors que Roncelin, n'en avait que quatorze. Un fossé désormais les séparait. Certes, ce brave Vain Dieu en avait seize et demi, mais sortirait-il un jour de l'enfance ?

L'hiver et le début du printemps 1863 se passèrent sans incident notable. Le pointilleux règlement mis en place par le nouveau directeur semblait porter ses fruits. La tenue vestimentaire des détenus était aussi impeccable que les travaux le permettaient, l'hygiène régnait et la nourriture était devenue, sinon de bonne qualité, du moins suffisante pour préserver la force de travail des colons. De plus en plus de terres étaient défrichées et cultivées. On pouvait espérer que les récoltes et la vendange des jeunes vignes seraient bientôt suffisamment abondantes pour faire vivre la colonie de ses propres ressources. La dureté des châtiments, disproportionnée par rapport aux fautes commises avait au moins un mérite : le puni savait clairement ce qui l'attendait, au moindre écart.

Pour stabiliser au mieux son organisation disciplinaire, le directeur avait instauré une hiérarchie parmi les détenus : les plus méritants d'entre eux avaient droit à des « grades ». On décorait même des groupes de travail, en bloc, sous le nom de « brigade d'honneur ». Certains pouvaient accéder au rang de « guides ». Ces guides assistaient les gardiens. Cependant, ils n'avaient rien à voir avec les « espies » du règne de Pérignon. On ne faisait pas pression sur eux. Ils n'étaient pas obligés de dénoncer en cachette leurs camarades. Simplement, ils devaient s'imposer à eux comme leurs supérieurs. La dignité de guide n'était pas liée au nombre de grades donnés pour bonne conduite. Au contraire même, Fauveau trouva plus habile de recruter parmi eux ceux qui avaient récolté le plus de punitions. Il estimait en effet que les plus mauvais sujets faisaient les meilleurs auxiliaires.

— Qui mieux qu'un loup connaît le métier de berger ? philosophait-il à table, le soir, devant son épouse, ses enfants et l'économe Massé qui faisait presque partie de la famille.

C'est ainsi que, par exemple, le « guide » Hernebrood devint l'aide du surveillant de nuit dans le dortoir des petits...

Malgré cette rigoureuse loi qui aurait dû figer Sainte-Anne dans l'éternité, la colonie se métamorphosait par force en un monde mouvant, insaisissable. Déjà, les premiers détenus s'en allaient, une fois leur peine purgée, à seize, dix-huit ou vingt ans révolus. Ces pertes étaient largement compensées par de nouveaux venus qui débarquaient, semaine après semaine, en petits groupes allant de trois à six unités. Bon an, mal an, on allait atteindre les deux cents détenus au printemps 1863. Le directeur s'en arrangeait fort bien : ainsi, pensait-il, aucune bande, aucun clan durable ne pouvait se constituer solidement. Ces fluctuations profitaient surtout à l'économe Massé. Elles lui permettaient de jongler avec les factures, en travaillant sur une double comptabilité : les effectifs augmentaient, mais l'approvisionnement des cuisines restait le même.

Ce perpétuel renouvellement interdisait qu'il y eût une véritable cohésion au sein de la colonie. Quoi de commun, en effet, entre un jeune homme arborant déjà une fière moustache, un adolescent encombré d'un corps en croissance ou d'une acné ravageuse, et un petit enfant jeté aux rives de l'île après avoir été ramassé, égaré, au bord d'un chemin ? Les premiers, pour la plupart se tenaient à l'écart de ce monde qui n'était plus le leur, les seconds, avec la cruauté de leur âge, usaient des troisièmes comme de souffre-douleur avant que ceux-ci ne s'en vengent sur de nouveaux arrivants, plus faibles qu'eux. Toutefois, la loi d'airain imposée par « Sa Majesté Pète-Sec », comme d'aucuns commençaient à appeler Fauveau, avait également le mérite d'empêcher qu'une autre loi ne s'instaure parmi les détenus, celle de la jungle.

Sans qu'il le soupçonnât un seul instant, le directeur était aidé en cela par Devillaz et ses Vulnérables d'un côté, et Gruner de l'autre qui, alors que sa libération approchait, s'attachait de plus en plus à cet endroit, et s'était donné pour tâche, avant son départ, de défendre les plus faibles d'entre ses habitants.

L'économe Massé avait appris à être prudent. Il ne commettrait plus les erreurs de sa jeunesse quand, au temps où il était sergent-major en Algérie, il avait puisé dans la caisse du régiment pour assouvir ses deux passions : les femmes et la boisson. Il avait accumulé les maladresses. Mais le trou était devenu trop voyant, et au lieu de chercher des solutions, pris de panique, il avait déserté. Durant ses longues années de prison, il avait médité sur ses atouts. La nature l'avait doté d'un physique agréable, mais sans plus. Tous les matins, dans sa cellule, devant son miroir, il s'entraînait à de suaves sourires laissant voir son étincelante dentition. Le regard de velours noir prenait alors, sous le sourcil charbonneux, des langueurs pathétiques. Quelle femme y aurait résisté ?

— Si je voulais, songeait-il, la mère Fauveau me sauterait dessus avant que j'aie pu faire « ouf ! ».

Séduire Fauveau lui avait été facile. L'ascétique et rigide directeur était ébloui par la vivacité d'esprit de son protégé. À tout problème, Massé avait sa solution. Il avait su se rendre indispensable. Durant son séjour à Clairvaux, l'ex-sergent-major avait dévoré toute la bibliothèque de Fauveau, se donnant ainsi un vernis d'érudition allant de Rocambole jusqu'au plus austère des livres de droit. Pourtant, malgré tous ses efforts, il n'avait jamais pu se débarrasser de son grasseyant accent des « fortifs ». Dans ses songeries, il rêvait d'être ce que les journaux à cinq sous appelaient un « aventurier de haute volée »... Il se voyait, tel un aigle planant au-dessus de salons aux lambris dorés sous lesquels pétillait le champagne et palpitaient les corsages de marquises rieuses. Un aigle « de haut vol » qui méritait d'autres proies que ce pauvre Fauveau. Pourtalès, par exemple, lui aurait mieux convenu. Mais Massé ignorait que pour monter aussi haut, il lui aurait fallu se délester du poids de sa vulgarité.

Dès son arrivée au Levant, il avait épluché les livres de comptes de son prédécesseur. Puis il avait relevé avec soin la façon dont circulait l'argent au sein de la colonie et avec le continent. En grattant par-ci, en prélevant par-là, il ne ferait sans doute pas fortune, mais en l'espace de deux ou trois ans, il pourrait se constituer un assez joli pactole qui lui permettrait un jour d'envoyer à tous les diables Fauveau et consorts avant de s'abattre, tel un rapace sur sa proie, dans les salons huppés des stations d'Hyères ou de Cannes. Le 13 mars 1863, six mois jour pour jour après son arrivée au Levant, il décida que le moment était venu : la colonie fonctionnait à merveille, le regard de la Pénitentiaire s'était détourné sur d'autres sujets de préoccupation, tel le projet de bagne en Nouvelle-Calédonie. Massé pouvait commencer à « gratter un peu », comme il disait. Et prendre du bon temps, tant qu'il y était. Le jour de cette grande décision, Fauveau ne fit aucune difficulté pour accorder une permission à l'économe réclusionnaire. Arrivé à Toulon, Massé ne fut pas long à dénicher l'adresse du meilleur bordel de la ville.

Laborde était satisfait de la production dont s'occupait *Mestré* Salvat. Les pipes de bruyère, plus solides, plus agréables que les classiques pipes en terre, avaient beaucoup de succès. Les Anglais surtout en raffolaient. Et les souches récoltées au Levant étaient particulièrement belles. La colonie était d'ailleurs devenue le principal fournisseur d'Ulysse Courrieu, à Cogolin, qui, désormais, exportait en masse ses pipes vers les sujets de Sa Gracieuse Majesté. Belle revanche du Levant sur les compatriotes de feu l'amiral Nelson ! Courrieu avait cédé au pénitencier quatre de ses meilleurs ouvriers pour apprendre aux détenus à ébarber les racines, débiter les ébauchons et lustrer les pipes sur les tourets à polir. Tous les deux ou trois mois, Laborde partait sur le continent avec une livraison qu'il allait fournir à la fameuse fabrique des bords de la Giscle, à quelques kilomètres en amont du golfe de Saint-Tropez. L'affaire était bonne, le pénitencier du Levant y voyait son bénéfice, et *Moussu* Ulysse aussi.

Laborde, de son côté, qui n'avait pas d'enfants, s'était singulièrement attaché à l'un de ses apprentis, Jean Devillaz qui lui rappelait sa propre jeunesse. Il le trouvait aussi sérieux qu'appliqué. Et, quelque part dans sa tête, rêvait d'en faire son héritier. Un jour il lui dit :

— Jeannot, ça te dirait d'apprendre le métier de bout en bout ? Ainsi, quand tu seras libéré, tu pourras te présenter chez M. Ulysse qui t'embauchera à coup sûr. Comme il est fort question que les meilleurs éléments parmi les colons soient placés, avant la fin de leur peine, en liberté sous condition, chez des fermiers ou dans d'autres maisons, payés au salaire d'un employé normal, je crois que tu as toutes les chances de quitter le Levant plus rapidement que tu ne le crois. Crois bien que je t'appuierai. Si toutefois ce nouveau règlement voit le jour...

Depuis bientôt treize ans que la loi du 13 août 1850 sur les colonies agricoles pour enfants avait été promulguée, la direction générale des Prisons, à Paris, sentait bien qu'il fallait lui donner un petit coup de neuf. Elle donnait lieu en effet à de nombreuses interprétations que les directeurs et les propriétaires des colonies utilisaient au mieux de leurs intérêts. Son aspect humaniste était souvent vidé de sa substance : donner aux détenus une éducation et un métier qui leur permettraient, à leur libération, de trouver leur place dans la société. On parlait donc de plus en plus, en haut lieu, de placer des enfants hors des colonies, en liberté conditionnelle, comme laboureurs, domestiques, bergers, apprentis. Mais il fallait agir avec prudence. Les futurs employeurs des colons devraient être d'une moralité exemplaire, et qui sait s'ils accepteraient de loger chez eux des garçons dont le passé était plus ou moins trouble. De leur côté, les responsables des colonies n'auraient-ils pas tendance à se débarrasser ainsi de leurs plus mauvais sujets ? La direction générale des Prisons consulta donc comices et sociétés agricoles qui, à leur tour, interrogèrent leurs mandants. L'amendement sur le placement des jeunes colons dans la société libre ne verrait le jour qu'en 1865. Il ne serait guère appliqué par les directeurs des colonies qui n'avaient aucune envie de se priver de leurs meilleurs éléments, et surtout des soixante-quinze centimes que ceux-ci rapportaient par jour. Quant au placement des libérés définitifs, auxquels ils étaient tenus également, les responsables optaient la plupart du temps pour la solution de facilité : le recrutement dans l'armée.

Pour compléter ses connaissances, Devillaz partit quelques jours à la brigade de récolte des souches où il apprit l'arrachage, l'ébarbage et la sélection des bruyères, sous les conseils de Décors, tout fier de servir de professeur à celui qu'il considérait comme un grand frère, presqu'un père. Puis, le Savoyard sut empiler soigneusement les souches dans la charrette et les couvrir de terre humide, avant que Geuneau ne les emporte à la fabrique.

— Jeannot, lui dit enfin Laborde, j'ai une bonne nouvelle pour toi. Pour parfaire ton apprentissage, je t'emmène à Cogolin livrer notre chargement à la fabrique Courrieu. J'ai obtenu pour toi, non sans mal d'ailleurs, de M. Fauveau une autorisation de sortie. Mais... pas de bêtises, mon garçon ! Si tu en profites pour prendre la poudre d'escampette, c'est moi qui trinquerai.

— Maître, je ne ferai jamais rien qui risque de vous donner du tracas. Je le jure, sur la mémoire de mes parents.

Quelques jours plus tard, très tôt le matin, à l'embarcadère, Geuneau et Devillaz chargeaient dans le *Titan* les pipes soigneusement emballées et les sacs d'ébauchons.

Quand ils furent entre l'île et le continent, Devillaz se retourna. Le Levant s'éloignait vers le large. Que cet univers où il avait passé plus de deux ans lui semblait minuscule ! Et comme l'air salé sur ses lèvres avait le goût de la liberté ! Puis il s'appliqua, en imitant les gestes de Laborde, à arroser régulièrement les ébauchons afin qu'ils n'éclatent pas sous la chaleur.

Le *Titan* taillait vaillamment sa route vers Camarat. La mer clapotait doucement en cette matinée de printemps. Une brise venant de Corse mit au repos ceux qui manœuvraient les écoutes tellement le vent de sud-est était propice à la route suivie. Aussi, une fois que la navigation eut pris son rythme de croisière, l'équipage et les passagers semblèrent s'éveiller enfin. Les langues se délièrent. Laborde, Brémond et les deux matelots se donnaient des nouvelles du pays, des gens qu'ils connaissaient. Sans qu'il sût très bien comment, Devillaz fut mêlé à la conversation. Il se déroba quand les questions sur le sort des forçats se firent plus précises, car il ne voulait en rien nuire à M. Laborde. Mais il parla volontiers de Gruner que tous connaissaient et dont la libération était proche. Avec finesse, il suggéra qu'un marin tel que son copain devrait pouvoir trouver un recrutement sur un bateau dans la région. Le capitaine Brémond trouva l'idée fort bonne et affirma qu'il allait en parler autour de lui. Au bout de trois heures de navigation, le batelier commanda à l'un de ses matelots de préparer le casse-croûte, jambon et fromage de chèvre du Jas Vieux et de solides tranches de pain, le tout arrosé d'une large rasade de piquette. Devillaz en eut plus que sa part et tous applaudirent à son féroce appétit. Vers midi, le deuxième repas fut de la même veine.

Un immense bien-être avait envahi le jeune détenu. Après ses timidités du matin, il ne s'étonnait plus que ces hommes, tous bien plus âgés que lui, le considèrent comme un égal. Pour la première fois de sa vie, il se sentait adulte parmi les adultes. Et libre.

Au large de Camarat, le *Titan* changea de cap. Le continent se rapprochait. Après un nouveau virement de bord, le gros pointu pénétra dans le golfe de Saint-Tropez. La citadelle se détachait, imposante et protectrice sous le soleil de ce début d'après-midi. Le bateau longea la digue consolidée par de gros blocs brise-lames. Au bout de l'épi, Brémond tira un nouveau bord, puis accosta avec habileté.

Le quai bourdonnait comme une ruche. Des groupes de marins et de pêcheurs discutaient à voix forte, s'interpellaient en gesticulant ; des porteurs déchargeaient une tartane de sable, d'autres embarquaient des barriques de vin ou empilaient des stères de bois dans les cales. Après avoir accompagné M. Laborde jusqu'au *Café du port* où le muletier les attendait, Devillaz aida à transborder la cargaison dans la charrette de la fabrique Courrieu. Puis il s'installa entre les sacs tandis que son patron montait à côté du conducteur. Le véhicule s'ébranla, longea les quais ceinturant le plan d'eau autour duquel s'aggloméraient les maisons du village. De temps en temps, Laborde se retournait pour lui raconter la glorieuse histoire des milices de Saint-Tropez, bastion redouté, qui fut longtemps le plus brave défenseur de la région, secourant ses voisins méditerranéens, repoussant fustes espagnoles, incursions barbaresques, corsaires, pirates et attaques anglaises avec la dernière énergie... Devillaz n'écoutait qu'à peine, étourdi, émerveillé par l'activité régnant dans la cité corsaire, loin de la mélancolie quotidienne de la vie pénitentiaire. Au pied de la tour Saint-Elme, des charpentiers de marine sciaient, traçaient, façonnaient quilles et membrures des futurs navires. Tout le long de la grand-rue, la charrette cahotait sur les pavés, roues grinçantes, essieu claquant. Les boutiques, les échoppes, les magasins résonnaient du bruit des métiers, des cris, des rires et parfois des chansons. Ils débouchèrent sur la place des Lices, oasis de calme ou des pêcheurs ramendaient, tandis qu'un matelot déchargeait de son charreton des filets dégoulinant de teinture rouge qu'il étalait sur le sol pour les faire sécher.

Ils sortirent enfin de la ville. D'un coup, le calme de la campagne les enveloppa. La charrette, moins secouée, allait maintenant doucement sur la route de terre battue. Le chant des oiseaux avait remplacé le vacarme de la cité. Plus loin, dans les marécages où se mourait le golfe, des échassiers picoraient la vase.

— Tu n'as jamais vu de flamants roses, hein Jeannot ? dit Laborde à son disciple.

— Que c'est beau, maître, que c'est beau, répliqua Devillaz, tout écarquillé.

— Et là, ce sont des vanneaux. Hop ! regarde l'aigrette qui s'envole. Quelle grâce !

Deux heures après leur débarquement, ils approchèrent enfin des confins de Cogolin. Derrière les platanes bordant le chemin se profilait, sous son panache, la cheminée de la fabrique Courrieu.

M. Ulysse attendait avec impatience le chargement

en provenance du Levant. L'Angleterre, en effet, lui avait passé commande de trois mille pipes, car son entreprise, fondée en 1802, venait d'être agréée fournisseur officiel de la reine Victoria. C'est donc avec la plus grande vigilance qu'il sélectionna, une à une, les pipes du Levant sur lesquelles il apposerait son poinçon : un coq et l'intitulé *Pipes Courrieu Cogolin*. Pendant qu'avec Laborde ils se retiraient dans le bureau directorial, Devillaz partit à la découverte de la fabrique. Il vit les grands chaudrons où les ébauchons cuisaient dix heures durant avant d'être entreposés un mois dans le séchoir. Il visita les ateliers, admirant l'art avec lequel les ouvriers sculptaient certains fourneaux de gueules d'animaux, de têtes de corsaires ou de Neptunes barbus que l'on colorait ou vernissait. La nuit tombait quand Courrieu et Laborde vinrent le tirer de sa contemplation.

— Votre élève, dit Courrieu à Laborde, me paraît un sacré gaillard. Taillé pour être bûcheron, plutôt que pipier. Enfin, c'est dit, qu'il vienne me voir quand... quand « ils » le laisseront partir de là-bas. En attendant, mon garçon, voilà un cadeau. Un cadeau utile, car ce n'est pas le tout de savoir fabriquer les pipes, il faut aussi apprendre à les fumer, à les aimer.

Et il lui tendit un brûle-gueule très simple, non ouvragé, ainsi qu'un paquet de tabac et une boîte d'allumettes. Le détenu se confondit en remerciements. De ce jour, au Levant, on ne verrait plus Devillaz que pipe au bec, sauf bien sûr quand le directeur passait dans les parages.

Puis Courrieu les emmena jusqu'à sa belle maison, où il avait invité Laborde à souper et à passer la nuit. M. Ulysse ouvrit la porte de l'office, fit entrer Devillaz et dit à la cuisinière :

— Lucile, vous vous occuperez de nourrir et de loger ce garçon.

Puis, avant de refermer la porte, il ajouta avec un air malicieux :

— Et soyez sages, hein ?

Devillaz se sentit rougir jusqu'aux oreilles. La cuisinière éclata de rire :

— Ne faites pas attention ! M. Ulysse est toujours à me plaisanter.

Paralysé, stupide, il tenta bien de bredouiller une réponse, mais rien à faire. Il devenait écarlate. Voyant l'effet qu'elle faisait sur ce grand jeune homme blond, la cuisinière tenta de le mettre à l'aise en lui tendant un tabouret, puis en lui offrant un verre de vin. Elle se fit un peu coquette, puis retournant à ses fourneaux d'où s'échappait un délicieux fumet de sanglier en daube, elle mena seule la conversation. À vingt-cinq ans, elle était veuve. Son époux, ouvrier chez Courrieu, était mort dans un accident peu de temps après leur mariage en lui laissant un enfant qui habitait avec sa grand-mère, à l'autre bout du village. Aussitôt après l'enterrement, Ulysse avait engagé la jeune veuve comme cuisinière. Elle parlait de cela avec une douce mélancolie, se retournant parfois vers Devillaz raide, crispé sur son tabouret, le verre plein oublié dans sa main. Puis elle s'en fut avec son plateau vers la salle à manger, dans un tourbillon de jupe et de tablier d'où émanait un parfum de savon frais.

Resté seul, Devillaz avala son verre cul sec, pour se donner du courage. Il pensa qu'il venait de rencontrer la plus belle femme du monde. Pour ce qu'il en avait vu, des femmes ! Et ce prénom, Lucile, comme il était doux à ses oreilles ! Elle revint, toujours aussi vive, lui enjoignit de se resservir à la bouteille et continua sa parlotte, tout en disposant la daube et les pommes de terre épluchées dans un grand plat d'argent.

— Si vous avez trop faim, vous pouvez vous servir, j'en ai laissé dans la marmite. Mais je préférerais que vous m'attendiez. Ce serait gentil... Au fait quel est votre nom ?

— Devillaz, m'dame.

— Non, non, appelez-moi Lucile, comme tout le monde. Et votre petit nom ?

— Jean, m'dame, euh pardon... Jean, Lucile !

— Jean-Lucile ? plaisanta-t-elle. Eh bien, Jean-Lucile, je vous donne l'ordre de patienter jusqu'à la fin de mon service pour que nous soupions en tête-à-tête !

Et elle repartit vers la salle à manger, laissant dans son sillage un rire qui chantait comme une cascatelle des montagnes.

Devillaz ne se souvint jamais très bien comment les choses se passèrent par la suite. Ils dévorèrent sans doute d'un grand appétit le reste du repas des maîtres, en buvant plus que de raison. Il lui raconta son enfance, le pénitencier, l'apitoya jusqu'à faire perler une larme au coin de l'œil vert clair de la cuisinière ; ils firent la vaisselle ensemble, et leurs doigts se frôlaient parfois quand elle lui tendait un verre à essuyer. Tout dormait dans la grande maison. Soudain, elle lui prit la main, lui dit simplement : « Viens. » Elle l'entraîna dans l'escalier étroit vers la soupente où le lit du jeune homme avait été préparé...

Le lendemain, dans le courant de l'après-midi, alors qu'il posait le pied sur le débarcadère de l'Avis, Devillaz murmura avec force, pour lui-même, comme il se l'était juré durant tout le voyage de retour :

— Lucile, ma femme.

Le bref séjour de Devillaz sur le continent fut ressenti par certains comme une injustice. Hernebrood surtout en conçut une profonde amertume. Depuis toujours, dans le secret de son cœur torturé, il aimait avec passion son ancien adversaire de la Roquette. Une passion que partout on disait le plus abject des vices. Passion exacerbée encore par les brutales rebuffades que le grand Savoyard lui faisait subir, l'écartant de sa bande, les Denis, les Geuneau, les Noël, les Roncelin, les Décors auxquels il aurait tant voulu s'agréger, partager leur complicité, leurs graves discussions ou leurs éclats de rire. Et Gruner qui se mettait avec eux, maintenant ! Hernebrood devint jaloux comme une épouse délaissée.

Depuis que le directeur Fauveau l'avait nommé guide, deux mois avant, il vivait une véritable torture à faire la ronde, de nuit, dans le dortoir des petits, pendant que le gardien ronflait dans sa cabine. Il brûlait du désir incontrôlable d'un blondinet gracieux de dix ans, natif de Cabrières-d'Aigues. De plus, le gamin faisait partie des protégés de Devillaz, Denis et consorts. Alors, une nuit pendant qu'il faisait sa ronde, surmontant sa peur des Vulnérables, il se glissa dans le lit de l'enfant endormi, lui mit la main sur la bouche pour l'empêcher de crier, le caressa, guida sa main pour que celui-ci l'imite dans ses attouchements, avant de le pénétrer de toute la vigueur de ses seize ans. Hernebrood le menaça des pires représailles s'il parlait à quiconque de ce qui venait de se passer. Alors qu'il étendait le linge à une centaine de mètres des bâtiments du pénitencier, Hernebrood sentait une affreuse angoisse l'oppresser. Il avait peur d'une indiscrétion de sa victime ! Et lorsqu'un gardien vint le chercher pour le conduire chez le directeur, il pensa immédiatement que le blondinet l'avait dénoncé.

— Comme tu t'es bien racheté, ces derniers temps, lui dit Fauveau, je t'ai choisi pour aider le garde maritime de Port-Cros à défricher un petit morceau de terre à Bagaud.

Soulagé, Hernebrood essuya la sueur qui avait perlé sur son front. Le petit n'avait rien dit de son crime. Mais, en descendant vers l'Avis pour embarquer sur le canot du garde maritime la panique le reprit : et si le blondinet allait profiter de son absence pour raconter le viol à Devillaz ? Il fallait fuir tout de suite. Arrivé à Bagaud, tout en bêchant le lopin qu'on lui avait désigné, il ressassait cette idée d'évasion tout en lorgnant du coin de l'œil le canot dans la crique du Puits. Après s'être restauré en silence, il reprit son travail. Le garde maritime, lui, faisait la sieste, c'était le moment.

Personne dans les parages. « Vent d'est », se dit Hernebrood qui avait bien retenu les leçons de Gruner : il sauta dans la barque, s'éloigna à l'aviron, mit la voile... Cette canaille de Gruner, tout de même, il en savait des choses ! L'embarcation fila vers la presqu'île de Giens. Quatre heures plus tard, évitant miraculeusement une roche à fleur d'eau, l'étrave de son bateau *s'amourra* enfin sur le sable de la plage de l'Accapte. Il sauta à l'eau et, dès qu'il fut sur la terre ferme, il se mit à courir comme un dératé entre les pins parasols de la dune. Soudain, il se sentit pris au collet. Deux gendarmes à cheval l'avaient repéré depuis longtemps.

Au Levant, l'aventure d'Hernebrood, ce paria méprisé et moqué de tous, se répandit comme une traînée de poudre. Depuis la mémorable escapade de Gruner, plus d'un an et demi auparavant, il n'y avait plus eu la moindre tentative. Le désir de fuir secoua le pénitencier comme une épidémie.

Les plus jalousés étaient ces anciens de la Roquette ou de Clairvaux que l'on croisait, sifflotant, sac au dos, joyeux, qui s'en allaient vers la liberté. Les entendre lancer de loin un : « Salut les gars bien le bonjour de ma part à ces putains de gardiens ! » faisait mal au cœur aux nouveaux à qui il restait tant de temps à moisir ici.

L'évasion ratée de Hernebrood n'arrangeait pas les affaires d'Huntzinger et Miellon : en effet ces deux-là cherchaient, depuis deux mois qu'ils étaient au Levant, le meilleur moyen de s'en aller. Ils avaient eu l'idée d'utiliser un de ces gros troncs d'arbre que les rivières en crue arrachaient aux berges et que la mer rejetait sur les rochers. Un matin, ils croisèrent deux pêcheurs, pieds nus, pantalons retroussés, qui ramassaient des écorces de liège. Intrigué, Huntzinger questionna :

— Que faites-vous avec ces débris ?

— Des flotteurs pour les filets !

— Des flotteurs, ça flotte ?

— Pardi sinon ça s'appellerait des couleurs !

Et les deux pêcheurs s'éloignèrent en riant. En regardant le muletier Geuneau ranger les baluchons de liège dans sa charrette, Huntzinger dit à l'oreille de Miellon :

— Je crois que j'ai trouvé. Je t'expliquerai.

Il fallait d'abord obtenir la complicité de Geuneau.

Les deux garçons savaient que le naïf Vain Dieu ne serait pas facile à embobiner. Cependant, il finit par leur céder. Il leur promit d'en détourner et d'en cacher le plus possible entre deux rochers du plateau des *Olivastré*. Bientôt leur réserve fut conséquente. Ils se décidèrent alors à parler de leur projet à Gruner. Celui-ci leur dit que leur plan était aussi absurde que dangereux. Jugeant l'ancien gabier trop timoré, ils s'entêtèrent.

Là-dessus, l'annonce de l'évasion d'Hernebrood précipita leur entreprise : des fouilles auraient certainement lieu et l'on risquait de trouver leur cache. Il leur fallait partir, le plus vite possible. Dès le lendemain, au saut du lit, Huntzinger et Miellon prirent leur paillasse sur le dos pour aller la vider aux écuries, comme il fallait le faire quand la paille était trop écrasée. Mais au lieu de revenir au dortoir, ils cachèrent les toiles vides sous leur blouse et se rendirent ainsi au travail, dans le futur vignoble. Dans le courant de l'après-midi, comme d'habitude, et malgré les consignes strictes du directeur, leur gardien entama sous un arbre sa sieste quotidienne. Les deux garçons s'enfuirent au pas de course. Un autre détenu, Michel, les suivit en cachette. Au bout de mille mètres, ils arrivèrent enfin à l'endroit où le liège était caché. Michel les rejoignit pendant qu'ils commençaient à bourrer d'écorce les deux paillasses vides.

— Qu'est-ce que tu fais là ? ragea Miellon, on n'a pas besoin de toi.

— Si vous ne me laissez pas m'évader avec vous je préviens les gardiens.

Il fallut s'incliner. Ils seraient donc trois. Bah, deux bras de plus, ce n'était pas négligeable !

Ils portèrent leur fardeau jusqu'à la batterie de l'Arbousier qui dressait ses merlons entre deux créneaux d'où émergeaient de grosses bouches à feu. Là-haut, les canons marqués au sceau de Napoléon Ier avec, à côté, des pyramides de boulets soigneusement rangés, veillaient sur la passe des Grottes, entre le Levant et

Port-Cros. Ils démontèrent l'une des lourdes portes en bois de la forteresse, en déposèrent les ferrures avec un outil de fortune trouvé sur place. Puis, du haut de leur perchoir, ils débattirent du meilleur point d'accostage sur l'île voisine de Port-Cros. Soudain, le tintement de la cloche leur apprit que leur évasion était découverte. Ils dégringolèrent jusqu'au rivage en tirant la lourde porte comme un traîneau, par la trouée, l'ancien chemin de halage des pièces d'artillerie. Ils ajustèrent tant bien que mal la porte aux deux paillasses gonflées de liège. Une fois leur embarcation constituée, dégoulinant de sueur, ils se précipitèrent sur la source si fraîche de l'Ayguade, qui se déversait sur la plageole. Les basses eaux découvraient une mousse ocre pâle que les arapèdes et les bigorneaux, les *bious*, accrochés aux rochers, paraient d'éclats argentés. Ils jetèrent leur radeau à la mer. Ça flottait ! Ils s'y allongèrent sur le ventre et partirent, pagayant avec leurs mains. L'eau était translucide. Un fond de sable et d'algues défilait sous eux. Une otarie, curieuse, s'approcha.

— Va-t'en, toi, va-t'en, hurla Huntzinger, effrayé par cette apparition.

Le chien de mer, guère rassuré non plus, s'éloigna en deux coups de queue. Maintenant, sous eux, la mer était d'un bleu profond. Les courants d'est s'engouffraient dans la passe et les poussaient vers la calanque Longue. Enfin, au bout d'une bonne heure, grelottants, ils s'échouèrent sur la toute petite plage de cette calanque de Port-Cros. Malgré leur fatigue, ils prirent le soin de dissimuler leur embarcation dans le maquis. Le sous-bois embaumait la résine, ils se jetèrent sur un tapis d'aiguilles de pins et s'endormirent comme une masse. La nuit du trio fut très agitée. Les cris des goélands les faisaient sursauter. Une cavalcade de rats qui leur courait dessus les terrorisa longtemps. Avec l'aube naissante, la faim, le gazouillis des oiseaux dans le sous-bois, le frôlement d'une couleuvre à la recherche d'œufs de goéland les réveillèrent. Ils rôdèrent alors dans cette île inconnue où résonnait quelque part dans les bois, menaçante, la cognée des bûcherons. Les trois fugitifs suivirent les drailles, cueillant tout ce qui leur semblait mangeable. La pointe de Port-Man était déserte. La fabrique de soude et le fort étaient à l'abandon. Ils passèrent la nuit dans le fort. Le lendemain matin, ils suivirent le sentier des douaniers longeant les falaises, s'aventurant avec grande précaution au-dessus des calanques. Pas la moindre barque pour rejoindre le continent. Soudain, ils débouchèrent au-dessus de la Palud. Au fond du vallon, les tuiles de la ferme formaient une jolie tache rouge au milieu des chênes-lièges dont les troncs écorcés semblaient avoir enfilé des bas-de-chausse. Furtivement, ils s'avancèrent vers la ferme. Les portes et les volets de la coquette maison étaient clos. Sous la jolie ramade, véranda de verdure qui courait tout le long de la façade, comme il devait faire bon de paresser assis à la grande table de bois massif, sur le banc cloué à des billots, ces *cépoun* qui lui tenaient lieu de pieds. Avec une ferrure, ils réussirent à forcer la porte, s'emparèrent de toutes les victuailles qu'ils purent trouver et déguerpirent.

Vers midi, un ouvrier agricole qui venait préparer le repas découvrit l'effraction et le vol. Aussitôt alerté, Calisti, le garde particulier de M. de Morel, propriétaire suisse de Port-Cros, organisa une battue, assisté par les soldats en poste dans l'île. Les fugitifs ne furent pas longs à dénicher : ils dormaient paisiblement, repus, sous un arbre au bord du sentier. Désorientés par la grande douceur avec laquelle le sergent et le garde les interrogèrent, Huntzinger, Miellon et Michel racontèrent leur épopée sans difficulté. Les habitants furent stupéfaits que des enfants aient pris le risque insensé de traverser la passe des Grottes sur un radeau de fortune. Tandis que le garde de M. de Morel et le sergent les ramenaient au Levant, Mme Calisti partit à Porquerolles pour raconter l'affaire à l'adjoint spécial, principal édile des îles d'Or. Atterré à son tour et ne croyant qu'à moitié la description du pénitencier qu'avaient faite les trois évadés, la femme du garde de Port-Cros finit par convaincre l'adjoint qui prit sa plus belle plume et rédigea un rapport pour le maire d'Hyères, en prenant soin d'en expédier un double au sous-préfet et au procureur impérial.

Dernièrement, trois jeunes détenus du pénitencier se sont évadés sur une vieille porte et des sacs de liège. Ils ont traversé le détroit entre l'île du Levant et Port-Cros en s'abandonnant à la volonté des flots ! Quel mépris de la vie pour prendre un tel risque ! Ou alors faut-il que leurs raisons aient un caractère impérieux. Je sais que je dois m'abstenir d'émettre une opinion personnelle. Mais je crois de mon devoir de vous informer des rumeurs qui circulent dans les îles. D'après les insulaires, des choses extraordinaires se passent dans l'établissement pénitentiaire de l'île du Levant. Ce qui a priori prédispose défavorablement les habitants envers cette maison...

Cependant, au pénitencier, ces deux évasions rapprochées avaient mis l'établissement sens dessus dessous. Toute la belle et méticuleuse organisation élaborée par le directeur Fauveau était mise à mal. Ne sachant où donner de la tête, il mit les émeutiers de l'an passé sous haute surveillance, surtout Gruner, ce qui était absurde puisque celui-ci n'avait plus que trois semaines de détention à purger. En mobilisant ainsi ses gardiens autour d'une dizaine de garçons, il laissait les coudées franches aux quelque cent cinquante autres, déjà passablement excités par la tournure des événements. Quand, au soir, le tocsin signala la deuxième évasion de la journée, la section de volontaires était encore à la poursuite d'Huntzinger et de ses deux complices. Cette fois, quatre détenus venaient de se sauver de l'infirmerie, et avaient filé vers l'est de l'île. La bande ne s'arrêta que pour se désaltérer à la mare de l'Âne, puis reprit sa course jusqu'à l'anse du Titou. Le cabanon des pêcheurs était désert. Sur la plage, deux brancards à claire-voie chargés de filets attendaient l'embarquement à bord d'un pointu au mouillage à une dizaine de brasses...

Quelques minutes plus tard, Joseph Touze vit avec stupéfaction le bateau de son beau-père disparaître derrière la tour Sarrasine. Le fermier partit en courant vers le Jas Vieux. Il cria en passant à son frère :

— Jacques, file prévenir le pénitencier. Des *fourçats* ont volé le *Sans-Souci* !

Puis il continua sa course vers le phare, à quelque mille cinq cents mètres de là, à l'extrémité est de l'île. Quand il arriva enfin sur la terrasse du phare, les faisceaux tournants du grand fanal éclairaient vaguement le *Sans-Souci* qui se fondait au large dans la nuit tombante. Le pointu fut retrouvé une dizaine de jours plus tard, échoué sur la plage de Rapallo, au sud de Gênes. Et quand des pêcheurs italiens le rapatrièrent au Levant, le directeur Fauveau fit sciemment courir le bruit que les quatre fugitifs s'étaient noyés durant cette traversée de quelque cent cinquante milles marins. De quoi dissuader d'autres candidats à l'évasion.

Au soir de cette troisième cavale, Jacques Touze, parti alerter le directeur, trouva le pénitencier dans un désordre indescriptible. Dans les dortoirs, les détenus, laissés à eux-mêmes, se livraient à d'épiques batailles de polochons.

Le fermier eut beaucoup de mal à trouver Fauveau, car celui-ci et ses gardiens étaient partis à la recherche de quelques punis qui avaient profité de la confusion pour casser les cloisons en brique de leur cellule et s'évanouir dans la nature. Ces fugueurs finirent tous par se rendre, le lendemain, poussés par la faim. Sauf un, Allègre. Selon le témoignage du fermier du Jas Vieux et ceux des punis récupérés, Fauveau put déduire qu'il ne faisait pas partie de l'équipage improvisé du *Sans-Souci*. Sainte-Anne avait bien récupéré Hernebrood et les trois échappés de Port-Cros, mais pas de nouvelles d'Allègre. Comme on n'avait pas signalé de nouveau vol de bateau, il en déduisit que le disparu était toujours caché quelque part dans l'île.

Augustin Allègre n'aurait jamais dû échouer aux rives du Levant. Fils de domestique d'un vigneron de Venasque, un jour, il avait accompagné son père jusqu'à Carpentras. Pendant que celui-ci prenait livraison de tonneaux pour son patron, Augustin avait baguenaudé en ville. Mal lui en avait pris. Au coin d'une rue, il tomba sur une rixe qui opposait quelques trublions à la maréchaussée locale. Il fut ramassé, comme les autres. Devant le juge, son père essaya en vain de récupérer son fils : la colonie agricole de Sainte-Anne du Levant réclamait des bras. Le garçon serait envoyé là-bas jusqu'à ses dix-huit ans révolus. Malgré démarches et protestations, la justice ne revint pas sur sa décision. Par la suite, bien que le voyage jusqu'au pénitencier fût toute une expédition, M. Allègre, qui entre-temps avait perdu sa femme, sollicita la permission de rendre visite à son fils, comme il en avait le droit. Mais on repoussa ses demandes réitérées sous de multiples prétextes : « l'auberge » du Levant où auraient dû être hébergés les visiteurs était encore inhabitable, des menaces d'émeute obligeaient la direction à prendre des mesures interdisant aux parents de se rendre dans l'île, la prochaine venue du comte de Pourtalès était incompatible avec toute visite durant le mois... M. Allègre écrivit alors, chaque semaine à son fils. Certaines de ses lettres, lues, relues et censurées par Pérignon puis Fauveau, lui revinrent sans avoir été communiquées à leur destinataire. Il n'eut qu'une seule réponse, banale et impersonnelle de son fils qui l'informait qu'il allait bien, que tout le monde ici était gentil avec lui et qu'il l'embrassait tendrement... De son côté, le colon Allègre ressentait sa détention comme la plus criante des injustices. Il se révolta. Toutes les bêtises à ne pas faire, il les fit. Paresseux au travail, sale dans sa tenue, premier à mener un chahut au réfectoire, les punitions pleuvaient sur lui : pain sec, amendes, coups de férule, cellule, cachot...

Il fut le premier à inciter ses copains, le soir des évasions, à casser la cloison de brique encore fraîche des cellules où, bien sûr, il avait été enfermé à cause de l'une de ses nombreuses fautes. Il s'enfuit seul dans l'île, laissant les autres se débrouiller de leur côté. Il se réfugia dans une grotte et s'y installa une litière de fortune. Dès le lendemain, il organisa sa vie de Robinson. Le jour, il restait à couvert ; la nuit il sortait de sa cachette pour grappiller les fruits que lui offrait l'île généreuse et il nageait le long du rivage pour tenter de découvrir une barque. Puis il rentrait dans son antre qui fut jadis l'un des refuges des insulaires quand ils se cachaient des intrusions barbaresques. Il aurait pu vivre longtemps ainsi, mais la solitude lui pesait. Il prenait de plus en plus de risques pour apercevoir ses camarades. Le matin du 5 avril, après dix jours de vie sauvage, il eut la soudaine envie d'allumer un feu sur la plage de Rioufrède pour y faire chauffer de l'eau. La fumée fut repérée de loin par le gardien-chef Radel. En voyant descendre ainsi vers lui deux uniformes, Allègre tenta de s'enfuir, mais sans trop de cœur. Au fond, il en avait assez. Il n'empêche, dans la salle du bâtiment administratif que le directeur avait pompeusement baptisée « le prétoire », son dernier sursaut d'animal pris au piège fut qualifié de deuxième tentative d'évasion. Compte tenu des lourds antécédents de l'accusé, le verdict tomba, lourd : soixante-neuf jours de cachot et une amende de quatre francs prélevée sur son pécule. La peine était énorme, et le directeur aurait dû d'abord demander l'autorisation à la préfecture, mais il s'en dispensa.

Malgré l'émoi qu'avait suscité dans la population libre des îles d'Or la flambée d'évasions des 20 et 21 mars précédents, les autorités administratives et judiciaires n'avaient pas cru bon de constituer une nouvelle commission d'enquête. D'autres phénomènes du même type se reproduisaient d'ailleurs dans les autres colonies pour enfants. Qui sait alors si, en cherchant trop à approfondir les motifs de ces révoltes, de ces évasions, sans compter les plaintes de la population alentour, ou des parents, on n'aurait pas risqué de remettre en cause les principes même de la loi de 1850.

Massé pouvait agir en paix, ce n'était pas demain la veille qu'on viendrait fourrer son nez dans ses livres de comptes. Comme il faisait office de greffier au procès Allègre, il rajouta négligemment cinquante centimes à l'amende du condamné. Fauveau signerait le jugement les yeux fermés. Cinquante centimes... Même pour un « aventurier de haute volée », les petits ruisseaux font les grandes rivières. En outre, il devait déjà combler quelques trous trop voyants dans sa comptabilité : ses escapades à Bormes, où il s'était lié avec un architecte d'Hyères, dont il pensait bien un jour tirer quelque profit, commençaient à lui coûter cher.

Devillaz avait compris qu'il ne serait pas de la prochaine livraison à Cogolin. Après les événements de la fin mars, le directeur n'autoriserait évidemment pas une nouvelle sortie sur le continent. Laborde, qui ignorait tout des amours de son apprenti, lui laissa espérer que peut-être, à la livraison suivante, qui aurait lieu début août, il pourrait arriver à convaincre Fauveau... Plus de quatre mois avant de revoir Lucile, autant dire une éternité ! Malgré les aveux et les promesses qu'ils s'étaient échangés en se quittant, l'oublierait-elle, le trahirait-elle ? Depuis son retour, il se tenait ostensiblement à l'écart de ses Vulnérables, rembarrant plutôt rugueusement Décors quand celui-ci venait le consulter à propos d'une nouvelle cache pour leurs réserves de vivres qui n'étaient plus en sûreté depuis les folles journées des évasions, car les fouilles s'étaient multipliées.

Seul Gruner, sur le départ, trouvait grâce aux yeux de l'amoureux de Lucile, qui ne lui avoua pas son tendre secret, mais qui l'interrogeait sans cesse sur le mystère de la femme, car l'ancien gabier se flattait, non sans vantardise, d'avoir une longue expérience du beau sexe : « Une fille dans chaque port », chantait-il souvent. Gruner avait senti qu'il s'était « passé quelque chose » lors du voyage à Cogolin et s'amusait en douce des changements survenus chez son copain.

L'intuition du gabier ne fut confirmée que la veille de sa libération. Ce matin-là, Devillaz trouva un prétexte pour s'absenter de la fabrique et se rendre à la ferme. Gruner, assis devant son atelier, les doigts de pieds en éventail, fumaillait tranquillement une cigarette que lui avait offerte son chef : pour la dernière journée de son apprenti, le tailleur préférait laisser le garçon flemmarder à son aise plutôt que de le voir traîner sur un travail.

— Matelot, dit Devillaz, est-ce que je peux te demander un grand service ?

— Ça dépend quoi, répliqua Gruner, taquin, qui devinait où l'autre voulait en venir.

Enfin, il allait connaître le nom de la belle !

— C'est un secret... D'homme à homme, les yeux dans les yeux, promets-moi de ne rien révéler à personne.

— Tu me prends pour qui ? répliqua Gruner qui s'amusait de plus en plus. Bon ! allez, tu me le craches, ton grand secret ? Elle est jolie au moins ?

Devillaz rougit jusqu'aux oreilles :

— Plus que ça ! Ah, si tu la voyais, elle est...

— N'en dis pas trop de bien, mon grand, je serais capable de te la chiper sous le nez... Non, non, je plaisantais ! Jamais les femmes des copains ! C'est la loi des marins. Tu m'as l'air sacrément accroché, dis donc !

Devillaz se rengorgea comme un jeune coq et avoua enfin :

— Voilà, j'ai rencontré une femme...

— Non ? sans blague ? ricana Gruner, goguenard.

— Tu me laisses finir au lieu de me mettre en boîte ? ronchonna Devillaz qui ravala sa salive et débita d'un coup :

— Demain matin, je vais te donner une lettre. Tu la remettras à Lucile, à Cogolin. Tu la trouveras facilement, elle travaille comme cuisinière dans la maison d'Ulysse Courrieu, le patron de la fabrique de pipes.

Soudain, Devillaz se rendit compte qu'il demandait à son ami de faire un sacré détour, alors que peut-être celui-ci aurait d'autres chats à fouetter. Aussi, il ajouta, comme pour monnayer le service qu'il lui demandait :

— À propos, j'ai parlé de toi au capitaine Brémond. Il m'a promis qu'il ferait tout pour te trouver un embarquement.

— Tu me l'as répété cent fois, vieux frère, répliqua Gruner en envoyant une solide bourrade sur la poitrine du grand Savoyard. Je lui parlerai, au capitaine ! Et de toute façon, bien sûr que je lui remettrai ta lettre, à ta p'tite femme. Mais comment tu vas faire pour l'écrire ? Tu sais que Sa Majesté Pète-Sec lit tout ce qui sort du Levant...

— J'y ai réfléchi. Ce soir, à la récré, j'irai à la salle de classe avec ceux qui écrivent à leurs parents. J'enverrai un mot à mon salaud de tuteur, pour lui dire que je vais bien, que j'apprends un bon métier, que je suis devenu très sage et tout le tintouin. Ah, il va être surpris le commissaire ! Cette lettre-là, ce sera pour le directeur. Mais en douce, je fais ma lettre à Lucile.

— Attention à ne pas te faire pincer ! Et arrange-toi pour être à sept heures demain matin devant le bassin. Quand je sortirai de l'économat, glisse-moi ta lettre mine de rien. Dans trois mois, je t'enverrai le faire-part de mon mariage avec ta Lucile !

— Ah, c'est malin ! répliqua Devillaz tout en donnant une vigoureuse accolade à son ami.

Tout se passa sans anicroche. Devillaz put glisser subrepticement sa longue lettre d'amour dans la poche de Gruner, qui sortait, furieux, du bâtiment administratif : Massé lui avait rogné son pécule de moitié, prétextant des amendes imaginaires. Gruner aurait bien craché sur ce bellâtre d'économe, mais cela aurait fait des histoires, et le matelot n'avait qu'une seule hâte : hisser les voiles vers la liberté. Il s'était contenté seulement de traiter Massé d'escroc et de voleur, avant de claquer la porte en lui promettant qu'il ne l'emporterait pas au paradis.

Quand il eut franchi le porche, sac au dos, Gruner respira un grand coup. Que l'air lui semblait léger ! Dans la poche de sa blouse, il sentit la lettre de Devillaz se froisser légèrement. Allons, le monde n'était pas aussi moche que cela, puisqu'il y avait encore des amoureux ! Il prit le chemin de l'Avis en chantant à tue-tête :

L'était une frégate, lon-là,
L'était une frégate
C'était la Danaé,
Vas prendre un ris dans les bas-voiles...

— Salut, Vain Dieu, adieu Cigale ! lança-t-il en croisant Geuneau qui tirait sa mule par la bride.

— Adieu matelot. Bon vent ! répliqua le charretier heureux de voir la joie dont Gruner resplendissait.

Le *Titan* ne partirait pas avant une bonne heure. La bonne Augustine Brémond proposa au jeune libéré, qui attendait au pied de l'embarcadère, d'avaler une soupe chaude. Dès qu'elle le pouvait, la femme du capitaine essayait de se montrer le plus gentille possible avec *lei pitchoun* sur le départ, pour qu'au moins ils quittent l'île sur un bon souvenir. Elle demanda à sa fille Joséphine d'aller remplir une assiettée à la cuisine. Gruner se surprit à regarder avec attendrissement la jeune *goio* s'éloigner. Quand Joséphine revint et lui tendit l'assiette remplie à ras bord, il trembla un peu : elle avait de pétillants yeux d'azur ombrés d'un tendre cerne bleuté, un sourire éclatant et, sous le tablier, la poitrine palpitait, ronde et petite. Deux ans qu'il n'avait pas croisé le regard d'une jeune femme ! Ils bavardèrent de choses banales. Le son de sa voix lui paraissait plus beau que le chant des oiseaux des îles, et chacune des phrases de la boiteuse était pour lui comme un poème. Il avait dix-huit ans, elle en avait seize. Le capitaine apparut de derrière la petite maison :

— Gruner, j'ai une bonne surprise pour toi. Ton ami le pipier, le grand costaud, m'avait dit de penser à toi quand nous sommes allés à Cogolin. Je ne t'ai pas oublié. De toute façon, tu es un personnage célèbre au pénitencier. Il paraît que tu vas chercher un embarquement. Je crois t'avoir trouvé quelque chose. J'ai appris qu'à Saint-Tropez, le capitaine de *L'Ursuline* recrutait. Je le connais bien, c'est un bon patron. Ce ne sera pas tes fameuses mers du Sud. Tu devras te contenter de Livourne ou de Barcelone. Tu seras payé au tonnage et à la distance. Je t'ai préparé pour lui une lettre de recommandation. Mais attention, fini les bêtises, hein ? Je ne tiens pas à ce qu'on dise dans le pays que *mestré* Brémond parraine des voyous et des bons à rien...

— Comptez sur moi, cap'taine. Je ne vous décevrai pas. Sur un bateau je ne rechigne jamais, on m'appelait l'Araignée tellement j'étais partout.

— C'est dit ! Allez, on embarque.

En serrant doucement et un peu trop longtemps la main de la jeune fille, Gruner eut un frisson.

— Merci pour la soupe, mademoiselle, dit-il sottement.

— Ce n'est rien, répondit-elle en riant. Si vous en avez l'occasion, revenez donc la goûter de temps en temps.

— C'est promis, dit-il, c'est promis.

Et il courut, bondissant presque, vers le *Titan*.

Il regarda longtemps, à la poupe, le Levant s'éloigner, jusqu'à ce que le soleil rasant ne laisse plus apparaître que des contours d'ombre et de lumière. Mais il ne ressentit pas l'immense soulagement qu'il avait imaginé. Et puis, le rire frais de Joséphine chantait encore à ses oreilles, mêlé au bruissement soyeux de l'eau sous l'étrave. En lorgnant du coin de l'œil le profil du capitaine Brémond, il s'amusa à l'idée d'avoir peut-être un jour pour beau-père le batelier du pénitencier. Et son imagination se mit à battre la campagne.

Arrivé au Lavandou, il se fit indiquer le chemin de Cogolin par un employé de la fabrique de salaisons. Il acheta un pain et des poissons qu'il entortilla dans un lambeau de sac. Avec ce qu'il lui restait de son pécule, il n'avait plus que de quoi survivre une petite semaine en faisant attention. Il fallait très vite retrouver une paie. Il prit toutefois la route du bord de mer, plus longue, mais cette immensité bleue à ses côtés confortait en lui le sentiment de la liberté retrouvée. Pour rythmer son pas, il puisa dans son vaste répertoire de chansons de marins. Mais il n'y en avait qu'une qui revenait sans cesse dans sa mémoire :

Quand la boiteuse va au marché
Qu'apporte-t-elle dans son panier ?
Elle s'en va roulis-roulant
Ah, maman ne pleurez pas tant !

Toute la journée, quand il tournait la tête vers le large, il voyait le Levant. À croire que l'île l'accompagnait dans sa marche comme un chien fidèle. À la tombée de la nuit, après avoir dévoré quelques filets de poisson entre deux tranches de pain, il s'endormit comme un bienheureux sous les pins parasols de la pointe de Cavalaire. Quand la fraîcheur du petit matin le réveilla, là-bas, posé sur l'horizon, le Levant, enveloppé d'une brume pastel, semblait ne pas vouloir le lâcher.

Arrivé à Cogolin, il n'eut aucun mal à trouver la maison Courrieu. En entrant dans la cuisine, il se dit que Devillaz aurait pu tomber plus mal : sa Lucile était charmante, mais lui, il préférait quand même la petite Joséphine, la jolie *goio*. Il remit la lettre, elle rosit, commença à déchirer l'enveloppe, puis, s'apercevant qu'il serait impoli de laisser son visiteur planté comme ça devant elle, elle proposa à Gruner de lui réchauffer du ragoût de bœuf de la veille. Bien qu'il eût hâte de rejoindre Saint-Tropez au plus vite, le matelot accepta volontiers. Pendant qu'il se penchait goulûment sur son repas, elle se mit à lire. Enfin, avec une langueur dans la voix, elle demanda :

— Pouvez-vous attendre un peu que je lui fasse ma réponse ?

— Hélas, non, répliqua Gruner entre deux bouchées. Il faut que je trouve un embarquement au plus tôt. D'ailleurs, croyez-moi, ce n'est pas demain la veille que j'aurai l'occasion de retourner dans cette île maudite.

Au fond de lui-même, il n'en était pas si sûr.

Devillaz retrouvait la solitude qui avait été la sienne, longtemps avant, lors de son séjour à la Roquette. Tandis que, à la récréation du soir, Denis, Décors, Geuneau, les frères Noël, Roncelin et quelques autres des Vulnérables bavardaient et plaisantaient, il se tenait à l'écart du groupe, fumait sa pipe et croyait voir parfois dans les volutes de fumée le visage de Lucile. Ses mains, son ventre gardaient encore l'empreinte de la peau douce de la jeune veuve. Gruner avait-il bien donné la lettre ? Qu'en avait-elle pensé ? Lui répondrait-elle ?

Le 1er août, Laborde, un peu gêné d'avoir entretenu de faux espoirs chez son apprenti, lui annonça que le directeur se refusait désormais, définitivement, à accorder toute permission de sortie. Mais Laborde, qui ne se doutait pas des tourments intimes de Devillaz, ajouta pour le consoler :

— Écoute-moi Jeannot, tu as appris là-bas tout ce qu'il fallait apprendre. Dans deux ans, si Dieu le veut, tu auras ta place réservée à la fabrique Courrieu. Ne fais donc pas cette tête ! Deux ans, c'est vite passé.

Combien de fois l'avait-il entendue, cette formule ! Vite passé ! Devillaz au contraire sentait de plus en plus que le temps se figeait. Le lendemain, dès l'aube, il accompagna Geuneau jusqu'à l'Avis afin de charger la nouvelle cargaison pour Cogolin. Vain Dieu tenta, en cours de route, de dérider son compagnon, mais rien à faire. L'autre semblait comme hébété. Laborde, de son côté, trouvait l'évident désespoir de son élève bien disproportionné. Pour une petite escapade de trois jours, bouder ainsi !

Quand le *Titan* s'éloigna, Devillaz, pris soudain d'une incontrôlable pulsion, se mit à courir comme un dératé sur le chemin des crêtes qui menait au sémaphore.

— Devillaz ! cria Geuneau, ne fais pas l'idiot, reviens !

Trop tard ! La végétation avait déjà englouti le grand jeune homme.

Sa disparition fut remarquée à l'appel du réfectoire, à midi, et les battues commencèrent. Geuneau fut longuement interrogé, mais, décidément, jugea le gardien-chef Radel, il n'y avait rien à tirer de cet abruti de muletier. La seule chose qu'il apprit de Vain Dieu, c'était que le fugitif s'était enfui vers la côte sud. Il envoya donc une brigade de détenus, encadrée par deux gardiens, dans la direction indiquée. Quant à l'abruti en question, il reprit sa charrette et s'en fut placidement vers la côte nord.

Assis à mi-pente de la calanque du Pan, Devillaz regarda longtemps le *Titan* s'éloigner jusqu'à ce que ses voiles rouges disparaissent dans le lointain. Alors, il se mit à sangloter en gémissant : « Lucile, Lucile ». C'était la première fois qu'il pleurait depuis la mort de ses parents. Lucile venait de supplanter dans ses souvenirs ses parents, ses montagnes, son village, Edelweiss, et les veillées au coin du feu. Quand Geuneau le dénicha enfin, ses larmes avaient séché, mais il restait là, prostré au-dessus des pentes abruptes, le regard fixé sur les formes bleutées du littoral, si loin de l'autre côté de l'eau.

— Qu'est-ce qu'il t'arrive, Devillaz ? Tout le monde te cherche. Tu vas avoir droit au cachot.

— Ah ! Laisse-moi tranquille. Tu ne peux pas comprendre. Je veux être seul !

— Ça va, je m'en vais. Je t'ai apporté de quoi manger. Je te le mets là. Je reviendrai demain.

Et Geuneau reprit la bride de Cigale.

— Je te remercie, Vain Dieu, lui dit Devillaz alors que l'autre s'éloignait. Tu es le plus brave type que la terre ait jamais porté.

— Bah ! après tout ce que t'as fait pour moi, c'était normal. À demain.

Deux jours après, dans l'après-midi, alors que le *Titan* accostait de nouveau à l'Avis, le gardien-chef Radel, qui attendait Brémond pour l'informer de l'évasion, eut la stupeur de voir le fugitif s'avancer vers lui. Sans que Laborde eût pu lui dire un mot, Devillaz fut entraîné *manu militari* vers le pénitencier.

Dans le prétoire, le verdict tomba : six jours de

cachot. Laborde, qui s'était fait son avocat, obtint malgré tout que le condamné ne subisse pas les férules et surtout que, à sa sortie, il retourne à l'atelier, sans être affecté, comme il en était menacé, à la brigade disciplinaire. Tout en rappelant sèchement à Laborde que le personnel civil n'avait pas à se mêler des affaires de règlements, le directeur lui accorda malgré tout quelques minutes d'entretien en tête-à-tête avec Devillaz, « pour tenter de le ramener à la raison ». Fauveau se devait, malgré tout, de ménager le fabricant : la récolte des bruyères et les pipes s'avéraient jusqu'à présent l'entreprise la plus rentable de la colonie.

— Mon pauvre garçon, soupira Laborde quand il put s'isoler avec son apprenti. Moi qui m'apprêtais à te frotter les oreilles dès mon retour ! Mais je ne pensais pas que l'affaire était aussi sérieuse... Ne me regarde pas avec cet air de corneille qui abat des noix. Je connais Lucile depuis qu'elle est née. Et son défunt mari était un ami. Aussi, crois-moi qu'elle m'a entendu, quand elle a voulu que je te communique sa « réponse » à ta lettre, comme elle disait. Eh oui, je sais tout, mon garçon. Vous avez voulu me faire jouer un fort vilain rôle tous les deux. Réfléchis donc, Jeannot, cette femme a huit ans de plus que toi, elle a un enfant et une mère à charge ! Qu'espérez-vous donc tous les deux ? Toi tu n'es qu'un...

Laborde se mordit les lèvres. Il allait dire « *forçat* ».

— ... Tu n'es qu'un garçon qui a encore plus de deux ans à passer ici. Avec cette affaire, j'ai bien peur que ton emploi chez Courrieu ne soit remis en cause. Il ferait beau voir que je recommande à mon client un jeune homme qui couche avec sa cuisinière ! Enfin, d'ici ta libération, l'eau a le temps de couler sous les ponts... Je verrai bien. Et pas la peine de jurer tes grands dieux que tu feras ceci ou cela. Allez, tâche de tenir le coup, mon garçon. Dans six jours, je veux te voir en pleine forme.

De tout ce sermon, Devillaz n'avait retenu qu'une

chose : Lucile ne l'avait pas oublié. Elle avait même voulu lui répondre. Qu'importait le reste ? Poussé par Radel, il suivit le fossé qui menait aux cachots. Il dut courber l'échine pour passer la porte basse renforcée de larges ferrures. Il pénétra dans un tombeau, un cul-de-basse-fosse, aménagé dans des caves creusées à même la roche. L'obscurité et le silence lui pesèrent d'un coup sur les épaules. Enfin, un léger jour se fit, grâce à une lucarne grillagée qui laissait filtrer un flou lumineux. Il put distinguer les contours de sa cellule, pas plus d'un mètre sur deux. Dans un coin, une tinette. Au fond, des chaînes accrochées à un gros anneau. Il replia sa grande taille tant bien que mal. Et il pensa à Lucile. Cent fois, durant ces six jours, il reconstitua leur première rencontre. Cent fois aussi, il imagina le moment de leurs retrouvailles...

Les mois qui suivirent furent les plus moroses de sa vie. Chaque jour se ressemblait, gris, malgré le joyeux soleil qui inondait l'île si souvent. Peu à peu, le visage de Lucile s'estompait dans sa mémoire, et cela le désespérait. Roncelin, Denis et Décors avaient tenté, les premiers temps, de l'aider à retrouver sa joie de vivre, mais finalement, lassés par ses rebuffades, ils s'éloignèrent de lui, ne comprenant pas le changement qui s'était produit chez leur « grand frère ».

Seul Geuneau trouvait encore grâce à ses yeux, car au moins, avec lui, on pouvait rester de longues minutes à rêvasser sans parler, chacun voyageant dans son univers. Son travail lui redonna un semblant d'énergie. Il devint l'un des plus assidus à la journée de classe hebdomadaire. Cachant son cahier de sa main, il y poétisait sur sa Lucile disparue. Toutefois, il boudait ostensiblement son patron Laborde, à qui il reprochait il ne savait trop quoi, mais qu'il tenait pour responsable de sa misère morale. Quand, le 16 décembre 1863, il apprit par le muletier qu'on venait d'enterrer un garçon de seize ans, Alphonse Petit, qui s'était pendu pour échapper à une punition, il eut vaguement l'envie, lui aussi, de mettre fin à ses jours. Mais quelque chose d'obscur au fond de son âme lui interdisait d'exécuter son projet.

Le printemps revint. Il retrouva un peu de sa joie de vivre. Les Vulnérables en furent contents, mais ce n'était plus pareil, comme au « bon temps », disait Denis. Le bon temps...

Une après-midi d'avril, Geuneau passant à l'atelier de pipes, lui annonça :

— Devine qui j'ai vu, à l'Avis, chez Mme Augustine ? Tu ne vas pas me croire : Gruner ! Parfaitement, vain Dieu, ce sacré Gruner !

Devillaz sentit son cœur battre plus vite.

— Et devine ce qu'il venait faire là ? poursuivit Geuneau.

— J'ai passé l'âge des devinettes.

— Il m'a dit qu'il voulait remercier le capitaine Brémond pour lui avoir trouvé un embarquement, mais je crois qu'il venait voir Joséphine.

— S'il te plaît, Vain Dieu, est-ce que tu peux me raconter ça dans l'ordre. Je n'y comprends rien.

Peu à peu, malgré le récit confus du muletier, Devillaz put reconstituer les choses. Dès sa libération, et sur la recommandation de Brémond, Gruner avait trouvé un embarquement. Après huit mois de cabotage, il était revenu à Saint-Tropez, avait posé sac à terre pour une dizaine de jours avant de reprendre la mer sur une goélette en partance vers le Brésil. Son passage par le Levant n'était pas seulement une visite de courtoisie au capitaine Brémond. Geuneau avait vite deviné que le marin venait aussi faire la cour à la jeune fille.

— Elle avait l'air drôlement heureuse, Joséphine, de le revoir ! Depuis le temps qu'elle m'en rebattait les oreilles. « Et mon Gruner par-ci et mon Théo par-là. Il m'a encore écrit... »

— Tiens donc ? taquina Devillaz, tu m'as l'air

content pour eux... Je croyais que tu étais fou amoureux de la *goio* et que tu rêvais de l'épouser.

— Moi ? Allons donc ! Depuis quand un Vain Dieu pourrait-il espérer quelque chose de la fille d'un capitaine ? Et puis, ne l'appelle pas la *goio* ! Ce n'est pas bien. À propos d'amoureux, j'allais oublier... Qu'est-ce que je peux être bête, moi, par moments !

Son œil rond se plissa de malice et il sortit une lettre de sa blouse. Devillaz la lui arracha et l'enfouit dans sa poche. Il était temps. Maître Salvat apparut sur le seuil de l'atelier et demanda à son apprenti de retourner à son travail.

— Hé Devillaz ! chuchota rapidement Geuneau, Gruner repart demain matin. S'il y a une réponse, tu me la passeras ce soir au dortoir.

À la pause de midi, Devillaz s'isola, sortit l'enveloppe. Au dos, Gruner avait griffonné à la hâte : « Elle t'adore, vieux frère, ou alors je n'y connais rien aux femmes. » Puis il ouvrit la lettre et la dévora une première fois. Il fut amèrement déçu. Lucile prenait un ton maternel, lui expliquait que leur différence d'âge rendait les choses impossibles, que d'ailleurs quand il sortirait du pénitencier il l'aurait oubliée, ou la trouverait trop vieille... Heureusement que dans sa finesse, Gruner qui, bien sûr, n'avait pas lu cette lettre, avait tout compris et avait cru bon de rajouter son petit mot. Sans cela, le détenu aurait plongé à nouveau dans son désespoir. Depuis le temps qu'il vivait au pénitencier, Devillaz n'eut aucun mal à trouver le moyen de répondre en cachette, cette nuit-là. D'ailleurs, cela faisait belle lurette qu'il s'était préparé à cette éventualité. Le lendemain, comme convenu, Geuneau put donner la lettre à Gruner, avant que celui-ci ne reparte.

Durant les dix-sept mois qui lui restaient à passer au Levant, Devillaz put ainsi échanger une correspondance irrégulière et peu nombreuse avec Lucile. Parfois, sa bien-aimée se faisait froide, distante, ou au contraire, tendre et affectueuse, lui laissait quelque espoir. Il relisait ses lettres jusqu'à les apprendre par cœur, trouvant à chaque fois une nouvelle interprétation, bonne ou mauvaise, selon sa propre humeur.

Il s'étonnait de l'apparente facilité avec laquelle Geuneau lui faisait parvenir ce courrier. Gruner était en mer. Alors qui passait par Cogolin puis venait au Levant, confiait la lettre à Geuneau avant de repartir avec la réponse ? Pourquoi Vain Dieu lui demandait-il parfois de lui passer l'enveloppe le plus rapidement possible ? Pourquoi d'autres fois, au contraire, il n'avait pas l'air pressé du tout ?

— J'ai bien le droit d'avoir mes secrets, moi aussi, répliquait Geuneau quand Devillaz l'interrogeait sur ce mystère.

Le muletier était maintenant parfaitement au courant de l'histoire d'amour de son ami, depuis le jour où n'en pouvant plus de garder au fond de lui-même une telle passion, Devillaz lui avait tout raconté. Et Geuneau fut très fier de cette marque de confiance. Il en vint même à partager les sentiments de l'apprenti pipier, comme s'ils étaient un peu les siens. On les voyait maintenant déambuler dans la cour, pipe au bec, échangeant de graves propos sur la vie et surtout l'amour.

Comme pour les autres « très-grands », du moins ceux qui se tenaient tranquilles, le directeur et les gardiens leur laissaient une assez grande liberté, à condition que leur responsable, à l'atelier ou aux champs, n'ait pas à se plaindre de leur travail. Habilement, Fauveau avait su les mettre à l'écart de leurs cadets, tant au réfectoire que dans les dortoirs. Le directeur avait même constitué une brigade agricole des « très-grands », les libérables entre dix-huit et vingt ans ; d'autres avaient été nommés guides, de sorte qu'un visiteur aurait très bien pu, au premier regard, les prendre pour des employés libres. De cette façon, Fauveau n'avait plus grand-chose à craindre de ces jeunes gens. Il avait tendance, comme jadis à Clairvaux, à les considérer comme les détenus adultes de la Centrale, qui devaient côtoyer le moins possible les mineurs dont il avait la charge.

Par sa longue expérience, il savait que l'âge le plus difficile à manier se situait entre quinze et dix-huit ans. Vers ceux-là surtout il portait sa surveillance et c'est sur eux que tombait la plupart des punitions.

— Devillaz, tu es un salaud, un assassin !

Interloqué par cette invective, le grand Savoyard se pencha au-dessus de Décors. L'enfant trouvé était maintenant un solide Bourguignon de quatorze ans, au visage carré qui arrivait à l'épaule de Devillaz.

— Qu'est-ce qui te prend ? Tu as la fièvre ?

— Tu es un assassin, tu as tué P'tit Noël ! On vient de le retrouver noyé en bas de la falaise de la Bugadière, dans la calanque du Grand Cap. Les gardiens répètent partout que c'est un accident. Mais moi, je sais bien qu'il l'a fait exprès.

— P'tit Noël ! Mort ! Mais pourquoi se serait-il tué ?

Décors était fou de rage et de désespoir. Malgré la différence de force, il aurait eu envie de lui casser la figure à ce grand dépendeur d'andouille. Et en même temps, il aurait aimé se jeter dans ses bras pour y épancher son chagrin.

— Alors, tu ne savais même pas ? hurla-t-il. Tu t'en fous, hein, de nous, des Vulnérables ? On pose au monsieur, maintenant, on fume sa pipe, on attend tranquillement de fiche le camp d'ici ! Tu ne savais même pas que Terrier est mort il y a douze jours de ça !

— Terrier ? Grand Noël ? On ne me l'a pas dit.

Geuneau jugea qu'il était temps d'intervenir. Il posa son bras lourd autour des épaules encore frêles et pointues de Décors en disant de sa bonne voix apaisante :

— Calme-toi, petit. C'est de ma faute : le jour de l'enterrement de Terrier, j'aurais dû en parler à Devillaz, mais il venait de recevoir une lettre de...

— Tais-toi, coupa Devillaz. Et, toi Décors, essaie

de me raconter tranquillement ce qui s'est passé. De quoi Terrier est-il mort ?

La tête enfouie contre la large poitrine de Geuneau, le garçon éclata en sanglots :

— Il est mort parce qu'il n'arrivait pas à reprendre des forces ! Eux, ils disent que c'est les coliques, ou qu'il a mangé des baies, ou qu'il a pris froid, ou je ne sais pas quoi encore. Mais moi, je te le dis : Terrier a crevé de faim.

— Mais, vous... les Vulnérables, vous ne faites plus de réserves, comme avant ?

— Les Vulnérables ! Tu parles ! Depuis que tu as tout laissé tomber, Denis s'en fiche bien, il préfère partager avec ses copains de la ferme. Roncelin, il ne jure plus que par sa forge. Et moi, je ne peux pas tout faire, surtout depuis que je suis domestique aux écuries du château !

— Ah, je ne savais pas... Mais pour P'tit Noël ?

Geuneau reprit la parole. Il raconta que le matin du 7 mars, Aimé Noël avait suivi la charrette qui portait le cercueil de son aîné, droit comme un I, l'œil sec, courageux comme un petit homme et refusant les consolations du nouvel aumônier. Puis il avait demandé au prêtre de rester avec son frère jusqu'à la dernière pelletée. Mais sitôt que le cercueil fut enfoui, le fossoyeur l'avait vu s'éloigner dans le maquis. Et plus personne ne l'avait revu. Des battues furent entreprises, sans grande conviction. On mit cette fuite sur le compte du chagrin. Directeur et gardiens se dirent que, comme les autres fugueurs, il finirait bien par revenir au bercail. Il était improbable qu'un enfant de dix ans essaie de s'évader de l'île, tout seul. Douze jours après l'enterrement de Paul Noël dit Terrier, un pêcheur remarquait le corps du petit frère Aimé qui flottait entre deux eaux au pied de la falaise de la Bugadière. Un accident, décréta Fauveau, qui jugea d'ailleurs que ce décès regrettable pourrait peut-être faire comprendre les dangers d'une fugue aux détenus qui voulaient s'offrir ainsi des vacances ou jouer au malin auprès de leurs camarades, malgré les lourdes peines de cachot qu'ils subissaient à leur retour.

Une fois que Geuneau eut fini son récit, Devillaz resta coi quelques instants, les bras pendant le long du corps. Enfin, quand la cloche du souper retentit, il fit demi-tour et sortit du pénitencier d'un pas lent, laissant ses amis éberlués.

À l'appel, après le *bénédicité*, il fut porté manquant. Alors, n'y tenant plus, Décors dit à Denis, son voisin de table :

— Tant pis si je passe pour un espie. Mais je vais tout dire au chef. Peut-être que Devillaz veut faire comme P'tit Noël...

Radel haussa les épaules à cette abracadabrante histoire de suicide. Ces garçons inventeraient n'importe quoi pour se faire remarquer ! Et le gardien-chef, comme d'habitude après chaque évasion, envoya prévenir le directeur, fit mettre sous bonne garde l'Avis, et la pointe ouest de l'île face à Port-Cros. La routine, quoi ! Dans la confusion qui accompagnait toujours ce branle-bas de combat, Décors attrapa le gardien Guilleminot par la manche. Bien que ce garçon eût quitté sa brigade depuis un an, le vieux surveillant lui avait gardé de la sympathie. Décors lui répéta ses craintes de voir Devillaz imiter l'acte d'Aimé Noël.

— Tu as peut-être raison. Les détenus quand ils approchent de leur libération, ils ont parfois de drôles de réactions, comme s'ils avaient peur... Suis-moi.

Ils prirent le chemin du cimetière. Décors ne s'était pas trompé de direction : Devillaz était là, pensif, assis sous le calvaire, face aux buttes de terre et aux croix de bois.

Au prétoire, le lendemain, il refusa de donner la moindre explication sur cette fugue absurde à moins de six mois du départ. Quand Décors témoigna que la mort de P'tit Noël avait bouleversé son ami et que lui-même avait eu peur que Devillaz en fasse autant, Fauveau perdit son sang-froid :

— Je ne permettrai pas que l'on dise qu'il y ait eu

le moindre suicide à Sainte-Anne sous mon administration. Ce sont des mensonges destinés à noircir sciemment la bonne réputation de l'établissement de M. le comte de Pourtalès. Monsieur Massé, inscrivez : « Amende de deux francs cinquante au détenu Décors, pour insolence. »

Trois francs, nota Massé de sa belle écriture anglaise.

Devillaz, lui, fut condamné à dix jours de cachot. Avant son incarcération, Fauveau ordonna malgré tout que l'on descelle provisoirement la chaîne et l'anneau de la paroi, que l'on confisque toute partie de vêtement que le condamné aurait pu utiliser pour attenter à ses jours, et que l'on surveille fréquemment, par le guichet ce que faisait le condamné pendant son incarcération.

Quand Devillaz sortit enfin de sa geôle, le dernier jour du mois de mars 1865, à l'âge de dix-neuf ans et demi, il était comme le papillon venant de déchirer sa chrysalide. Nul ne put percevoir le profond changement qui s'était opéré en lui. Ainsi, Laborde, qui avait mis cette nouvelle fugue sur le compte de nostalgies adolescentes, le raisonna affectueusement et essaya de lui faire comprendre qu'il n'avait plus rien à espérer du côté de Lucile. Il n'osa toutefois pas lui avouer qu'il avait longuement parlé avec la jeune veuve, lors d'une de ses livraisons à Cogolin, et qu'il en était sorti convaincu que la brève idylle n'avait été pour elle qu'un coup de chaleur somme toute naturel chez une femme qui avait passé les six plus belles années de sa vie entre sa vieille mère, son enfant et les casseroles de M. Ulysse. Aussi se rassura-t-il quand Devillaz lui répliqua avec désinvolture :

— La Lucile, bof, c'est du passé ! Et ce ne sont pas les femmes qui manquent, sur terre !

— Ne voyez-vous pas le jeune coq ! s'esclaffa alors Laborde. Tout comme moi à ton âge ! Tu as raison, mon garçon : bâti comme tu es, je n'en connais pas beaucoup qui résisteront à ta barbe blonde !

Devillaz rentra d'un air dégagé dans la fabrique,

salua joyeusement ouvriers et camarades, s'installa devant son tour comme s'il l'avait quitté la veille et se mit à l'ouvrage. Au fond de lui il songeait :

Sacré père Laborde, s'il pouvait se douter ! Mais après tout, cela ne le regarde pas. Ce sont nos affaires, à Lucile et à moi, pas les siennes.

Il avait passé la journée de la veille, après sa sortie du cachot, à l'infirmerie : le pénitencier venait encore une fois de changer de médecin, après le décès des frères Noël, les deux premiers de l'année 1865. Et le nouveau docteur avait demandé à Fauveau que les garçons ayant subi cet enfermement restent, dès leur sortie, une journée en observation. Geuneau s'arrangea pour se rendre au chevet de Devillaz et lui glisser une nouvelle lettre de Lucile. Comment avait-elle été informée aussi vite de son séjour au cachot ? Encore une fois, Geuneau garda son secret et elle-même écrivait : « On m'a appris... » sans dire qui était ce *on*. Mais qu'importe, il y avait tant de compassion dans ces phrases gentilles et simples, tant d'encouragement à bien se garder... Devillaz n'en eut plus aucun doute : elle l'aimait encore, et l'attendait.

Maintenant les choses étaient simples : Lucile et lui s'aimaient, donc ils se marieraient. Nul étranger n'avait à mettre le nez dans cette histoire.

Il consacra le reste de son temps au pénitencier à remettre sur pied les Vulnérables, qui en avaient bien besoin. Durant ses dix jours de cachot, Devillaz avait bâti de toutes pièces, dans sa tête, une véritable caisse de solidarité alimentaire, alors même qu'il ignorait ces termes, et *a fortiori*, qu'il ne pouvait savoir que se créaient, dans les mines de charbon du nord et du centre de la France, de semblables organisations, lointaines cousines des Vulnérables du Levant.

Tout en ménageant les susceptibilités de Denis et Roncelin, il désigna leur cadet Décors comme son successeur.

Roncelin, devenu, comme tout forgeron qui se respecte, un athlète impressionnant, se chargerait naturellement de la protection des petits contre les brimades éventuelles de leurs aînés. Denis, fouineur invétéré, mettrait au profit des Vulnérables son sens inné de la débrouille. Quant à Geuneau, durant les six mois qu'il lui resterait à tirer après le départ de Devillaz, il continuerait comme avant à dénicher ses extraordinaires suppléments en nourriture qu'il cachait on ne savait où dans cette île qu'il connaissait comme sa poche. Et il tâcherait de trouver un nouveau muletier digne de lui succéder, puis de lui apprendre le métier. Devillaz entreprit ensuite, accompagné par Décors quand celui-ci le pouvait, de renforcer le réseau de solidarité. Ils n'eurent aucun problème avec l'apprenti boulanger : Allègre, ce grand collectionneur de punitions en tout genre, avait en effet été placé au fournil par le directeur lui-même, dans l'espoir que le garçon s'assagisse enfin, espérance qui ne fut pas déçue. Naguère, le mitron avait fait un moment partie des Vulnérables. À l'époque, Devillaz lui avait rendu de fiers services. Aussi, accepta-t-il volontiers de détourner du pain le plus régulièrement qu'il le pourrait.

Devillaz fut à peu près sûr que son œuvre, consolidée, lui survivrait. Il n'avait essuyé qu'un seul refus, aux cuisines. Coudurier, le fils du forçat de Cayenne, ne voulut entendre parler de rien. Pas d'histoire. Il n'embêtait personne, alors que personne ne l'embête.

Mais, malgré cette réticence et ce refus, les Vulnérables se métamorphosèrent. Avant, il y avait une part de jeu dans cette société secrète d'enfants. On complotait, on s'échangeait des signes secrets, des mots de passe pour se montrer qu'on en faisait partie. Bref, on s'amusait à s'entraider. Désormais, les Vulnérables seraient une organisation de défense des intérêts des détenus, de tous les détenus, face à la hiérarchie. Et surtout, les anciens, ceux qui comme Devillaz partiraient dans si peu de jours, devaient jurer que jamais, une fois la liberté retrouvée, ils n'abandonneraient. Que même mariés, même au bout du monde, ils feraient tout pour soutenir et défendre, dans la mesure de leurs moyens, ceux qui croupissaient encore ici.

Devillaz découvrait un nouveau Décors. Il se surprenait encore de la maturité et de la vivacité d'esprit de son successeur. Où était passé l'orphelin d'à peine neuf ans, oisillon tombé du nid, recueilli aux confins du Morvan par lui, Beaumais et les autres.

Décors possédait surtout un sens aigu de la justice. Mais Devillaz était à cent lieues d'imaginer que c'était lui, le patron et fondateur des Vulnérables, qui avait inculqué cette farouche intégrité à son dauphin. Dauphin qui ne l'avait pas attendu pour entretenir la flamme : ainsi, Décors avait pris sous son aile un enfant d'un peu plus de sept ans qui avait débarqué en février. Ce petit garçon était le fils d'une dame de Tonneins qui avait la patente d'un bureau de tabac. Ce n'était donc pas la misère qui l'avait fait échouer jusqu'ici. Raymond Domingue avait, selon le juge, allumé un incendie volontaire deux ans avant, à l'âge de cinq ans. Mais on ne pouvait pas décemment expédier aussi jeune ce redoutable pyromane dans une colonie pénitentiaire. Aussi, Domingue avait attendu son transfert pendant deux ans dans une institution. Désormais, on le trouvait sans doute assez grand pour aider à la prospérité de la colonie agricole jusqu'à ses dix-huit ans révolus. Il ne serait pas de trop : malgré toute la bonne volonté de la justice, le pénitencier n'avait pas encore atteint les trois cents détenus grâce auxquels, répétait Fauveau, Sainte-Anne pourrait tourner à plein rendement.

Devillaz partit au temps des premières vendanges de l'île du Levant. Il entra à l'économat, se présenta à Massé, qui ne leva qu'à peine la tête de ses registres pour lui tendre ses papiers et une enveloppe contenant son pécule.

— Signe là, mon garçon et vive la liberté !

— Mais c'est une demande d'engagement dans l'armée ! J'ai déjà dit à M. le directeur que les fabriques Courrieu de Cogolin étaient prêtes à m'embaucher.

— Ah bon ? Eh bien, on n'en parle plus. D'ailleurs, M. Fauveau est absent pour une semaine. Alors... Ni vu ni connu. Hop, à la corbeille. Signe quand même le reçu de ton pécule.

— Si vous le permettez, monsieur, je vérifie avant.

— Tu sais compter, toi ? Eh bien, ce n'est pas la confiance qui t'étouffe !

Le grand jeune homme à la barbe blonde vida soigneusement l'enveloppe sur la table, empila les pièces, déploya et déplissa les deux billets, sortit un papier froissé et jauni de sa poche pour comparer les chiffres.

— Je pense qu'il doit y avoir une erreur, dit-il enfin, posément. J'ai calculé que j'avais droit à un peu plus de quarante-six francs. Or, vous ne me donnez que vingt-neuf francs cinquante-deux...

— Oh, oh, que voilà un grand comptable, ricana Massé qui commençait à avoir l'habitude de ce genre de récriminations. Mais tu oublies les amendes. Regarde : 7 septembre 1861, a déchiré intentionnellement son pantalon, deux francs. 10 novembre 1862, a joué au tambour au réfectoire avec son écuelle, trois francs cinquante... Je continue ? La liste est longue. Le *Titan* ne t'attendra pas !

— Mais ce n'est pas vrai ! Je n'ai pas eu la moindre amende durant mes quatre ans et demi au Levant ! même pas après mes deux évasions !

— Ce n'est pas moi qui ai écrit ça, mais mon prédécesseur. Comment prouver le contraire ? On pourrait peut-être faire part à Toulon, à M. Biellon, de ta plainte, mais ça prendra huit jours. Je te redonne ton couchage ?

Devillaz se pencha au-dessus de la table, ses deux poings posés sur le sous-main de l'économe.

— Ainsi c'est donc vrai, tout ce qu'on dit... Massé l'escroc, Massé qui s'engraisse de la sueur des enfants, Massé l'ordure...

— Tu voudrais me frapper hein ! dit Massé en s'écartant du bureau. J'appelle les gardiens, moi !

— Je ne m'abaisserai pas à ça ! J'aurais trop peur de me salir. Tiens, je le signe, ton reçu, ce tas de mensonges. Mais ne t'en fais pas ! Comme on dit chez moi, il n'y a que les montagnes qui ne se rencontrent pas.

Et Devillaz sortit en claquant la porte avec tant de vigueur qu'une vitre en dégringola.

— Bon, ça ne s'est pas encore trop mal passé cette fois-ci, murmura Massé.

Puis il ramassa la demande d'engagement dans l'armée non signée, qu'il avait bien pris soin de ne pas chiffonner en la jetant, observa attentivement au bas du reçu la signature de Devillaz et trempa sa plume dans l'encrier. Une petite vengeance de temps en temps, ça ne fait jamais mal...

Baluchon sur l'épaule, Devillaz, soulagé par son éclat, dégringola d'un pas léger le chemin menant à l'Avis. Il n'avait rencontré personne de ses amis depuis ce matin, mais bof ! il leur avait suffisamment fait ses adieux la veille. Au-dessous de lui, l'eau de la calanque avait la clarté du cristal. Un jour, j'apprendrai à nager, ça doit être bien ! J'ai toute la vie devant moi. Toute la vie devant lui... Il entendit, au lavoir, Joséphine Brémond qui chantait en lavant le linge. Bien joyeuse, la *goio* à Gruner. Elle doit penser à son bon ami en faisant sa buguade... La buguade... Faudra que je demande aussi à Lucile de m'apprendre leur fichu patois. D'un coup, l'image de Lucile frottant ses chemises à la rivière lui donna envie de pleurer. Pas de ça, Jeannot ! se gronda-t-il. Chaque chose en son temps ! On verra bien, on verra bien.

Le capitaine Brémond était toujours content de prendre à son bord un forçat libéré du Levant. Ce grand gaillard, il le connaissait bien. C'était lui qui avait demandé un embarquement pour Gruner, ce brave matelot qui était venu le remercier il y a quelque temps. C'était aussi celui que Radel avait bousculé sur le ponton. Brémond lui aurait bien parlé, mais durant la traversée jusqu'à Port-Cros, contrairement aux autres, Devillaz ne détourna pas un instant la tête, ni à bâbord, ni vers la poupe, pour regarder une dernière fois le profil montueux de son ancienne prison. Au contraire, obstiné, ce grand gaillard regardait le continent qui, là-bas, semblait suspendu au-dessus de la mer.

Quand le *Titan* franchit la pointe du Moulin, *L'Ernest* était sur le départ. Il fallait faire vite. Brémond accompagna son passager jusqu'à la coupée du vapeur et, comme d'habitude, mit la main à la poche pour acheter, aux frais de la colonie, le voyage du libéré. Devillaz retint son bras et dit :

— Non, capitaine. À partir de maintenant, c'est moi qui paie.

— Ça c'est parlé. Serre-moi la main. Et bonne chance ! Si un jour tu as besoin de quelque chose, tu sais où me trouver.

Un instant, Devillaz eut envie de demander à ce brave homme à la barbe en éventail des nouvelles de Gruner. Mais non, tout ça, c'était du passé. Quant à son beau geste, payer lui-même son voyage, tant pis s'il écornait son pécule. Au fond de lui-même il était sûr qu'il avait bien fait et que son père l'aurait approuvé. C'en était fini, du Levant, à tout jamais. Oubliés les Radel, les Fauveau, les Laborde...

De toute façon, malgré sa lettre de recommandation, jamais je ne serai ouvrier chez Courrieu... Fini, les pipes. Merde ! Je ne suis plus à Sainte-Anne, non ? Et Lucile, Jeannot ? Elle ? Si elle veut bien de moi, pardi je l'épouse ! Mais si elle me chasse, adieu la belle ! Moi, je remonte à Servoz et je reprends mon bien à l'oncle : le chalet, les vaches, les alpages de mes parents. C'est à moi, non ? Pas à cette brute de commissaire ! S'il ne veut pas me les rendre, je lui casse la gueule. À Servoz, vraiment, Jeannot ? Imagine les gens qui te regardent passer dans la grand-rue : le fils Devillaz est de retour, celui qui est allé au bagne, ce voleur. Pourtant, ses parents, souvenez-vous, ils étaient tellement honnêtes. Ah, il n'a pas de vergogne, ce voyou. Il paraît même qu'il veut faire un procès à son oncle, vous savez, celui qui a réussi, celui qui est commissaire à Paris...

On verra bien, maugréa Devillaz en descendant sur la jetée du port de Toulon. D'abord, Lucile...

Il n'aima pas Toulon. Sur le port, on le bousculait, des marchandes de poisson criaient à ses oreilles... Il acheta des provisions de bouche et une couverture sur le cours Lafayette. Son maigre pécule en diminua d'autant, mais ce n'était pas tous les jours le retour à la liberté. Il demanda le chemin de Cogolin à une marchande de légumes qui lui répondit avec un rire sonore :

— Ça fait une sacrée trotte, *moun gàrri* ! Passe les fortifications à la porte d'Italie et après...

Il n'écouta qu'à peine les explications et quitta à la hâte ce tohu-bohu qui lui rappelait trop le Paris de ses quatorze ans. Et puis, tous ces uniformes... Il laissa derrière lui, avec grand soulagement, les fortifications. Il marcha d'un pas vif, mais au fur et à mesure que l'après-midi avançait, son allure ralentissait : « Si elle m'a attendu tout ce temps, elle pourra bien patienter une petite journée de plus. » Il n'attendit pas la nuit pour se choisir un bivouac sous les pins penchés de Carqueiranne. Il sortit le couteau à lame grossière que Roncelin, jadis, lui avait forgé en secret, brisa un morceau de la miche de pain, posa devant lui la gourde qu'il avait fait remplir de vin, se versa une rasade dans son gobelet, puis se frotta les mains comme s'il s'apprêtait à déguster un festin de roi. Tenant le jambon d'une main, tailladant de l'autre avec le plaisir évident de son premier repas d'homme libre. Comme c'était bon de mâcher avec lenteur le pain frais, papilles épanouies, sans avoir un gardien dans le dos qui vous presse en gueulant de finir la maigre écuelle. Et le silence, malgré les stridulations des cigales, loin du lourd bourdonnement des conversations, du cliquetis des couverts et des bassines qu'amplifiaient en écho les murs du réfectoire. Il s'enroula dans sa couverture qui sentait le neuf et s'endormit paisiblement, son baluchon en guise d'oreiller.

— Debout là-dedans et en vitesse !

Il se dressa d'un coup, en sueur malgré la fraîcheur de cette aube de septembre. Dans une ferme, au loin, un coq chantait. Furieux de son rêve idiot, endolori, il remballa son sac à la hâte et repartit d'une semelle traînante, tout en grignotant un quignon de pain. Peu à peu, malgré tout, par la grâce du soleil, les cauchemars de la nuit se dissipèrent. Il allait, machinal, la tête traversée de pensées confuses. Parfois, il chassait comme une guêpe l'image floue du pénitencier flottant devant ses yeux. Indifférent au paysage, il longea les salines des Pesquiers, suivit les sentiers serpentant à travers les jardins d'Hyères, traversa le Gapeau. Vers les dix heures du matin, il s'arrêta au bord des vignobles de la Londe pour contempler la joyeuse activité des vendangeurs. Il accepta sans façon deux belles grappes qu'une petite fille lui tendit et reprit sa route en dévorant les raisins à belles dents. Dans la montée de Gratteloup, il retrouva, sans s'en rendre compte, son pas assuré et lourd de montagnard. Au col, il rattrapa une charrette chargée de liège que halait un gros percheron.

— Excusez-moi, demanda Devillaz au charretier. Je suis encore loin de Cogolin ?

— Si vous ne traînez pas, monsieur, vous y serez peu après la tombée de la nuit.

« Vous »... « Monsieur »... Il décida de faire un bout de chemin avec ce charretier si aimable, qui le traitait en égal. L'homme était fort bavard et Devillaz n'eut à soutenir la conversation que par quelques monosyllabes. Au bout d'un petit quart d'heure, le charretier décréta :

— C'est le moment de l'avoine. Voulez-vous partager une castagnade avec moi ?

— Avec plaisir ! répliqua Devillaz qui ignorait complètement ce que c'était.

Le charretier l'emmena jusqu'à une clairière où des bûcherons se restauraient accroupis à côté de braises qui pétaradaient de châtaignes fraîches. Pendant que Devillaz se calait solidement l'estomac de marrons grillés et d'une tranche de cuissot de sanglier tué à l'*espère* la nuit même par le chef de coupe, celui-ci l'interpella. Il prit le verre de vin rouge que lui tendait un bûcheron :

— Vous cherchez du travail ?

— Je ne peux pas vous dire encore, répliqua Devillaz la bouche pleine, faut que je passe d'abord à Cogolin.

— Quand vous saurez, revenez donc me voir. On paie un franc le stère. Taillé comme vous l'êtes, et si vous n'êtes pas fainéant, vous ne risquerez pas de pleurer misère.

— Ça m'intéresse, répliqua Devillaz en se levant et en ajustant la bretelle de son sac. Après-demain, si je ne suis pas revenu, c'est que j'ai trouvé autre chose.

Il reprit la route. Au cœur de la forêt du Dom, il s'arrêta soudain : une dizaine de sangliers traversaient le chemin, puis sautaient le talus de la *ribe* tandis que des lapins s'enfuyaient de toutes parts.

Il hâta le pas. Il savait désormais ce qu'il allait faire. Si Lucile se refusait à lui, il quitterait la région. Pour aller où ? Il verrait bien. Si au contraire, elle l'accueillait selon ses espoirs, il deviendrait bûcheron. Mais il n'irait certainement pas demander de l'embauche à Courrieu. D'abord parce qu'il ne voulait pas être, comme le lui avait dit jadis Laborde, « l'ouvrier qui couche avec la cuisinière du patron ». Ensuite, l'idée de se retrouver devant un tour à polir des pipes lui devenait odieuse : le pénitencier, c'était fini. Satisfait de cette décision, il s'arrêta au gué du ruisseau de la Verne et s'y désaltéra, faisant fuir quelques cistudes et des grenouilles. Puis il reprit sa course.

Au bout du chemin, dans le crépuscule, de pâles lueurs filtraient des premières maisons de Cogolin. Il passa comme un voleur devant l'entrée de la fabrique.

Un peu plus loin, les fenêtres de la maison d'Ulysse Courrieu étaient éclairées. Il s'approcha de celles de la cuisine.

Lucile était là, s'activant gracieusement devant ses fourneaux. C'était comme s'il l'avait quittée la veille. Il l'épia ainsi quelques minutes, le temps que les battements de son cœur se calment. Puis il frappa légèrement à la vitre. Elle se retourna, surprise — qu'elle était jolie comme cela ! — et ouvrit :

— Jean ! Mais que fais-tu là ? Tu es fou ! On pourrait nous surprendre. Va m'attendre à l'entrée du village. J'aurai fini mon service dans une heure. Et ne te fais pas voir !

— Mais...

— Il n'y a pas de mais ! File, je te dis !

Il ne lui restait plus qu'à obéir. En s'asseyant dans le maquis, il se sentit enfin serein, sûr de son fait. Sûr d'elle aussi. Mais il n'aurait su dire pourquoi. L'attente lui paraissait longue. Il s'amusa pourtant de son impatience qui ressemblait à celle de son père, il y a si longtemps, le dimanche matin, quand sa mère s'attardait devant le miroir, avant de se rendre à la messe.

La silhouette menue émergea de la nuit. Elle chuchota :

— Viens à la maison. Mais reste quelques pas derrière moi. Si quelqu'un passait...

Tout Cogolin semblait dormir. Il la suivit dans le dédale des rues étroites. Elle ouvrit sa porte, jeta un regard des deux côtés, puis lui fit signe d'entrer. Elle referma doucement derrière lui en murmurant :

— Parle bas, maman et Célestin dorment au premier.

— Quel âge a-t-il ? Il doit aller sur ses huit ans, non ?

Elle lui avait tant parlé, dans ses lettres, de son fils ! Il ajouta en s'asseyant devant une table ornée d'une nappe à petits carreaux rouges et blancs :

— C'est joli, chez toi. Tu n'as rien à manger ? Je meurs de faim !

— Mon pauvre ami ! J'oubliais ! Je te réchauffe un restant de soupe.

Pendant qu'il mangeait, elle, de l'autre côté de la table, fébrile, lui posait question sur question, n'attendant pas les réponses. On aurait dit un papillon pris au piège de l'abat-jour. Quand il reposa sa cuillère dans son assiette, elle chuchota d'un débit précipité :

— Tu dois être fatigué. Suis-moi, il y a un lit dans un coin de la remise au fond du jardin. Tu dormiras bien. Et elle se leva précipitamment. Il l'imita, paisible, faisant non de la tête, avec un bon sourire. Il l'enlaça, elle se crispa un moment, puis s'abandonna. Ils allèrent ainsi, comme en dansant, vers le lit.

Au cœur de la nuit, il s'éveilla en sursaut. Lucile, le visage penché sur lui, lui caressait la joue :

— Tu as crié dans ton sommeil ?

— Rien, un cauchemar. Serre-moi fort.

Un cauchemar... P'tit Noël tombait lentement du haut de la falaise. Et là-haut le bras de Devillaz qui s'allongeait, s'allongeait vers lui sans pouvoir le saisir...

IV

LA RÉVOLTE DES CORSES

Le vendredi 28 septembre 1866, soixante-cinq jeunes détenus venus de la colonie horticole de Saint-Antoine, en Corse, débarquèrent au Levant, ce qui porta le nombre total des colons à deux cent quatre-vingt-huit. Les nouveaux arrivants étaient précédés d'une sulfureuse réputation. Saint-Antoine était considérée comme la colonie disciplinaire où étaient envoyés les plus mauvais sujets parmi les mineurs condamnés aux quatre coins de France. Là-bas, révoltes, évasions, mutineries, vols, voire tentatives d'assassinats étaient, disait la légende, monnaie courante. Les propriétaires de Saint-Antoine d'Ajaccio qui avaient gagné en l'affaire plus de tracas que de bénéfices, se résignèrent à fermer l'établissement. Tous comptes faits, l'administration n'en fut pas mécontente car Saint-Antoine d'Ajaccio risquait de remettre en cause le bien-fondé de la loi de 1850. Or, cette loi était considérée comme l'une des bases de l'œuvre judiciaire et sociale du Second Empire, même si elle avait été promulguée alors que Napoléon III n'était encore que prince-président de la IIe République.

Le directeur Fauveau était quant à lui fort content de cet apport nouveau de main-d'œuvre. Quand il apprit la nouvelle, il demanda à l'administration une douzaine de Corses en plus du contingent qu'on lui proposait, pour avoir la satisfaction d'atteindre au chiffre rond de trois cents détenus : voilà qui marquerait glorieusement le quatrième anniversaire de son mandat. Il n'obtint pas gain de cause ; il lui faudrait se contenter de soixante-cinq nouveaux arrivants : il avait oublié qu'il existait d'autres établissements du même type que le sien, en France et qui réclamaient leur part, eux aussi.

Fauveau s'en consola avec d'autres sujets de satisfaction : vendanges et récoltes avaient été bonnes cette année, et surtout, pour la première fois depuis sa création, le Levant équilibrait ses comptes. Décidément, Massé faisait des miracles. Qu'il y ait eu, en un an, huit décès à déplorer parmi les colons était certes affligeant, mais quoi ! la faute en revenait aux juges du continent qui lui envoyaient parfois des enfants trop fragiles, des malades, voire des agonisants. Dans cette macabre comptabilité, Fauveau oubliait la mort récente, le 18 septembre, de Jacques Borel, seize ans. Un accident, selon la direction, un suicide selon les détenus. Autre sujet de contentement, le directeur de Sainte-Anne avait été nommé par le maire d'Hyères adjoint spécial du Levant. Ainsi, tous les insulaires, et même ceux qui, comme les fermiers Touze, n'étaient pas ses employés, tombaient désormais sous sa juridiction. L'ordre pouvait enfin régner.

Coudurier était seul, toujours seul. Être le rejeton de la fameuse bande qui écuma quelques années auparavant la région nîmoise et l'Aixois aurait pu lui donner un grand prestige aux yeux de certains de ses camarades, mais son attitude farouche, avec parfois des explosions de violence inattendue, faisait peur. De plus, son emploi de cuisinier lui valait haine et mépris. À qui d'autre en effet reprocher la soupe de plus en plus infecte, les portions de plus en plus maigres, sinon à lui, à « Cayenne », comme on le surnommait avec haine et crainte ? On faisait de lui, sinon le responsable, du moins le principal complice de Sa Majesté Pète-Sec et de l'économe. Ah, il ne devait pas pleurer famine tous les jours, ce fils d'assassin, ce tueur de chiens, ce voleur de rations.

Coudurier rongeait son frein. Un jour, il leur ferait payer à tous ce qu'on lui faisait subir. À tous, oui, et surtout au directeur et à son copain Massé, qui le tenaient sans cesse sous la menace de le retirer des cuisines pour l'envoyer dans une brigade disciplinaire jusqu'à la fin de son temps. Cela, Coudurier ne le voulait pas : au moins, derrière ses fourneaux, il était tranquille. Quatre ans encore à tenir. Et après, ils verraient, tous, ils verraient. Il deviendrait le plus grand criminel de tous les temps, il vengerait son père, son oncle Jean-Claude pourrissant à Cayenne, il vengerait son oncle Antoine passé sur la bascule à Charlot pour avoir suriné un horloger de Caen, il vengerait sa mère, surtout, jetée dans quelque caniveau de Tarascon ou de Beaucaire. Coudurier était devenu une bombe de haine qui n'attendait plus que l'étincelle qui la ferait exploser.

Un dimanche, début août, alors qu'il rapportait des fagots destinés à rallumer son four, il fut entouré dans la cour par une petite bande de sept détenus. Il y avait là les trois inséparables Eysseric, Galaret et Lecoq, des anciens qui étaient déjà au pénitencier du temps de Pérignon, des mauvais, toujours à provoquer la bagarre, surtout bien sûr avec des plus petits qu'eux. Naturellement, cet espie de Hernebrood était collé à leurs basques.

— On a à te parler, Cayenne, dit Eysseric.

— Laisse-moi passer. J'ai du travail, moi. Et si tu veux causer avec moi, ce sera d'homme à homme, derrière la cuisine, après le souper.

— Tu vas nous écouter. Tu vois ces deux nouveaux ? Ils s'appellent Allard et Ferrandon. Ils ne paient pas de mine, mais ce sont des durs. La preuve : ils auraient dû aller en Corse. Seulement, ils m'ont appris la nouvelle : la colonie d'Ajaccio va fermer. Il y a un paquet de gars de là-bas qui vont débarquer au Levant. Et pas des mauviettes ! Alors, tu as intérêt à faire de la meilleure nourriture. Car sans ça, ils vont te tanner la peau...

— Je fais avec ce qu'on me donne. Si tu n'es pas content, va te plaindre à Pète-Sec, pas à moi ! Maintenant, laissez-moi passer ou gare... J'ai un couteau.

Tout en grondant des menaces, la bande d'Eysseric s'écarta prudemment.

Les jours et les semaines qui suivirent, Coudurier s'exalta tout seul devant ses casseroles. L'arrivée des Corses lui fut confirmée par le chef, qui devait prendre ses dispositions, car soixante-cinq bouches de plus à nourrir d'un coup demandaient de sérieux aménagements. Le jeune détenu, lui, se bâtissait un roman dans la tête, roman de violence, de sang et de révolte. Il se voyait fusil en main, à la tête d'une armée partant à l'assaut du château en flammes. « Prends ça, Radel ! » Et vlan ! un coup de baïonnette dans le ventre. Avec son sabre, il coupait la tête à Massé. Voila Pète-Sec qui tremble dans son coin, qui demande pitié, qui supplie... « Laissez-le-moi, les gars. Celui-là, j'en fais mon affaire. » Oh, quels raffinements de torture Coudurier imaginait en pesant avec soin la petite motte de saindoux qu'il allait jeter dans la bassine. Puis il prenait dans ses bras la fille du comte, la sauvait de l'incendie... Amiral d'une flottille de pointus, il traversait les océans, arrivait à Cayenne... « Papa, oncle Martin, je viens vous délivrer ! »

Coudurier n'était pas le seul à s'échauffer ainsi. Une sorte de fièvre sourde faisait vibrer tout le pénitencier, fièvre qui montait de plus en plus au fur et mesure que l'arrivée des « Corses », comme tous les appelaient désormais, s'approchait. Oui, les choses allaient changer ! Il n'y avait guère que les plus grands et les plus raisonnables à se tenir à l'écart de cette excitation. Les uns, comme Allègre, le fils de vigneron devenu mitron du Levant, parce qu'ils n'étaient plus qu'à quelques semaines ou quelques mois de leur libération, d'autres comme Roncelin ou Denis parce que leur emploi leur procurait plutôt un statut privilégié. Décors, lui, en digne successeur de Devillaz, s'inquiétait de l'arrivée massive de ces nouveaux, précédés d'une dangereuse réputation. Ne s'étaient-ils pas mutinés à la maison d'arrêt de Toulon quelques jours avant leur transfert sur le Levant ? Qu'allaient-ils faire subir à ses jeunes

Vulnérables, ces tout-petits qui n'avaient pas encore dix ans, ces Domingue, ces Parnoud qu'il avait pris sous sa protection ?

Geuneau, lui, était resté bien qu'il eût fini son temps. Le 23 février dernier, à ses vingt ans révolus, l'économe Massé lui avait proposé de rester au Levant, comme travailleur libre, et salarié bien sûr. L'indolent Vain Dieu avait accepté. Peut-être avait-il cru que c'était un ordre qu'on lui donnait. On le logea dans l'étable, au-dessus de sa chère Cigale. Était-il heureux ainsi, continuant sa routine de charretier, la risée des détenus et des gardiens, dorloté par Mme Brémond et la famille Touze, mascotte des pêcheurs qui l'appelaient « *lou ravi* » ? Attendait-il que Massé lui verse enfin sa première paie, après sept mois, sans compter son pécule ? Nul ne le savait, pas même Décors. Oh ! bien sûr, quand il y pensait, Vain Dieu offrait bien quelques victuailles aux Vulnérables, mais ce n'était plus pareil. Il allait, au pas de sa mule, perdu dans ses rêveries brumeuses...

— Vous n'allez pas avaler un truc pareil, les gars, c'est plein de vermine !

Fouché, dit Boule-de-Neige, s'était mis debout sur son banc et brandissait son écuelle.

— Il a raison, clama Laurent, un grand blond. À Saint-Antoine, si on nous avait donné une soupe pareille, on aurait pendu le cuisinier haut et court.

— C'est vrai que pour pendre, le Laurent, il s'y connaît, ricana l'autre voisin de Boule-de-Neige, Foucaut dit le Capitaine.

Comme son surnom l'indiquait c'était le chef de la bande. Boule-de-Neige continua :

— Mais qu'est-ce que vous avez dans le ventre, vous autres du Levant, pour accepter de manger une telle saloperie ?

— Il a raison, dit une voix à l'autre bout de la salle.

On va montrer aux Corses, que nous aussi, les Levantins, on en a dans la culotte.

C'était Eysseric.

— Bravo, hurla Allard d'une voix suraiguë. Eh ! toi le guide, va dire au gardien-chef qu'on veut lui parler.

Le guide en question, chargé de surveiller le réfectoire, préféra obtempérer et s'en fut en courant vers la pièce où mangeaient les gardiens.

— Pourquoi seulement le chef, espèce de minable ? rétorqua Boule-de-Neige à Allard. Nous, on veut voir le directeur et personne d'autre.

— Bien dit, approuva le Capitaine qui commença à scander : Le di-rec-teur, le di-rec-teur !

Quand Radel et ses hommes entrèrent dans le réfectoire, toute la salle hurlait en frappant avec les cuillères sur les écuelles en fer-blanc :

— Le di-rec-teur, le di-rec-teur !

Les gardiens refluèrent. Radel demanda au gardien Lacombe de partir au galop prévenir M. Fauveau qu'une émeute avait éclaté.

Depuis le vendredi de l'arrivée des Corses, les sujets de mécontentement s'accumulaient, bien que leur installation eût été préparée par Fauveau dans les moindres détails. Le lendemain samedi, on les avait envoyés à la découverte de leurs brigades, la disciplinaire étant sous les ordres du gardien Lacombe. Le dimanche, il n'y avait pas eu le moindre accroc. D'autant que M. de Pourtalès avait débarqué dans l'île quelques jours auparavant, avec sa famille. Aussi, les Corses ne furent pas trop déçus des repas du Levant, même s'ils trouvaient l'ordinaire plus réduit que dans leur ancien pénitencier. Mais dès le lundi midi — on savait par expérience que le comte n'inspectait les cuisines qu'une fois, au tout début de son séjour — la nourriture se gâta et se raréfia à nouveau. Et le soir, ce fut pire. Boule-de-Neige, le plus impétueux de la bande du Capitaine, explosa donc, à l'incitation de son chef.

Quand Fauveau apparut, encadré par ses gardiens, le silence se fit.

— Qu'est-ce qui se passe, ici ? Où vous croyez-vous ?

— Vas-y, Paris, dit Foucaut-le-Capitaine, bien caché derrière sa main. Toi qui sais parler, dis-lui ce qu'on veut. Pa-ris, Pa-ris !

Et les Corses de reprendre, suivis par les Levantins :

— Pa-ris, Pa-ris !

Un jeune homme solide et moustachu se leva de la table de Roncelin le forgeron et dit :

— Pas question que je m'en mêle. Moi, j'attends la fin de mon temps sans histoire, et tu le sais bien, Capitaine.

— Au contraire, au contraire, mon garçon, dit le directeur d'une voix suave, viens donc m'expliquer les raisons de cette grande colère.

Paris était un Savoyard de dix-neuf ans et demi qui avait passé six ans de sa vie à Saint-Antoine d'Ajaccio. Colporteur ou ramoneur comme beaucoup de ses jeunes compatriotes, il avait couru les routes toute son enfance. Les gendarmes ne faisaient guère de différence entre ces itinérants et les vagabonds ordinaires. On l'avait condamné du côté d'Orléans pour outrage public à la pudeur : il avait été pris alors qu'il épanchait en pleine rue un besoin pressant. Doté, comme tout bon colporteur d'un intarissable bagout, il avait indisposé le magistrat qui l'expédia dans la colonie disciplinaire jusqu'à vingt ans. Là-bas, ses talents d'orateur en avaient fait une sorte de délégué des détenus chaque fois qu'ils avaient une revendication à formuler. Au début, gardiens et direction lui avaient fait payer rudement ce rôle de porte-parole, puis s'en étaient accommodés, trouvant même fort pratique de n'avoir affaire qu'à un seul interlocuteur.

Il s'approcha de Fauveau et, comme il l'avait toujours fait, il énonça les revendications :

— Nous ne travaillerons plus tant que la soupe restera immangeable. Il y a des bêtes dedans. Les légumes sont mal cuits. Hier, pour le dimanche, il n'y avait pas assez de viande, pas assez de vin. À Saint-Antoine...

— Tu apprendras que tu n'es plus à Saint-Antoine ici, l'interrompit Fauveau, et que...

— Je n'ai pas fini, répliqua Paris en haussant le ton. À Saint-Antoine, nous avions droit à du tabac et à six heures de récréation par jour...

— Comment cela, tu n'as pas fini ? Monsieur Radel, flanquez-moi cet insolent au cachot !

— Essayez donc de me prendre, répliqua Paris. À moi, les amis !

Aussitôt toute une table de grands Corses, celle du Capitaine, de Boule-de-Neige et de Laurent, se dressa et s'avança, menaçante. Fauveau comprit que lui et ses hommes n'auraient pas le dessus. Il faudrait régler cela plus tard, en les isolant, un par un.

— C'est bien, dit-il avec la voix la plus assurée qu'il put. Je vais aller aux cuisines goûter votre repas. Et si ce que vous me dites est vrai, j'arrangerai les choses. Toi, le porte-parole, ton nom ?

— Paris, monsieur le directeur.

— Je ne t'oublierai pas, Paris.

Le chahut se calma plus ou moins après la sortie du directeur et des gardiens. À la récréation du soir, on s'assembla par petits groupes pour commenter l'événement. Coudurier sortit sous les quolibets des Corses :

— Empoisonneur, affameur du peuple !

Coudurier avait l'habitude. Il courba le dos et rentra la tête dans les épaules, comme pour se protéger d'une pluie imaginaire. Il se dirigea vers Eysseric, très excité, le prit à part et lui parla longuement en secret. La rentrée dans les dortoirs se fit plus ou moins dans l'ordre, mais, du côté des grands Corses, on bavarda longtemps, et sans se cacher, éclairés par des chandelles dénichées Dieu sait où. Les gardiens n'intervinrent pas, suivant les consignes de Fauveau :

— Lâchez-leur un peu la bride sur le cou, messieurs. Pas d'incident avant le départ de M. le comte. D'ailleurs, dans quelques jours, ces Corses se perdront dans la masse. Alors, nous sévirons.

Le lendemain matin, mardi, la soupe au pain qu'ils

prirent avant de partir au travail était assez grasse et les tranches solidement imbibées, bien grosses. C'est ce matin-là qu'un certain Galaret, dix-neuf ans et quelques mois, employé à la carrière, cassa le manche de sa masse. Le maître carrier l'envoya à la forge pour faire réparer son outil. Dès que le maître forgeron eut le dos tourné Galaret prit Roncelin à part :

— Ça va chauffer, à la récréation de midi. Cayenne, Coudurier quoi, va mettre plein de sel dans la soupe. Comme ça, les Corses vont se révolter.

— Dis donc, Galaret, dit Denis qui s'était approché, tu crois que c'est raisonnable, ton histoire ? Tu es libérable bientôt, non ?

— Dans deux mois, camarade, dans deux mois. Le 9 décembre 1866, Thomas Galaret, de la belle cité de Saint-Cirq-Lapopie, département du Lot, embarquera sur le *Titan* vers la liberté. Dans deux mois ! Soixante-huit jours tout juste avant que cette salope de Massé me verse mon pécule.

— Tu devrais plutôt rester tranquille dans ton coin, raisonna Roncelin. Retourne dans ta brigade et fais-toi tout petit.

— Ah ! mais non, répliqua Galaret, pour rien au monde je ne raterais le grand fracas de tout à l'heure. Je veux fêter maintenant ma libération ! Le grand fracas, comme dit Cayenne... Je m'en vais leur casser les portes avec ma masse. Mais attention. Pas fou, Galaret Thomas numéro 92... Pas fou. Ma masse, je ne l'oublierai pas sur place. Ma masse...

— C'est ça, c'est ça, ta masse, dit Roncelin, en le poussant gentiment hors de la cour de la ferme. Retourne à ton travail, mon vieux.

Quand le carrier se fut enfin éloigné, câlinant sa chère masse comme une nourrice son petit, Roncelin se tourna vers Denis.

— Qu'est-ce que tu penses de tout ça, toi qui connais tout le monde, ici ?

— Il y a de l'orage dans l'air. Je n'aime pas beaucoup ça. Galaret est un imbécile. Mais Eysseric est un méchant, un vrai. Je l'ai vu à l'œuvre, avec les petits Noël, dans le temps. Heureusement, Devillaz était là. Coudurier... Coudurier est fou, il me fait peur.

— À moi aussi. Il faut prévenir Décors, Allègre et les autres.

Quant à alerter les gardiens ou leurs chefs, jamais ni Denis ni Roncelin n'y auraient songé. « Vulnérables toujours, espies jamais ! » avait décrété Devillaz, dans le temps, quand c'était le bon temps.

Le temps du ciel, lui, se gâtait en cette fin de matinée du 2 octobre. Il y avait de l'orage dans l'air, comme disait Denis, mais du vrai orage. De gros nuages noirs montaient lourdement de la mer.

Au réfectoire, à midi, torse nu sous le tablier de cuir, Roncelin s'installa à sa place habituelle, juste en face de la porte des cuisines, lissa sa barbe roussie par le feu, disposa devant lui son écuelle, son gobelet et ses couverts. Quatre notes de clairon retentirent au-dehors.

— Tiens, dit-il à la cantonade, voilà la brigade Lacombe qui revient. Ils sont en retard, ça doit être de la faute aux Corses.

Soudain il vit, par l'embrasure de la porte des cuisines, un Coudurier dressant les bras, levant un doigt, deux doigts vers le plafond. Roncelin se retourna pour voir à qui ces signes étaient adressés. Personne...

Les Corses entrèrent. Paris, comme la veille, vint s'installer à côté du forgeron.

— Alors, demanda Roncelin, la matinée s'est bien passée ? Ils ne t'ont pas trop embêté, malgré ton discours d'hier ?

— Ça va. Mais je n'ai jamais autant sué de ma vie. C'est le bagne, ton Levant ! Enfin, encore sept mois et hop ! la liberté, la vie, les femmes !

— Tu as de la veine. Moi, j'en ai encore pour plus d'un an. Regarde le cuistot ! Il se remet à faire des signes... Tu comprends ce que cela veut dire ?

— Non, je ne sais pas. Et toi, tu sais ?

— Ben non, puisque je te le demande...

Les guides de service leur versèrent une louchée de

soupe. Affamés, ils se saisirent de leur cuillère. Un cri de dégoût s'éleva dans le réfectoire. Leur pitance était tellement salée que certains la recrachèrent sur le sol. Quelques grands Corses se ruèrent vers les cuisines, mais Coudurier avait disparu. Les deux petits qui lui servaient de mitrons ne leur parurent pas des victimes dignes de leur vengeance, aussi se replièrent-ils dans le réfectoire, où le chahut était indescriptible. Bancs et tables étaient cul par-dessus tête, les écuelles volaient dans les airs. La cloche retentit. Ils sortirent tous dans un tohu-bohu assourdissant. Machinalement, dans la cour, ils se groupèrent en brigades, n'attendant plus que leurs gardiens pour partir sur les lieux de travail.

Subitement un des Corses se mit à hurler :

— Arrêtez, les amis arrêtez ! Refusons de travailler.

Capitaine entonna d'une voix étonnamment puissante :

Ah ! Ce soir, mes amis, quel tapage !
Ah ! Ce soir, mes amis, quel fracas !
Avec moi, les hommes, les forçats
Faisons éclater notre rage !

Il y eut un silence terrible. D'où venait ce chant effroyable, de quelle geôle, de quel banc de galère ?

Les Corses enchaînèrent :

Nous n'avons qu'un temps à vivre...

Cette joute en chanson s'arrêta d'un coup. Paris se dressa et cria :

— Asseyons-nous tous par terre ! N'en bougeons pas tant que le directeur...

Huit gardiens sortirent de leur cantine. Radel s'essuya la moustache où pendaient quelques miettes de pain et hurla :

— Qu'est-ce que c'est ce foutoir ? Regroupez-vous par brigade et répondez à l'appel.

Il y eut un moment de flottement. Puis le silence se

fit. Chacun, tête basse, finit par obéir. La voix de Capitaine s'éleva à nouveau :

— Ne nous mettons pas en rang, n'allons pas au travail !

Mais, à l'exception d'Eysseric, Galaret, Allard et Ferrandon regroupés autour de lui, on ne l'écouta pas.

— Toujours pareil, ce sont les plus grands les plus cagagneux !

Les gardiens Radel et Lacombe se dirigèrent vers les irréductibles. Fauveau arriva à grands pas et leur ordonna :

— N'intervenez pas pour le moment. Les autres seraient capables de changer d'idée. Attendez que les brigades soient parties sur les chantiers. Surtout, évitez l'affrontement !

— Vivement que l'orage éclate, professa le gardien Lacombe, ça calmera les esprits.

— Très juste, répliqua Fauveau. Monsieur Lacombe, je vous demanderai, dans votre brigade, de relever tous les faits et gestes du dénommé Paris. Il me semble être le principal meneur de vos Corses. Allez, messieurs, je compte sur votre prudence et votre vigilance.

Le directeur prit en hâte le chemin des dépendances du château où il logeait : Mme Fauveau devait faire réchauffer la bouillabaisse, spécialité locale que son mari affectionnait particulièrement. Il se devait d'être en bonne forme pour la réunion budgétaire qui devait se tenir cet après-midi chez le comte.

Dès le départ vers le chantier, les derniers rangs de la brigade Lacombe forcèrent leurs camarades à prendre une direction opposé en criant.

— Allons au phare !

Ils se débandèrent. Quelques-uns des autres brigades les imitèrent, rôdant dans l'île par petits groupes.

Quand Coudurier revint dans les cuisines désertes, ses jeunes aides avaient fait la vaisselle. Le réfectoire avait été rangé par les guides. Cayenne prépara le feu pour le repas du soir. Il dénicha une bouteille de vin qu'il avait cachée là. Alors, selon le précepte de son oncle Eugène, actuellement en prison à Avignon, il reprit du poil de la bête. Ses deux marmitons revinrent avec les provisions.

— Tiens, constata Coudurier, il y a de la viande, ce soir ? Et du bœuf en plus. Mais on n'est pas dimanche !

— C'est m'sieur Massé qui nous a dit, répliqua Domingue.

— Si m'sieur Massé l'a dit, eh bien...

Coudurier but une large gorgée de vin au goulot.

Peut-être que ses rêves de révolutions allaient se réaliser ?

En fin d'après-midi, Lacombe, qui avait rejoint les mutins au *Titan*, finit par les convaincre de rentrer.

De lourds nuages noirs s'étaient accumulés au-dessus de l'île et l'enveloppaient comme un linceul. Tout autour, la mer bouillonnait. Le Levant s'isolait du monde. Le son de la cloche, puis les clairons avertissant du retour des brigades s'étouffaient dans les grondements longs et sourds du tonnerre. Mais le ciel ne crevait toujours pas.

Un formidable brouhaha fit vibrer les murs quand les détenus entrèrent au réfectoire. L'excitation était telle que pas un, sans doute, ne remarqua l'amélioration de leur ordinaire. On s'interpellait de table en table, on chantait, quelques-uns commençaient à se bagarrer : de vieux comptes à régler, lorsqu'enfin la brigade rebelle pénétra dans la cour clairon en tête. Immédiatement, elle se joignit au fracas.

La nuit était tombée plus rapidement qu'à l'accoutumée et le gardien Lacombe, de service ce soir-là, rameuta les guides, dont Roncelin :

— Faisons-les monter dans les dortoirs, ordonna-t-il. Tant pis pour la récréation. S'ils se retrouvent dans la cour, je crains le pire.

Refoulée par cette demi-douzaine de costauds, la foule sortit en désordre du réfectoire et monta les escaliers en se bousculant. Lacombe referma à clé la porte du dortoir des grands. Les guides redescendirent derrière le gardien. Soudain, on entendit des bruits de verre cassé et le roulement assourdissant des pieds sur le plancher.

Le gardien-chef apparut, la chemise débordant du pantalon, la veste ouverte.

— Faites descendre les grands ! Sinon ça va recommencer comme au temps de Gruner !

Un guide remonta ouvrir la porte. Un flot de garçons hurlants se déversa dans la cour. L'obscurité était totale. Parfois un éclair figeait les silhouettes. Une pluie de pierres fit éclater les vitres. Du dortoir des petits s'élevaient des cris et des pleurs. « Laissez-nous sortir ! Laissez-nous sortir ! » On les délivra.

Radel ordonna à quelques guides d'aller garder l'accès des caves et des magasins, à Lacombe de rameuter gardiens et personnel civil. Lui se chargerait d'avertir le directeur, qui dînait chez le comte.

C'était la pagaille la plus complète. Un groupe partit bientôt s'attaquer à la grande cave, mais trop tard : les portes étaient sévèrement gardées par le forgeron, trois autres grands et des maçons piémontais venus à la rescousse.

— Allons au château, cria une voix. Là-bas, il doit y avoir de quoi manger et de quoi boire.

Une horde d'une dizaine de détenus se mit en branle.

— Au château ! Au château !

Décors qui, avec Denis, avait été mettre les Vulnérables à l'abri dans les étables de la ferme, courut prévenir le gardien Lacombe :

— Chef, il y en a qui vont attaquer le château !

— Va chercher les gars qui gardent les caves et file avec eux là-bas.

Les quatre grands qui étaient en faction de l'autre côté du bâtiment, dont Roncelin, Paris et un grand Corse, s'exécutèrent en vitesse.

Pendant ce temps, les mutins, longeant le logement d'un des gardiens, lancèrent une volée de pierres contre ses fenêtres. Maître Laborde, que le vacarme des cailloux avait fait sortir de la fabrique, se mit en travers de leur chemin.

— Où allez-vous ? Que voulez-vous ? interrogea Laborde au moment où il recevait le renfort de Paris, Roncelin et d'un autre Corse.

— Du tabac, cria l'un d'eux.

— Au château, au château, répéta Eysseric, entraînant derrière lui la troupe.

— Revenez ! Vous allez effrayer les dames, hurla en vain Laborde.

— Suivez-moi, dit Roncelin aux deux autres.

Ils s'exécutèrent en vitesse, coupèrent à travers les ravins et arrivèrent au pied de la chapelle du comte, au moment même où la horde débouchait du dernier virage. Trois détenus au service du château venaient de les rejoindre.

— On leur rentre dedans ? demanda Roncelin.

— Laisse-moi faire, dit un grand Corse du château. Avec la bande du Capitaine, je sais comment m'y prendre, depuis le temps que je les pratique.

Et le Corse s'en alla tout seul, distribua quelques marrons et saisit ledit Capitaine au collet, le secoua un peu. Sitôt reposé à terre, celui-ci fit signe à sa bande de rebrousser chemin.

— Et voilà, dit le Corse en rejoignant ses compagnons, ce n'est pas plus compliqué que cela. Ce sont des grandes gueules, mais rien dans le ventre.

— Bravo, apprécia Roncelin. Ton nom ?

— Villevieille.

— Villevieille ! Sans blague ! Mais tu n'étais pas à la Roquette, dans le temps ? Beaumais, le Belge, tu te rappelles ? Moi, je suis Roncelin.

— Roncelin ? Je ne t'aurais jamais reconnu avec ta barbe !

— Dites, les gars, vous fêterez vos retrouvailles plus tard, intervint Paris. Telle que je connais la bande du Capitaine et de Boule-de-Neige, croyez-moi qu'ils ne vont pas aller se coucher tranquillement.

— Tu as raison, approuva Roncelin. Villevieille, et vous trois, vous restez là. On ne sait jamais, ils peuvent revenir. Paris et moi, on coupe par les ravins pour être avant eux au pénitencier.

Dans l'enceinte de l'établissement, Lacombe, bien seul, parait au plus pressé. Enfin, il aperçut entre deux éclairs le directeur qui se dirigeait vers les bureaux. Il se précipita.

— Monsieur le directeur, que fait-on ? On pourrait peut-être dire à M. Lepelletier du Coudray de venir. Les enfants l'aiment bien, il pourra peut-être nous aider à les raisonner.

— Faites pour le mieux ! Et envoyez-le chercher.

— Chef, répondit Roncelin à Lacombe qui lui demandait d'aller au sémaphore. Ne croyez-vous pas que je serais plus utile ici ? Le docteur pourrait aller le chercher avec la carriole de la ferme, en désignant le médecin qui sortait de l'infirmerie. Petit Trouin pourrait l'accompagner, il a déjà conduit la carriole.

Le docteur accepta de bonne grâce. Le gardien du sémaphore, officier de marine à la retraite, était effectivement un homme adoré des détenus. Bien qu'il ne fît pas partie du personnel du pénitencier, il venait souvent à la salle de classe ou à l'infirmerie avec des objets nouveaux ou amusants qu'il collectionnait et qui faisaient la joie des plus jeunes, comme cette lanterne magique dont il renouvelait fréquemment les images. À chacune de ses visites, on eût dit qu'un peu d'enfance éclairait le regard de ces pauvres petits, comme il se plaisait à les appeler...

Dans la cour du pénitencier, la confusion était à son comble. Un des guides signala que, dans les cellules, des prisonniers criaient pour sortir. Coudurier sauta sur l'occasion. Il surgit de la cuisine comme un diable, sauta sur la margelle du bassin et tel un général commandant la charge bras tendu, il se mit à hurler :

— Allons délivrer les prisonniers et sortons le vin de la cave.

Des silhouettes couraient en tous sens dans la nuit. Certains s'armaient de pioches, de pics, d'autres de béchar. Eysseric ramassa une barre à mine et suivit Coudurier au quartier correctionnel. En trois coups de béchar et quelques coups de pic, les portes des cellules du rez-de-chaussée volèrent en éclats. Un des anciens du Levant voulut s'opposer à la libération de deux prisonniers qu'il détestait, mais Coudurier l'écarta.

— On ne fait pas moins pour les uns que pour les autres, gronda-t-il.

Les punis sortirent derrière lui en criant leur joie.

— Aux caves, maintenant, aux caves ! Buvons pour fêter la délivrance de nos amis !

Ils s'y ruèrent, défoncèrent les portes, ressortirent bientôt, roulant des tonneaux. Pendant que quatre ou cinq battaient le rappel en heurtant des cuillères contre le fer-blanc des gobelets pris au réfectoire.

Roncelin et Paris, arrivant à la ferme tout essoufflés de leur course depuis le château, questionnèrent Décors et Denis :

— Où sont les gardiens, où sont les civils ?

— Tous partis ! répliqua Denis. Une bande a attaqué la maison d'un gardien. Ils n'ont pas pu entrer, mais quand ils ont appris ça, ils sont tous partis protéger leur famille. C'est chacun sa peau, maintenant. Il n'y a plus que Lacombe, mais lui, c'est normal, il n'est pas marié. Justement, le voilà !

— Les grands, suivez-moi, cria le gardien célibataire, ils sont en train de se soûler comme des porcs, il faut défoncer les tonneaux.

Roncelin saisit la hache posée sur un tas de souches de bruyère et brisa un tonneau. Les Corses se ruèrent sur lui. Suivant la méthode de Villevieille, Roncelin se dirigea tout droit vers le Capitaine. Mais vlan ! sans qu'il ait pu s'y attendre, celui-ci lui décocha un coup de poing approximatif dans le nez. Roncelin répliqua par un autre coup magistral qui envoya dinguer le Capitaine dans une flaque de vin. Boule-de-Neige et trois autres Corses s'approchèrent menaçants. L'orgie était à son comble, une trentaine d'émeutiers buvaient à la bonde, d'autres s'enfilaient de grands gobelets à ras bord. Tous chantaient, se disputaient, rigolaient ou étaient déjà ivres. Mis à part les Vulnérables et quelques autres, du plus grand au plus petit, tous se précipitèrent pour avoir leur part des quelques hectolitres de vin contenus dans les tonneaux.

L'excitation grandissait.

— Fiche le camp, Roncelin, cria Paris.

Les deux garçons battirent en retraite. Lacombe lança alors cette phrase inouïe aux fêtards :

— Vous ne croyez pas qu'il est l'heure d'aller se coucher ? Vous empêchez tout le monde de dormir !

Le comble fut que la plupart des buveurs obéirent et que le réfectoire se vida. Certains montèrent même dans les dortoirs où déjà nombre de lits étaient occupés par des détenus trop las pour continuer. Il ne resta dans la cour que les plus déterminés. D'autres erraient sans but aux alentours des bâtiments.

— Allons piller les magasins, cria le Capitaine. Il y a de quoi manger et de quoi boire là-dedans.

Aussitôt dit, aussitôt fait. La porte du bâtiment administratif que Fauveau avait verrouillée derrière lui fut vite défoncée à coups de barre à mine. La serrure du vestibule s'arracha au premier coup de masse de Galaret. Mais la porte du magasin des approvisionnements fut, elle, difficile à forcer. Seul le panneau supérieur céda ; le battant du bas ayant résisté, les plus hardis l'enjambèrent. La curée commença. Le vaste magasin était bien garni : des charcuteries, trois barriques d'eau-de-vie, du tabac, une grande caisse de bougies, une petite caisse d'allumettes, des tonneaux de saindoux, d'huile d'olive... Les détenus arrivaient de partout pour participer au pillage. Ils affluaient du réfectoire, de la distillerie, des alentours de la boulangerie dont certains avaient commencé le siège. Mais le fournil était bien défendu par le maître-boulanger et Allègre, son mitron. Ils surgissaient des sous-bois, du maquis, des dortoirs pour tenter d'arracher une part des provisions. On faisait la queue dans le vestibule, on s'y bousculait. De l'autre côté, à l'extérieur, sous les fenêtres dotées de solides barreaux, il y avait foule également : « Passe-moi du saucisson, passe-moi des bougies », et les trésors pleuvaient.

Le muletier Geuneau rentrait paisiblement d'une veillée passée à la ferme du Jas Vieux, chez les Touze où il avait retrouvé un peu de l'ambiance de sa Nièvre natale. Il demanda ce qui se passait.

— Eh, monsieur Vain Dieu, lui répondit l'un des pillards. Prenez donc ce morceau de lard et ces bougies. C'est fête aujourd'hui.

Geuneau accepta le cadeau et repartit vers l'étable qui lui servait de logis.

Coudurier, de retour aux cuisines avec Allard et Ferrandon, versa du vin dans une casserole, ajouta de l'eau-de-vie et un pain de sucre qu'ils avaient ramenés du magasin et fit du vin chaud. « Cayenne » servit quelques rasades de son breuvage à ceux qui entraient dans la cuisine. Tous trois en burent deux pichets, pendant que d'autres préparaient du fricot. Lacombe voulut les faire sortir. Pour toute réponse, il reçut à la tête un grand nombre d'ustensiles.

Le gardien du sémaphore, le docteur et Trouin arrivèrent enfin. L'aumônier était en grande discussion, à l'extérieur de l'établissement, avec un petit groupe. Se mêlant à la conversation, du Coudray essaya de calmer les enfants. Ceux du Levant l'écoutaient, mais un grand blond à l'accent parisien l'interrompit.

— À notre place, vous agiriez comme nous.

Les Corses lui donnèrent raison et pour faire bonne mesure injurièrent le docteur et l'aumônier.

— Ne restons pas là ! dit du Coudray, ils sont ivres et il suffit d'un seul excité pour entraîner les autres.

L'inquiétude marquait le visage du docteur qui avait

hâte de retrouver ses malades. Lepelletier du Coudray et l'aumônier entrèrent dans le bâtiment administratif. Une centaine d'enfants, bougie en main, pillaient, buvaient à même le bec au broc d'eau-de-vie qu'ils se passaient de l'un à l'autre. L'exaltation était telle que du Coudray s'inquiéta.

— Tâchez au moins de ne pas mettre le feu, leur cria-t-il.

Jugeant critique la situation du directeur réfugié dans son bureau du premier étage, ils gravirent quatre à quatre les marches. Du Coudray conseilla :

— Il vous faut déguerpir au plus vite. Si jamais l'un d'entre eux entraîne les autres dans l'escalier vous serez coincé dans ce bureau. Il vous faut être libre de vos mouvements et regrouper vos forces. Je vais vous accompagner au château. Les anciens du Levant me connaissent bien, ils n'oseront pas nous importuner.

Un mélange d'odeur de bougies consumées, d'eau-de-vie, de pétrole et d'huile envahissait la cage d'escalier. Du Coudray ouvrait le passage. Les quolibets fusaient de toutes parts. Fauveau découvrit à la lueur des éclairs une cour jonchée de tonneaux d'où s'écoulait encore un peu de vin. Le désordre était partout. Capitaine cherchait Roncelin en criant : « Où est-il ce grand forgeron barbu ! »

Le gardien-chef, qui avait aperçu le directeur, le conduisit dans la cour de la ferme, à l'autre extrémité du pénitencier. Ici, les mutins ne s'aventuraient pas. Fauveau tint un conseil de guerre. Radel qui habitait là, Lacombe, du Coudray et l'aumônier étaient les seuls présents. Les autres gardiens étaient rentrés chez eux pour protéger leur famille d'une éventuelle attaque. Arrivèrent également le médecin, l'instituteur, le maître-forgeron, le cordonnier, quelques maçons et bouscatiers piémontais célibataires.

— Que pensez-vous de la situation ?

— Impossible de reprendre les choses en main ce soir, mais demain tout sera fini, affirma Radel avec conviction. Dans une demi-heure la pluie les calmera. Ou bien, sortons nos fusils !

— Pas de fusil, Radel, pas de fusil. Le règlement l'interdit formellement. Je suis le premier à le déplorer, mais s'il y a le moindre blessé parmi les colons, nous nous retrouverons sur les bancs des tribunaux. Dans la situation présente, l'essentiel est d'empêcher les mutins de se répandre dans l'île. Essayons de les cantonner dans la grande cour. Il y en a certainement qui rôdent dans le maquis, mais ils ne pourront pas atteindre les embarcations de pêcheurs, ni le *Titan*. J'ai donné ordre aux barques de se tenir au large, autant que le temps le permet. De toute façon, les équipages sont à bord. Un des pêcheurs est allé demander le renfort du capitaine du Génie de Port-Cros et des volontaires. Il est impossible aux mutins de sortir de l'île. Quant aux populations civiles, surtout les femmes et les enfants, M. le comte m'a fait dire qu'il les invite à se rendre au château, s'ils sentent que leur sécurité est en danger.

— Fort beau geste, approuva l'instituteur et qui m'évoque la mission des seigneurs du Moyen Âge vis-à-vis de leurs vassaux !

— La comparaison est jolie, répliqua l'aumônier.

— Messieurs, je vous en prie, coupa Fauveau, l'heure n'est pas aux considérations historiques. À propos, où est M. l'économe ?

— Ce cher Massé, grinça le médecin. D'urgents problèmes à régler, sans doute...

— Eh bien ! que les familles se réfugient au château, mais que les gardiens viennent ici au plus vite, nom d'un chien ! Monsieur du Coudray, les enfants vous aiment bien, et moi, ils me respectent. Nous allons nous rendre avec l'instituteur et monsieur l'aumônier auprès des détenus afin de les raisonner. Ceux qui ne sont pas abrutis d'alcool pourront, je crois, entendre raison.

— Je ne pense pas, monsieur le directeur, répliqua le gardien du sémaphore, que votre présence soit souhaitable. Vous représentez plus que tout autre l'autorité. Vous risqueriez d'attiser des haines ou des vengeances et même de mettre votre vie en danger.

— Merci de votre sollicitude, mais je ne veux pas passer à leurs yeux pour un lâche. Mon autorité est en jeu dans cette affaire. Suivez-moi, messieurs.

L'entrée de l'aile ouest du pénitencier était illuminée. Dans le vestibule du rez-de-chaussée, des détenus dormaient, d'autres, vautrés, tétaient des fiasques d'eau-de-vie. On entendait un bourdonnement de conversations vagues, quelqu'un sifflait les notes d'une chanson. Des chandelles, collées à même le sol, éclairaient les lieux comme en plein jour. On remarqua à peine l'apparition des adultes.

— Docteur, monsieur l'instituteur, suivez-moi à l'étage. Monsieur du Coudray, et vous, mon père, allez essayer de raisonner ceux qui sont dans les magasins.

Fauveau monta les escaliers en enjambant des corps avachis. Dans les locaux administratifs, toutes les portes béaient. Les tiroirs étaient ouverts, des papiers jonchaient le sol. Assis en tailleur sur son bureau, un grand lisait un dossier en riant :

— Écoutez-moi ça les gars : Hernebrood, dix coups de fouet, vingt jours de cachot, pour s'être livré, la nuit du 12 au 13 mai 1865, à des attouchements indécents sur la personne du colon Trouin...

— You, you, you ! Hernebrood, ma chère ! dit un autre d'une voix suraiguë.

— Pet ! V'là Pète-Sec qui radine.

Pète-Sec ! Fauveau encaissa mal le sobriquet. Tous les mutins occupant le bureau directorial se dressèrent. Ils s'approchèrent du directeur et des deux hommes d'un pas lent. Fauveau garda son sang-froid. Il en avait vu d'autres à Clairvaux :

— Allons, les enfants. Arrêtons les bêtises, maintenant. On va tous se coucher. Moi, je tire un trait sur tout cela. Et demain...

Il ne put achever sa phrase. L'instituteur et le médecin l'entraînaient maintenant dans l'escalier.

— Laissez-moi, protesta-t-il, je connais mon métier.

— Pète-Sec, Pète-Sec ! scandait-on derrière lui.

Alors que le directeur quittait les lieux, l'aumônier les suivit pour protéger leurs arrières. Certains irréductibles les huèrent jusque sous le porche, à côté du poste de garde.

— Il n'y a rien à faire pour le moment, dit Fauveau. Laissons passer la nuit. Nous lancerons l'offensive demain matin à l'aube. Ils seront alors dans un tel état qu'il sera facile de les cueillir. Replions-nous sur le château.

— Mais, dit Lacombe qui venait de les rejoindre, on ne peut pas les laisser livrés à eux-mêmes. Et comme le dit du Coudray, l'incendie risque d'éclater à tout moment.

— Que voulez-vous que je fasse d'autre ? Une descente dans le bâtiment à coups de fusil ? Le remède risque d'être pire que le mal.

Pendant que le gardien Lacombe restait en sentinelle dans la cour de la ferme, Fauveau et les autres battirent en retraite vers le château. Le docteur Rédard s'en alla vers l'infirmerie.

Alors que tous s'en étaient allés, le gardien du sémaphore avait enfin atteint les magasins. Le sol était poisseux d'un mélange d'alcool, de saindoux, d'huile et de coaltar coulant d'un tonneau éventré.

— Tiens donc, lança un des garçons, v'là m'sieur du Coudray. Vous n'avez pas apporté votre lanterne magique ? La fête serait complète !

— On veut pas de curé ici, cria un Corse qui n'avait pas vu partir l'ecclésiastique. Envoyez-nous plutôt un gardien qu'on lui casse le cou !

Du Coudray tenta de raisonner ceux des garçons qu'il connaissait au moins de vue. Certains se laissèrent convaincre. Alors que Coudurier, Allard et Ferrandon, passablement éméchés, attendaient que les grands soient tous sortis, c'était au tour des petits de participer au pillage. Coudurier, une bougie allumée dans une main, un entonnoir dans l'autre, admettait les uns, refoulait les autres.

— Toi Ferrandon, tu mettras le feu quand tous les espies seront entrés et toi, Allard, tu les empêcheras de sortir.

Du Coudray, s'avançant vers la porte du magasin aux vivres, entendit soudain :

— Mets le feu.

Un liquide enflammé coulant d'une dame-jeanne brisée dressa une barrière de feu empêchant toute sortie. Les fenêtres garnies de barreaux infranchissables faisaient du local un véritable piège à rats. Le jeune Garibaldy essaya d'enjamber la porte à demi brisée, mais fut contraint d'amorcer un recul, attendant que les flammes s'apaisent. Apercevant le gardien du sémaphore, Garibaldy lui cria :

— Monsieur du Coudray, sauvez-moi !

Du Coudray prit une couverture entreposée dans le vestibule et courut la tremper dans le bassin de la cour. La course fut l'affaire d'un instant. Il s'apprêtait à envelopper Garibaldy dans la couverture lorsqu'un grand blond le poussa. Huit de ses copains, parmi les plus grands des nouveaux arrivés de Saint-Antoine, le saisirent par la tête, les pieds, le cou et l'enlevèrent comme une plume.

— Je suis mort, songea du Coudray, ils vont me jeter aux flammes. Crever comme ça, à quarante ans, que c'est bête !

Les Corses le portèrent hors du bâtiment. Au passage quelques-uns criaient :

— Tapez-lui dessus, assommez-le !

Et du Coudray reçut une volée de coups. Quand ses porteurs s'arrêtèrent enfin, il était au bord de la tranchée par laquelle on accédait aux grandes caves souterraines et aux cachots. Les seize bras qui l'avaient saisi le précipitèrent quatre mètres plus bas. Un craquement, suivi d'une douleur atroce dans la jambe. Il s'évanouit.

Le jeune Trouin qui, d'une encoignure du vestibule, avait assisté impuissant à la furie collective contre du Coudray essaya à son tour de passer des couvertures mouillées au travers des barreaux de la fenêtre extérieure. On le jeta dans la tranchée. Avec agilité, il s'agrippa à mi-pente et se hissa en haut du talus, dès que ses agresseurs eurent tourné les talons. Ne se décourageant pas pour autant, il ramassa une barre à mine abandonnée dans la cour et entreprit de desceller les barreaux. Les mêmes grands qui l'avaient jeté dans la tranchée le menacèrent avec des bâtons.

— C'est bien fait pour les « espies », fulminait un émeutier.

Quand Garibaldy comprit l'imminence du danger, il escalada de nouveau la porte. Trois coups de couteau aux cuisses et à la poitrine le stoppèrent. Le malheureux bascula dans le magasin. Le pétrole enflammé coulait par-dessous la porte. Le magasin s'embrasa.

— Au secours, au secours !

Le gardien Lacombe en sentinelle dans la cour de la ferme vit surgir un émeutier affolé, gesticulant :

— On tue des innocents, là-bas, au magasin. Mais c'est pas vrai, c'est pas des espies ! Au meurtre, à l'assassin !

Le gardien Lacombe, Paris, Roncelin et Villevieille arrivèrent en courant dans la grande cour, pénétrèrent dans le bâtiment administratif. Une épaisse fumée noire à l'odeur âcre de goudron les empêcha d'aller dans le vestibule. Des cris de douleur montaient du magasin.

— Il faut passer par l'extérieur, hurla Lacombe.

De l'autre côté, le spectacle était aussi épouvantable que grotesque, un cauchemar. Parfois, la lueur des flammes jaillissant des fenêtres éclairait un visage tordu de dément. Garibaldy, Vion, Rebattu et Tissard, dit le perruquier, se cramponnaient aux barreaux, poussant les mêmes cris horribles que ceux des dix autres de leurs camarades piégés dans le local. Roncelin, Paris et Villevieille se frayèrent un chemin vers les fenêtres où s'accrochaient les prisonniers. Le gardien Lacombe criait en sanglotant :

— Ne les laissez pas mourir, ne les laissez pas mourir ! Prenez du sable dans vos blouses, jetez-le sur le coaltar. Vous autres, allez chercher de l'eau au bassin. Faites la chaîne ! Allez chercher des couvertures, trempez-les dans le bassin et jetez-les dessus le temps qu'on arrive à les tirer de là.

Paris et Trouin filèrent vers les dortoirs.

La foule apathique regardait, indifférente, Lacombe s'agiter. Le gardien lança une énorme gifle à celui qui était le plus près de lui et qui le considérait, béat, comme un phénomène de foire. Sous le coup, le garçon recula et dit d'une voix nasillarde :

— Qu'ils crèvent ces espies-là, c'est bien fait, il ne fallait pas qu'ils y aillent !

Avec un chevron trouvé à proximité, Paris et Villevieille essayèrent vainement de desceller les barreaux. La pièce de bois se rompit. Roncelin, parti chercher une pioche à la forge, trouva la porte fermée. Finalement, il en récupéra une devant l'entrée des cellules.

Le sable, l'eau, la terre, rien n'y faisait. Les suppliciés hurlaient en se tortillant autour des barreaux, passaient leurs petites jambes entre les barres de fer tout en les mordant, grattaient les murs avec leurs ongles. Une voix déchirante, sentant la fin proche, dit dans un dernier souffle :

— Ma mère ! Ma mère !

Au retour de l'apprenti forgeron, il ne restait plus que Tissard. Roncelin le connaissait, on l'appelait le Perruquier. C'était lui qui était chargé de couper les cheveux de ses camarades tous les mois. Avec la dernière énergie, Roncelin, tapait, tapait, tapait... sur les scellements. Il ne pouvait détacher son regard des flammes. Un garçon de treize ans saisit le bras du forgeron.

— Gaffe, Roncelin, gaffe ! Le Capitaine te cherche. Il veut te faire la peau.

— Eh bien qu'il me trouve ! Laisse tomber ton couteau Allard, tu ne me fais pas peur.

— C'est pas pour toi le couteau, c'est pour cette salope de Ferrandon. Il va voir ce que c'est que de trahir...

D'un revers de main, Roncelin envoya Allard valdinguer au loin. Soudain un retour de flammes l'obligea à reculer. Les trois tonneaux d'eau-de-vie venaient d'exploser. Le saindoux, l'huile d'olive et l'alcool grésillaient avec une extrême violence. À son tour le Perruquier tomba dans la fournaise. Horrifié, l'apprenti forgeron vit la figure du Perruquier se boursoufler, noircir, ses joues coulaient comme de la cire molle, les yeux semblaient se gonfler démesurément. Et la tête du garçon disparut dans la fournaise. Seules les mains restaient accrochées aux barreaux.

À l'autre fenêtre, les jambes restées pendantes tombèrent cinq mètres plus bas à côté du gardien du sémaphore qui venait tout juste de sortir de son évanouissement. Pour ce brave homme c'était la pire des horreurs.

— Il faut sortir de là, grinça-t-il en rampant dans le fond de sa tranchée.

Brusquement, la pluie torrentielle qui se mit à tomber lui fit retrouver un peu ses esprits tout en ravivant la douleur de sa jambe brisée. Du Coudray, grimaçant, pleurant de rage et de désespoir, appelait à l'aide d'une voix faible.

Trouin, abasourdi, était là, figé. Il l'entendit.

— Mon Dieu, dit-il, ce brave monsieur du Coudray.

Et il dévala le talus, se dirigea à tâtons vers les faibles plaintes du guetteur du sémaphore.

— De l'aide, les gars ! De l'aide pour l'homme à lanterne magique, s'égosilla Trouin, mettant ses mains en porte-voix.

Villevielle répondit le premier, se pencha vers lui et constata que l'os de la cuisse traversait le pantalon.

— On va le porter comment ? interrogea-t-il.

— Le cha-rre-ton, à la fer-me, haleta du Coudray.

Villevieille bondit hors de la tranchée et courut à la ferme. Denis et Décors, qui gardaient Domingue et Parnoud, suivirent l'ancien de la Roquette, l'un poussait, l'autre guidait le petit véhicule. Parnoud prévint le docteur.

L'incendie se propageait à grande vitesse. Une tonne de coaltar et un baril de deux cents litres de pétrole s'étaient enflammés dans le vestibule, rendant quasiment impossible toute approche du bâtiment. La confusion était à son comble. Des témoins du drame vomissaient leur haine contre ceux qui avaient mis le feu. Roncelin poussa un hurlement de loup vers le ciel. Il criait, il criait, sans pouvoir se retenir. Soudain, il se mit à courir dans la nuit, loin, loin, le plus loin possible du brasier, de l'enfer.

Des bandes sillonnèrent toute la nuit les alentours du pénitencier. Le lendemain, partout dans l'île, de petits groupes de détenus erraient, sans but, hagards après cette nuit de bacchanales mortelles. Mais la majorité d'entre eux, surtout les petits encadrés par les Vulnérables et quelques employés civils, étaient restés dans l'enceinte de la colonie. D'autres avaient tenté de rejoindre Port-Cros à la nage ou sur des radeaux de fortune, mais la tempête les en avait dissuadés. Une bande mieux organisée, sous la houlette des grands Corses, le Capitaine, Boule-de-Neige, Laurent et Béroud, guidés par les anciens du Levant, Eysseric et Galaret, avait fini par se retrancher dans la batterie de l'Arbousier. Perchée en haut de l'île, la petite forteresse leur semblait imprenable. Certains d'entre eux réussirent à dégripper le mécanisme du pont-levis. Un autre alluma un feu dans la cheminée de la salle de garde. Qu'espéraient-ils ? Ils ne le savaient sans doute pas eux-mêmes. Peut-être jouaient-ils à la guerre. En bas, ils voyaient une épaisse fumée s'élever du pénitencier.

Cependant, dans le petit matin gris, le comte et le directeur, escortés par les gardiens, avaient emmené leurs familles à l'embarcadère où le *Titan* les attendait. Une voix s'éleva des hauteurs de l'Avis :

— Jetez-les à l'eau, ces putains, ces chameaux !

Et une averse d'injures creva dans la calanque, mêlée à la pluie. Le *Titan* appareilla pour aller déposer les femmes et les enfants à Port-Cros, puis filer sur Toulon où l'aumônier était chargé d'alerter la sous-préfecture. Le comte et sa troupe remontèrent au château où s'était réfugiée une bonne partie des familles. Toute la journée se passa dans l'angoisse. Là-bas le pénitencier flambait.

Le jeudi à neuf heures du matin, le vapeur de la Royale *Le Robuste* débarqua dans l'Avis deux brigades de gendarmerie, une section d'infanterie coloniale, le sous-préfet lui-même, le juge d'instruction, le substitut du procureur impérial et un médecin. La première tâche fut d'éteindre définitivement l'incendie, car le bâtiment sinistré continuait de se consumer. Les plafonds achevaient de s'effondrer et, sous l'amoncellement des décombres, les grosses poutres de châtaignier brûlaient encore. La pluie avait cessé ; le vent risquait de tourner et de raviver l'incendie. Il fallait engager la lutte au plus vite.

À l'infirmerie de campagne, Lepelletier du Coudray grelottait sous une couverture. À ses côtés, le docteur, qui lui avait fait une attelle de fortune, et le détenu Trouin qui tentait tant bien que mal de le réconforter. La cuisse du gardien du sémaphore était atrocement gonflée. Un navire de la Royale, *Le Louis XIV*, en manœuvre au large du Levant et qui avait été appelé à la rescousse, accepta de se charger de son évacuation vers Toulon. Lorsqu'il fallut placer le membre fracturé dans l'appareil que le médecin du vaisseau avait apporté, la douleur fut si insupportable que du Coudray s'évanouit.

Quand enfin, au bout de six heures l'incendie fut circonscrit, on découvrit sous l'appui des fenêtres du magasin les restes carbonisés de cadavres. On retira des fragments de bras, de jambes, des portions de tronc, des os torréfiés. Une odeur de chair grillée empuantissait l'atmosphère. Les médecins pensèrent même que certaines victimes avaient pu être entièrement réduites en cendres : la force de l'incendie, alimenté par le pétrole, le soufre, le bitume et l'huile, avait fait fondre les vitres et tordu les barreaux.

Les battues s'organisèrent et durèrent jusqu'à la tombée de la nuit. Presque tous les détenus furent rassemblés à l'exception de ceux qui s'étaient enfermés dans la batterie de l'Arbousier. Au soir de ce 4 octobre, s'ajouta le décès du jeune Léon Bozet des suites d'une mauvaise grippe.

À l'aube du vendredi, soldats et gendarmes assiégèrent le fort. L'officier fit tirer un coup de semonce. Puis, dans son porte-voix, il demanda aux assiégés de se rendre. Les insurgés répliquèrent par une volée de pierres. Le silence se fit.

Derrière les murs épais se tenait un conseil de guerre très animé :

— C'est fichu, les gars, il n'y a rien à faire, ils vont nous tirer comme des lapins, plaidait Foucaut.

— Tu n'as rien dans le ventre, hurla Béroud. Tu as beau te faire appeler le Capitaine, tu t'es toujours planqué derrière les autres, un poltron quoi ! Moi, je n'ai plus rien à perdre. C'est le bagne ou une balle dans la tête. Je préfère la balle. Quels sont les braves qui restent avec moi ?

— Moi ! répliquèrent en chœur Boule-de-Neige et Laurent.

— La liberté ou la mort, ricana Allard qui préféra tous comptes faits se ranger derrière Foucaut.

— Tas de lâches ! S'il n'y en a qu'un à mourir en brave je serai celui-là, répliqua Béroud.

Un désir de gloriole saisit quelques-uns de ses compagnons. Ah ! tomber sous les balles en clamant des paroles sublimes !

Le Capitaine haussa les épaules. Puis il ordonna à Eysseric et Allard de baisser le pont-levis. Les soldats investirent la place. C'était fini. Même Boule-de-Neige et Laurent, résignés, tendirent leurs poignets aux gendarmes. Béroud, lui, se débattit avec une force peu commune, blessant même de ses poings les deux hommes qui tentaient de lui passer les menottes. Cependant, perdu au milieu du troupeau des vaincus, on eût dit que Foucaut le Capitaine était devenu transparent.

Le juge auditionna d'abord ces derniers rebelles. Au fur et à mesure des dénonciations, il isolait les prévenus les uns des autres : il voulait empêcher les versions concertées et soustraire aux pressions ceux qui avaient fait des révélations. Les assiégés de l'Arbousier constituèrent le plus gros des prévenus que le juge d'instruction décida d'expédier à Toulon dès le samedi, escortés par les gendarmes, le sous-préfet et le substitut. En un jour et demi, il lui fut fort difficile de distinguer dans cette masse de témoignages et de dénonciations quels étaient les vrais meneurs. Un nom revenait tout le temps, celui du cuisinier Coudurier. Coudurier, le fils de forçats, Coudurier dit Cayenne, Coudurier qui, pourtant, avait participé avec zèle à l'extinction de l'incendie et aux premières battues.

Avant de quitter l'île, le substitut avait invité Fauveau à poursuivre les recherches : il soupçonnait que trois détenus, présumés morts dans l'incendie, se cachaient dans le maquis. Fauveau obtempéra avec beaucoup de bonne volonté et offrit aux défricheurs piémontais une prime de dix francs pour tout enfant mort ou vif qu'ils découvriraient ou captureraient. De son côté, le juge d'instruction estimait ces gesticulations inutiles et disproportionnées. Il était intimement persuadé que les trois disparus s'étaient entièrement consumés dans l'incendie ou que peut-être ils s'étaient noyés en cherchant à fuir dans la tempête. Sans doute avait-il raison, car les recherches furent vaines. Le magistrat était fort indisposé contre le directeur du pénitencier. La conduite de Fauveau durant la nuit tragique lui paraissait aussi brouillonne qu'inefficace.

Les auditions du juge se poursuivirent jusqu'au lundi soir. Fauveau accusa formellement l'un des Corses, Paris, d'avoir été l'instigateur de la révolte, alors que ce garçon s'était montré l'un des sauveteurs les plus dévoués, selon le témoignage du gardien Lacombe. Mais ses collègues, qui visiblement s'étaient donné le mot, chargeaient le jeune homme. Le juge dut se résigner à inculper le nommé Paris.

Quant à Jean Geuneau, son nom était revenu souvent quand le juge interrogeait les enfants sur le pillage proprement dit :

— Tout le monde a volé dans le magasin, répondait-on. Il y avait même le muletier... Il a pris de l'eau-de-vie, il a pris des chandelles, il a volé une bonbonne d'huile...

Et c'est ainsi que Vain Dieu se retrouva au fond de la cale du vapeur *Le Robuste*, entassé au milieu de trente-sept autres prévenus, englué dans leurs vomissures.

Lorsque le vapeur s'amarra à la darse de Vauban, l'horloge de Castigneau sonnait vingt et une heures.

Par manque de place à Saint-Roch, on regroupa les prévenus dans les casemates du fort Lamalgue. Cette promiscuité provoqua très vite des sentiments d'animosité. Ceux du Levant accusaient les colons de Saint-Antoine d'être responsables de la révolte. Ce qui provoqua rancœurs et inimitiés chez les Corses qui, à leur tour, narguèrent constamment les Levantins. Le 17 novembre, après le dîner, sous le préau, deux d'entre eux en vinrent aux mains. Le Corse sortit de sa poche un manche de cuillère sommairement affûté et en donna dix coups à son adversaire qui mourut le lendemain à l'hôpital de Toulon.

Théo Gruner, accroupi à la carène du *Saint-Trophime*, abandonné sur la plage du Lavandou, frottait la coque du pointu avec un morceau de jute empli de sable. L'ancien détenu était devenu un pêcheur comme les autres. L'an passé, de retour d'une longue campagne sur la goélette *L'Olympe*, il avait acheté un costume et une casquette neuve. Au Lavandou, des pêcheurs l'embarquèrent jusqu'au Levant. Raide et compassé, le marin prit son courage à deux mains et fit sa demande en mariage au père de Joséphine. Le capitaine et Augustine Brémond n'émirent guère de difficultés tant la joie de leur fille était évidente. Le patron du *Titan*, qui se doutait de quelque chose depuis longtemps, avait pris ses renseignements : sur *L'Olympe*, Gruner s'était montré un matelot exemplaire. Il avait posé sac à terre avec cinq cents francs d'économies. Brémond ne mit qu'une seule condition à ce mariage : que son futur gendre devienne pêcheur au Lavandou. Fini les croisières au bout du monde. Gruner accepta volontiers, car lui-même était las de cette vie errante. À vingt ans, il aspirait à posséder un toit, une gentille épouse, des enfants. Et cette île du Levant où il avait passé deux ans de sa jeunesse s'était ancrée profondément dans son cœur, sans qu'il sût vraiment pourquoi. Grâce à son beau-père, il embarqua sur le *Saint-Trophime*, un des meilleurs bateaux de pêche de la prud'homie, dont le patron, Marius Bret, était un *mestré pescadou* de haute réputation. Ce fut une rude école pour l'ancien forçat. Travaillant pour une demi-part, durant son apprentissage, il s'initia aux postes de calées, au remaillage des filets, à la fabrication des *garbelles*, ces grandes nasses pour les langoustes, et à la délicate navigation aux abords des îles d'Or. Quand enfin Marius Bret informa Brémond que la formation de son matelot était accomplie, Théo put épouser sa jolie *goio*. Le jeune ménage s'installa dans une petite maison, au bord de la plage du Lavandou. De sa fenêtre, Gruner voyait le Levant.

Mais, en ce matin du 15 décembre 1866, alors qu'il débarrassait la coque du *Saint-Trophime* de ses tarets, Théo Gruner avait la tête ailleurs. Il venait de recevoir une convocation à comparaître devant le tribunal de Draguignan afin d'y témoigner à la décharge de l'inculpé Geuneau. Théo n'avait vraiment connu le brave muletier qu'un peu avant sa libération. Ensuite, à chaque escale, quand il allait faire sa cour à Joséphine, il le rencontrait souvent chez les Brémond et lui transmettait les lettres que Lucile, la cuisinière de Cogolin, écrivait à Devillaz. Et Théo se chargeait de porter la réponse du détenu. Il ne fit d'ailleurs le facteur, comme il disait, que deux ou trois fois. Après la libération de Devillaz, il ne put le rencontrer car lui-même était trop occupé à apprendre le métier de pêcheur, puis celui de mari. Depuis plus d'un an, il remettait toujours à plus tard la visite à Cogolin pour savoir ce qu'était devenu son compagnon de misère. Vain Dieu faisait presque partie de la famille. L'apprenti pêcheur voyait bien que le muletier était quelque peu amoureux de sa fiancée, ce qui le faisait sourire plus qu'autre chose. Mais quand Vain Dieu lui annonça, au début mars, qu'il restait au pénitencier comme travailleur libre, cela ne l'amusa plus du tout. Il l'engueula même de s'être laissé berner par l'économe Massé. Celui-là, songeait Théo, un jour ou l'autre, je lui ferai payer tout cela. En septembre, lors de l'émeute des Corses, le *Saint-Trophime* n'avait pu sortir à cause du mauvais temps. Gruner n'apprit l'inculpation et l'emprisonnement à Toulon de Geuneau qu'une semaine après, par sa belle-mère Augustine Brémond, désespérée de ce qui arrivait à son protégé. La brave femme suppliait d'ailleurs son mari d'abandonner son emploi de marinier de la colonie de Sainte-Anne tant le voisinage de ces forçats lui pesait. L'annonce qu'il y en avait eu quatorze de brûlés vifs dans l'incendie l'avait bouleversée. Elle se sentait presque complice de cette horreur. Mais le capitaine du *Titan* hésitait encore, même s'il ne se sentait plus en cour, du côté de Pourtalès et du directeur Fauveau, depuis qu'il avait marié sa fille au redoutable Gruner, de sinistre mémoire.

Quand Théo Gruner apprit que Vain Dieu était accusé d'avoir participé au pillage et à l'incendie des magasins, il considéra cela comme une absurdité. Il eut envie d'écrire au juge, au procureur, au sous-préfet, pour soutenir son ami et en profiter pour régler son compte à l'escroc Massé. Mais en même temps, il hésitait : sa vieille expérience des tribunaux l'incitait à la prudence. Finalement, il n'eut pas à le faire car il reçut une lettre de l'avocat de Geuneau lui demandant s'il acceptait de témoigner au procès en faveur de son client. Cela lui ferait perdre quelques pêches, mais tant pis, il pourrait enfin raconter tout ce qu'il savait de Massé. Et il emmènerait Devillaz avec lui, car lui aussi sans doute avait des choses à dire. Mais il lui faudrait un guide pour aller jusqu'à Draguignan. En effet, du Lavandou, c'était toute une expédition, à travers le sauvage massif des Maures. Ce guide, justement, arrivait sur la plage...

Salade, le cueilleur de farigoulette, l'homme des bois, le marchand de quatre-saisons, le leveur de liège, le vendangeur, le puisatier... Le braconnier ! Connu comme le loup blanc, mais secret et bourru, on disait qu'il avait jadis guerroyé en Chine et en Crimée... Le voici qui descendait vers la mer accompagné de son âne. L'animal entra dans l'eau avec des grâces de baigneuse anglaise. Salade l'étrilla de sable mouillé. Visiblement, le bourricot y prenait grand plaisir et ses oreilles remuaient en tous sens. Une bonne claque sur l'échine, l'âne s'éloigna de quelques mètres vers le large pour y barboter plus à l'aise.

— Oh, Salade, à Gonfaron, les *asé* volent. Ici, ils nagent donc ? lança un pêcheur.

— C'est le thym, mes amis, c'est le thym, répliqua Salade. Le respirer rend malin et intelligent. Mon âne, il s'en imprègne du matin au soir. C'est pour ça qu'il sait que se jeter à l'eau est moins dangereux que de sauter du haut d'une falaise.

— J'en connais certains qui devraient en humer de grosses banastes !

— Pourquoi crois-tu que je viens vendre du thym chez vous ? C'est pour que tu en renifles, grand couillon !

Et pendant que la bête faisait ses ronds dans l'eau, Salade allait de pêcheur en pêcheur, lançant une plaisanterie à l'un, charriant l'autre que l'on disait pourtant tellement sérieux. Théo Gruner en eut sa part, bien sûr. Puis Salade siffla son âne qui revint docilement sur le rivage.

Théo prit le braconnier à part et lui demanda comment il pourrait se rendre à Draguignan par le chemin le plus court. Salade redevint sérieux :

— *Venguès mes iéu, en passen per leï draillo n'à pas forço tèms per si rendrè.* Viens avec moi, en passant par les drailles, il faut peu de temps pour s'y rendre.

— C'est dit, répliqua Gruner, mais nous passerons par Cogolin. Je dois y prendre un ami.

Rendez-vous fut pris pour le 31 décembre. Mais avant, Gruner devait encore convaincre l'ami en question de le suivre. Salade, qui connaissait tout le monde, du moins de vue, l'informa que le bûcheron Devillaz travaillait actuellement au Grand Noyer dans la forêt du Dom.

Le braconnier ne s'était pas trompé. Après quelques heures de marche, le lendemain matin, au bout d'un chemin forestier, Gruner vit Devillaz, assis sur un tronc, au milieu de ses compagnons de travail, se calant l'estomac d'une castagnade sortant de la braise. Bien qu'ils ne se fussent pas vus depuis près de trois ans, malgré la barbe noire du matelot et la stature de colosse du bûcheron, les deux hommes se reconnurent immédiatement. En le voyant apparaître dans la clairière, Devillaz alla jusqu'à son ancien codétenu, les bras tendus. Ils se donnèrent une chaleureuse accolade. Pourtant, dès le premier abord, Théo le sentit gêné de cette rencontre.

— Mon vieux Gruner, ça c'est gentil de me rendre visite !

— Appelons-nous par nos prénoms, répliqua le matelot. Sinon, ça rappellerait trop Sainte-Anne. Moi, c'est Théo et toi Jean, c'est cela ?

— Bien sûr, Théo. Je suis content de te voir. Je savais que tu étais devenu pêcheur au Lavandou. Et que tu t'étais marié avec la fille Brémond. Je voulais aller te rendre visite, mais tu sais ce que c'est : le travail, le temps qui passe...

Devillaz avait baissé la voix, comme s'il craignait que les autres bûcherons l'entendent. Gruner comprit qu'en surgissant ainsi, tel un fantôme de leur passé, il avait brisé quelque chose dans la nouvelle vie du grand Savoyard. Il eut envie de laisser tomber la proposition qu'il voulait lui faire de témoigner lui aussi au procès.

— Écoute, Jean, je ne veux pas te déranger. Je passais dans le coin et je me suis dit...

— Pas question qu'on se quitte déjà, matelot. Je prends ma journée, on va à la maison et on bavarde. Attends-moi là. Je vais dire au chef de coupe que j'arrête pour aujourd'hui.

Quand ils furent sur le chemin de Cogolin, Devillaz commença à se détendre, mais c'était au tour de Théo de se sentir embarrassé. Heureusement, son compagnon avait compris le motif de cette visite inopinée :

— Tu viens me voir à cause de l'émeute d'octobre dernier, n'est-ce pas ? Quatorze morts ! J'ai appris ça. C'est affreux, cette histoire. Je peux faire quelque chose ?

— Tu te rappelles de Geuneau ?

— Bien sûr ! Ce brave Vain Dieu !

Théo raconta alors que le muletier, resté au Levant en travailleur libre, avait été, il ne savait pourquoi, ramassé parmi les émeutiers, mis en prison et inculpé avec quinze détenus. Devillaz était atterré.

— Geuneau ! un garçon aussi gentil, ce cœur d'or... C'est idiot !

— Son avocat m'a demandé de témoigner pour lui au procès. Il serait bon que tu m'accompagnes. À deux, on sera plus forts. Et puis j'ai des choses à dire aux juges, moi, sur la façon dont l'économe Massé se paie la belle vie à Bormes ou à Toulon avec la sueur des enfants.

— Ah, celui-là ! Il a quelques comptes à me rendre, à moi aussi. C'est dit, je t'accompagne. C'est quand, ce procès ?

— Le 2 janvier prochain, à Draguignan. Deux jours de marche.

— Pour Vain Dieu, j'irais au bout du monde ! Lucile va être contente de te voir. Depuis le temps qu'elle me reproche d'avoir laissé tomber mes copains de misère. Les Vulnérables comme on disait dans le temps...

Jean Devillaz, maintenant détendu, raconta alors sa vie depuis qu'il avait quitté le pénitencier. Les premières semaines, Lucile et sa mère avaient quelque peu hésité à accepter la demande en mariage de l'ancien forçat du Levant. La différence d'âge. Et puis Félicien, cet enfant de neuf ans que les deux femmes avaient à charge, comment accepterait-il un nouveau père aussi jeune ? Un jour, un gendarme vint jusqu'à la cabane de bûcheron où dormait Devillaz, muni d'un papier officiel. La demande d'engagement dans l'armée était acceptée !

— Cette canaille de Massé avait imité ma signature. Il faut dire que je l'avais un peu rudoyé, avant mon départ...

La mère de Lucile fit des pieds et des mains, demanda l'intervention d'Ulysse Courrieu lui-même. Le mariage se fit précipitamment. Une fois uni à sa Lucile, tuteur du petit Félicien qui le vénérait, Devillaz put faire annuler l'engagement. Avec sa force et son énergie, le Savoyard apprit rapidement son métier de bûcheron, comment entailler l'arbre en amont de la colline, scier le tronc au plus près du sol en tirant sur la loube en harmonie avec un camarade, comment attacher une corde à la cime pour diriger la chute, puis ébrancher, couper le chapeau jusqu'à laisser une bille de bois rectiligne, prête à être débitée en planches et en bois de charpente à la scierie Courrieu. Sa paie augmentait de semaine en semaine. Avec le salaire de Lucile, ils avaient réussi à faire quelques économies. Il avait désormais d'autres ambitions : sa belle-mère possédait quelques arpents de vignes. S'il achetait lui-même les quelques hectares de la colline voisine, il pourrait y planter de la vigne en terrasse...

— Mazette ! s'exclama Théo, te voilà bientôt vigneron, mon cher !

— Oh, ce n'est pas encore fait. Rien que pour construire les *bancaou*, comme ils disent ici, ça met du temps. Ce métier-là ne s'apprend pas en un jour. Alors, j'étudie... Mais assez parlé de moi. Que devient l'abominable mutin du Levant qui fit trembler les directeurs du comte de Pourtalès ?

— Ma foi, j'ai une brave femme, un patron très dur, mais c'est un *mestré*, un vrai. Moi, ce n'est pas de la vigne que je veux acheter. Avec ce que j'ai économisé dans la marchande, je pense me payer bientôt mon propre pointu.

Ils firent le reste du chemin silencieusement, mais leur songerie était la même : l'île du Levant, ses victimes, ses bourreaux, ses souffrances mais aussi parfois ses rires les accompagnaient.

Le matin du départ pour Draguignan, Salade passa comme convenu chez Théo et Joséphine Gruner. Dans son sac, le futur témoin emportait son costume de mariage, pour être le plus élégant possible à la barre. La jeune femme y avait également accroché un paquet de poissons séchés, pour la route. Un petit vent du sud adoucissait le froid hivernal. Les deux hommes entamèrent la montée de la *Piéré d'Avénoun*. Ils arrivèrent enfin à la bergerie du Noyer. Devillaz les attendait devant un feu de branchages. Ils s'y réchauffèrent, burent un peu de lait de chèvre.

— Ne traînons pas, dit Salade. Jean, recouvre le feu de quelques pelletées de terre et en route.

Suivre Salade dans les Maures, pour un marin comme Théo équivalait à un véritable exploit. Ses bras et ses reins, développés à coups d'aviron, ne lui servaient guère pour suivre cet homme des bois. Et il enviait l'aisance de Jean, au pas sûr de montagnard. Mais pas question de perdre la face, de se plaindre ou de demander de ralentir. Il ferait beau voir qu'un marin se fasse chahuter par ces deux terriens-là !

Salade connaissait tous les raccourcis, toutes les sources, tous les cabanons. Chaque fois que quelqu'un les croisait dans les bois :

— Salut, Salade !

— Salut Untel !

Ma parole, songea Théo, bientôt, les animaux de la forêt vont se presser aux abords des sentiers pour le saluer. Et Salade serait capable de demander au sanglier des nouvelles de sa laie et de ses marcassins.

Pas question de raconter cette blague à Jean. Le bûcheron et le braconnier allaient du même pas, loin devant. Ils arrivèrent sur un chemin charretier ; après une courbe, les murailles de la chartreuse de la Verne apparurent en contrebas. Dressé sur son piton, le monastère semblait veiller encore sur la profonde vallée. Théo n'eut guère le loisir de contempler ces ruines nichées dans le moutonnement des châtaigniers. Les deux autres descendaient au pas de course. Attention à ne pas glisser pour subir ensuite leurs quolibets. Une source chantait en chutant dans une fontaine. Feraient-ils enfin une courte halte, pour reposer ses pieds douloureux ? Espoir déçu ! Ils continuaient. Au creux de la vallée, en franchissant le ruisseau de la Verne, Salade annonça :

— Nous mangerons à Capelude dans une demi-heure.

Cette demi-heure parut un siècle au pêcheur. Enfin, une ferme apparut, perchée sur une butte. La pluie avait donné aux prés alentour une couleur vert tendre. Des vaches y paissaient.

— *Bonjou en touti*, lança Salade.

— Holà Salade, où vas-tu comme ça ? répliqua le fermier.

— J'accompagne mes amis à Draguignan.

— Venez donc manger avec nous. On a tué le cochon pour les fêtes. Nous avons fait une charcuterie dont vous nous direz des nouvelles !

Théo, en traînant la patte, se dirigea vers un bassin, se déchaussa en se mordant les lèvres pour ne pas crier.

— Ne bougez pas, dit la fermière, je vais vous soigner ça.

Après avoir examiné les spectaculaires ampoules, elle courut chercher une aiguille, et se mit à les percer avant de les nettoyer à l'eau-de-vie.

— Je n'ai jamais vu des pieds aussi calleux, s'exclama-t-elle. On dirait de la couenne !

— Nous autres, pêcheurs, répliqua Gruner, nous sommes toujours pieds nus — aïe ! — dans l'eau, dans le sable ou sur le bateau. Je ne mets des souliers que le dimanche. Houlà ! Ma femme m'a obligé à en porter. Elle disait que ça valait mieux pour marcher dans les collines... Et moi, comme un couillon, j'ai obéi.

— Votre épouse a eu tout à fait raison. Un *candèu*, cette esquille de bois dont les drailles sont pleines, a vite fait de provoquer une vilaine blessure. Je ne savais pas que les pêcheurs étaient aussi douillets ! Ha pêcheur ! Moi, ça fait bien dix ans que je n'ai pas mangé de poissons de mer.

— Prenez donc ceux-ci pour votre peine, madame ! Ma Joséphine les prépare à merveille.

— C'est dit ! Mais en échange, vous me ferez le plaisir d'emporter de notre charcutaille et une tomme.

Les trois voyageurs dévorèrent en silence. Puis Salade bondit sur ses pieds.

— Il faut partir maintenant, commanda-t-il, sinon, la nuit sera tombée que nous serons encore dans les bois.

La marche reprit. Au crépuscule, ils sortirent des collines. Enfin, la plaine se déroulait devant eux du Cannet-des-Maures jusqu'à Vidauban.

— Un instant, les amis ! Je réclame un court moment d'arrêt, déclara Théo avec une gravité bouffonne. Le temps d'enlever ces instruments de torture et de marcher enfin comme un homme civilisé.

Il enleva ses chaussures, les pendit par les lacets autour de son cou, retroussa ses pantalons jusqu'à mi-mollet et se remit en marche en poussant de drolatiques soupirs d'aise qui faisaient rire ses compagnons :

— Ah, enfin ! me voici au paradis ! Cette route est un tapis de velours. Adieu, maudites rocailles, cruels *candèu* ! Voilà ce que j'appelle une route, une vraie !

À Vidauban, un ami de Salade, encore un, leur offrit le coucher dans sa remise, avec un cruchon de vin en prime. Sitôt enfoui sous le foin, Salade se mit à ronfler comme un sonneur. Les deux jeunes hommes, eux, bavardèrent à voix basse.

— Théo, dit Jean, je ne t'ai jamais remercié pour les lettres, entre Lucile et moi.

— Bah, tu aurais fait la même chose à ma place. Elle est gentille, ta Lucile. Qu'est-ce qu'il lui a pris de s'amouracher d'un gars comme toi ?

— Attends, je ne t'ai pas tout dit ! Quand tu es parti sur *L'Olympe*, j'ai continué à recevoir ses lettres au pénitencier. Sais-tu qui faisait le facteur ? Eh bien ! Salade, mon vieux, Salade lui-même ! Il me l'a raconté pendant que tu traînais à quatre pattes derrière nous durant la promenade !

— Salade ? Mais comment pouvait-il ?

— Figure-toi que notre guide vient braconner au Levant pendant la passe et la repasse des oiseaux migrateurs. C'est ainsi qu'il a connu Geuneau. Tu te rappelles que Vain Dieu comme muletier pouvait se balader partout dans l'île. Et puis... Tu te souviens de Guendon, qui avait été muletier avant Vain Dieu ?

— Celui qui s'est évadé avec le Belge ? Il avait fait la belle avant que j'arrive à Sainte-Anne. Tu m'en avais parlé. S'ils n'avaient pas réussi leur coup, ces deux veinards-là, je serais loin, moi !

— Eh bien, Salade connaissait aussi Guendon !

— Tu devrais plutôt me parler des gens que Salade ne connaît pas, bâilla Gruner. Sinon, on en a pour la nuit !

— Un jour, Salade vient relever ses collets dans le maquis. Et qui voit-il en train de lui chaparder un oiseau pris au piège ? Guendon ! Il lui saute dessus et le reconnaît : forcément, l'autre était berger à Oppède, dans le Luberon. Salade m'a raconté aussi que Beaumais — Beaumais, c'était le Belge — et lui avaient réussi leur évasion. Ils sont restés quelques semaines dans la montagne, le temps que les gendarmes les oublient, puis Beaumais est reparti dans son pays. Quant à Guendon, il est revenu dans son village où il a retrouvé ses moutons. Le garde-champêtre a fermé les yeux sur le retour de l'évadé : c'était un cousin de ses parents.

— Et Geuneau dans tout ça ?

— Trois ou quatre mois après l'évasion de Guendon et Beaumais, Salade est revenu au Levant. Il ne savait pas encore que le premier muletier s'était fait la belle.

— Pour une fois qu'il ne sait pas quelque chose, celui-là ! Tu crois que Salade sait qu'il ronfle en dormant ?

— Bien sûr que oui, son âne a dû le lui dire ! Donc, il voit un gars approcher avec sa charrette et sa mule, il croit que c'est Guendon, il va à sa rencontre... Depuis, Vain Dieu et Salade sont devenus les meilleurs amis du monde. Geuneau a même appris à poser des collets. C'est ainsi qu'il apportait aux Vulnérables du gibier rôti qui améliorait l'ordinaire, c'est comme ça aussi que Salade se rendait à Cogolin prendre les lettres de Lucile, les passait à Geuneau qui me les passait. Pareil pour les réponses. Dire que Geuneau ne m'a jamais rien dit...

— J'ai toujours pensé que Vain Dieu cachait bien son jeu, sous son air de type pas bien éveillé.

— Ce qui m'énerve un peu, c'est que Lucile savait tout, et qu'elle ne m'a rien raconté. Comme ta Joséphine, d'ailleurs. Elle aussi était dans le secret.

— Les femmes, mon cher, les femmes... Si on dormait, maintenant ?

— Bonne nuit, Théo.

— Bonne nuit, Jean.

Un moment de silence...

— Théo... chuchota Devillaz.

— Hein ?

— Quand j'ai été libéré, quand j'ai revu Lucile, je voulais tout oublier de Sainte-Anne, des gardiens qui vous cognent pour un oui pour un non, toute cette saloperie... Je voulais devenir quelqu'un de normal. Maintenant, à cause de toi, je ne peux plus rester indifférent au Levant qui me colle à la peau comme de la résine de pin. Je veux faire quelque chose pour eux. Merci de me l'avoir rappelé.

— Moi non plus, je n'arrive pas à oublier. C'est comme l'odeur du poisson. Bonne nuit.

Cette fois, ils s'endormirent. Alors, Salade cessa de ronfler. Il ouvrit les yeux, croisa les mains derrière la nuque et sourit aux anges.

L'inspecteur général des prisons Bazennerye était à un an de la retraite. Il aurait très bien pu envoyer à Draguignan celui de ses collaborateurs qui, selon toute vraisemblance, lui succéderait, mais cette émeute mortelle du Levant que la justice appelait désormais « affaire Coudurier et autres » lui tenait particulièrement à cœur.

Il n'avait jamais été un chaud partisan de ces colonies agricoles confiées à des personnes privées. Selon lui, même le plus généreux des mécènes, le plus charitable des philanthropes ne pouvait perdre de vue le légitime souci de rentabilité qu'une telle entreprise impliquait. Et cela aux dépens des intérêts de la Nation qui voulait la réintégration dans la société de ces pauvres enfants. Mais, en tant que commis de l'État convaincu de sa mission et tenu à l'obligation de réserve, Bazennerye n'avait pas à remettre en cause les décisions du législateur. Son opinion personnelle ne devait pas jouer, son seul devoir étant d'appliquer la loi. Cela ne l'empêchait pas de tenter de l'humaniser.

La Pénitentiaire avait été écartée de l'instruction. Il ne s'agissait pas, après la mort horrible de quatorze jeunes détenus dans les flammes, de chercher à déterminer si le fonctionnement de Sainte-Anne avait sa part de responsabilité dans le drame. Le juge et les gendarmes s'étaient contentés, dans leur enquête, de savoir si l'émeute avait été préméditée, quels en avaient été les meneurs, et surtout si l'incendie avait été intentionnel ou accidentel.

L'instruction avait été menée au pas de charge. Le

procureur impérial, qui avait reçu des consignes d'en haut, ne désirait pas que le procès eût un retentissement national qui aurait pu remettre en cause le principe même des colonies agricoles pour mineurs. Le risque était mince, certes, car la population, opposition républicaine comprise, était somme toute satisfaite du travail de l'Empire en ce domaine : de moins en moins de vagabonds erraient sur les chemins ; dans les rues des grandes cités on pouvait désormais se promener en paix. Et Paris devenait la ville-lumière. La sécurité des biens et des personnes semblait de mieux en mieux assurée.

Il n'y aurait eu guère que le vieil Hugo à tonner du haut de son rocher de Guernesey, s'il avait appris la tragédie du Levant. Mais qui l'aurait écouté ? L'exilé ne réclamait-il pas également, entre autres excentricités, le vote des femmes, une Europe unie, l'école obligatoire et l'interdiction de faire travailler les enfants de moins de douze ans ?

Aussi, il avait été facile d'étouffer « l'affaire Coudurier et autres ». Pour que la presse, d'ailleurs sous haute surveillance, ne s'y intéresse pas, on avait demandé à un journaliste complaisant de la *Gazette des tribunaux* de se rendre sur place. Il y fut reçu comme un prince par le maître des lieux Henri de Pourtalès, et chanta les louanges de cet « homme de bien », de cette « âme noble », consacrant sa fortune à « l'amélioration morale et physique » des colons « sous un ciel plus doux et dans des conditions de salubrité excellentes ».

Pourtant, se lamentait le plumitif, *le drame terrible du Levant est venu détruire ces espérances. Bien qu'il m'en coûte de le dire au moment où la justice va commencer son œuvre et où une réserve m'est recommandée, les brigands les plus féroces, les forçats les plus redoutables qui, dans leurs vieux jours, se sont échappés du bagne de Toulon, n'auraient pu commettre avec plus de cruauté des crimes plus atroces et plus raffinés que ceux exécutés par les jeunes détenus de l'île du Levant, dont le plus âgé a tout juste vingt ans...*

« Quelle littérature ! quel faux jeton ! » soupira l'inspecteur général Bazennerye en repliant le journal. Que cet organe de presse préjuge ainsi, à la veille du procès, de la volonté de tuer et de la préméditation était tout à fait exceptionnel. D'ordinaire, à *La Gazette*, la réserve était de mise. Mais en l'occurrence, tout le monde avait semblé d'accord pour présenter les révoltés comme des bêtes fauves. Ainsi, durant l'instruction, contre toute élémentaire sécurité, on avait enfermé ensemble quarante prévenus. Ce qui devait arriver arriva. Moisan avait assassiné Bompuy. Nouvelle preuve que ces garçons étaient des monstres. De son côté, le magistrat chargé de l'instruction avait donné délégation au directeur de la colonie pour que celui-ci, qui était également le seul édile du Levant, poursuive l'enquête sur les lieux mêmes du drame. Ainsi, Fauveau, l'un des principaux témoins, devenait juge ! Fut-ce pour compenser cette bizarrerie que les trois principaux accusés étaient tous des garçons du Levant : Ferrandon, Allard et Coudurier ? Coudurier surtout, que ses antécédents familiaux désignaient forcément comme le meneur de la mutinerie. Le parquet, de son côté, avait mis les bouchées doubles. Il lui fallait des têtes, et vite. Si vite que l'instruction dura à peine deux mois : le 29 novembre, la chambre des mises en accusation d'Aix-en-Provence envoya seize accusés devant la cour d'assises du Var. On avait fait en sorte qu'il y ait presque parité entre détenus du Levant et nouveaux arrivants de Corse. Trois mois seulement après le déclenchement de l'émeute, le procès s'ouvrait. Rare célérité de la part de la justice !

Bazennerye, venu au procès de Draguignan en simple spectateur, pour son information, se refusait à trancher, dans son for intérieur, de la culpabilité de tel ou tel détenu. Lui, il tenterait de déceler des indices dans les témoignages, afin de savoir si oui ou non les causes profondes de l'émeute se trouvaient dans la bonne ou mauvaise administration de Sainte-Anne. Il gardait, vis-à-vis de Fauveau, un préjugé favorable. D'abord, contrairement à son prédécesseur, le directeur était issu de la Pénitentiaire. L'esprit de corps jouait. Ensuite, tant à Clairvaux qu'à Sainte-Anne, l'homme avait fait preuve de compétence et d'efficacité. La première enquête interne de la Pénitentiaire avait eu lieu fin novembre une fois que l'instruction avait été bouclée. Bazennerye n'avait pu s'y rendre, trop occupé par la mise en place du bagne de Nouvelle-Calédonie. De toute façon qu'aurait-il pu apprendre ? Archives et livres comptables avaient été brûlés dans l'incendie. Dans les témoignages des habitants et des riverains revenait parfois le nom de l'économe Massé, qui, disait-on, menait, sur le continent, un train de vie disproportionné à son salaire. Mais n'était-ce pas jalousie de la part des autochtones, ou esprit de vengeance du côté des anciens détenus ? Certes, il s'agissait, pour Bazennerye, de dégager les responsabilités de Fauveau et de son personnel. Mais il se devait aussi d'être le plus discret possible. Étaler sur la place publique la possible impéritie de Fauveau ou les probables malversations de Massé éclabousserait l'administration pénitentiaire tout entière. Et cela, l'inspecteur général des prisons ne le voulait pas.

— Messieurs, la cour !

Bazennerye connaissait la réputation d'équité du président Mahyet. Mais en quoi pourrait-elle jouer dans une affaire aussi confuse, où tant d'intérêts étaient en jeu ?

Les seize accusés pénétrèrent dans le box. Les avocats leur avaient demandé de soigner leur tenue, mais les pantalons trop courts, les vestes étriquées, brillantes aux coudes et maladroitement défroissées pendant la nuit sous leurs sommiers les rendaient encore plus misérables. Trois mois d'enfermement leur avaient donné le teint blême, rosé par endroits et vaguement bouffi des prisonniers. Le public eut comme un frémissement d'horreur et peut-être de pitié quand les trois principaux accusés se levèrent pour se nommer. Jules Allard, soupçonné entre autres d'avoir repoussé une des victimes à coups de couteau dans les flammes, n'avait pas encore quatorze ans. Les traits délicats, une infinie tristesse dans ses grands yeux noirs, l'enfant semblait porter sur ses épaules tout le malheur du monde. Il aurait pu poser pour le martyre de saint Sébastien, dans une toile de la Renaissance. En revanche, personne ne se serait retourné dans la rue sur Jean Ferrandon, quatorze ans également, tant il semblait insignifiant. Pourtant, Allard avait déclaré que c'était lui qui avait mis le feu au magasin de vivres. Seul Pierre Coudurier, du haut de ses seize ans et demi, avait la tête de l'emploi. Cheveux roux et raides tombant sur un front bas, l'air buté, le regard par en dessous, il tenait de famille, sans doute ! Que penser des treize autres ? À l'exception d'Aristide Lecoq — encore un ancien du Levant, du même âge que Coudurier —, c'étaient de jeunes hommes, même si certains gardaient encore quelques traits indécis de l'adolescence. Tous semblaient comme indifférents à la pompe qui les entourait. Un seul, Jean Geuneau, regardait, égaré, épouvanté, la salle immense illuminée par les lustres de cristal, les lambris sculptés décorant les murs, le président dans sa longue robe rouge aux manches brodées d'hermine, la toge sombre du procureur, greffier et huissier tout de noir vêtu, puis le public enfin où il semblait chercher quelqu'un, comme une bouée de sauvetage. Ce garçon aurait été mieux à sa place poussant une charrue dans les terres de sa Nièvre natale plutôt que perdu au milieu de ces jeunes délinquants aux têtes plus ou moins inquiétantes.

Soudain, le visage de Geuneau s'illumina. Bazennerye suivit le regard de l'accusé. Il aperçut enfin au milieu de la foule, à côté d'un grand gaillard blond, un jeune homme barbu, le teint hâlé, de petite taille, mais campé bien droit sur ses jambes. Cette tête-là disait quelque chose à l'inspecteur des prisons.

Théo Gruner et Jean Devillaz avaient laissé Salade à l'auberge du Postillon. Le braconnier avait refusé de venir assister au procès : les couloirs du palais de justice étaient peuplés pour lui de bien trop de gendarmes.

— Ça y est, murmura Jean à l'oreille de Théo, Vain Dieu nous a vus. Il a l'air plus tranquille, maintenant. Mais, ma parole, ils ont pris Hernebrood aussi. Comment diable le roi des espies a-t-il pu se faire pincer dans l'affaire ?

— Bah ! on a dû choisir un peu au hasard, parmi les sujets indésirables pour s'en débarrasser. Tiens, regarde, il y a aussi ce fada de Lecoq. Et cette brute d'Eysseric. Celui-là, qu'est-ce qu'il a pu me coller aux basques dans le temps. Il se prenait pour un chef et voulait toujours m'embarquer dans des plans d'évasion ou de vol biscornus !

— Chut ! Je voudrais savoir le nom de ce Corse-là, il me rappelle quelqu'un. Fouché Augustin ! C'est bien lui... Boule-de-Neige ! Et l'autre, à côté, s'appelle Laurent. Je m'étais sacrément bagarré avec eux à la Roquette. Ce qui m'étonne, c'est que le troisième larron ne soit pas là... Le Capitaine. Le vrai chef de la bande. Un malin...

— Assez malin sans doute pour être passé entre les mailles du filet, répliqua Théo. Je te laisse. Je dois rejoindre les autres témoins.

Devillaz resta seul : l'avocat de Geuneau n'avait pas estimé utile de le faire comparaître. Après la lecture de l'acte d'accusation, le président fit sortir tous les accusés à l'exception de Coudurier. Il régnait dans la salle un silence nerveux : tout le monde avait encore en mémoire les méfaits de la fameuse bande de voleurs et d'assassins dont le jeune garçon était le dernier rejeton.

— Coudurier, dit le président, des témoins affirment que vous auriez fait partie d'une réunion de rebelles dans laquelle vous auriez joué le rôle de chef et de provocateur.

— Non, monsieur le président, répliqua Coudurier

d'une voix vive et nette. Le désordre a commencé après le dîner dans la brigade Lacombe, et moi, je n'y étais pas...

— Vous êtes cuisinier, ce qui n'est pas un travail très fatigant. Pourtant vous avez fait de la mauvaise cuisine pour pousser à bout les nouveaux arrivants, ceux que vous appelez les Corses. Et le 2 octobre, vous auriez dit à un témoin : « Ce soir, vous jetterez les gamelles aux gardiens. »

— C'est faux, j'ai toujours fait de la bonne cuisine.

Nous y voilà, songea Bazennerye. Ce genre d'émeute, que ce soit chez les adultes ou les enfants, éclate toujours à propos de la nourriture. Quant à savoir s'il y a eu sabotage délibéré, complot... Nous l'ignorerons toujours. C'est sur la non-préméditation que l'avocat de Coudurier a dû conseiller son client. De toute façon, ce garçon me semble désigné comme le bouc émissaire idéal.

— Non, il n'y a pas eu complot, répétait effectivement Coudurier.

— Que s'est-il passé ce soir-là ? demanda le président.

— On a pris du vin et on s'est soûlé. Je me suis endormi à neuf heures : je ne pouvais plus me tenir debout.

— Lors de votre interrogatoire, vous aviez dit que vous vous étiez couché à trois heures. La différence est énorme... Ensuite, on vous a vu aller au magasin. Vous disiez : « Buvons, mangeons c'est le jour du fracas ! » Vous avez ajouté qu'il fallait se débarrasser des espies, qu'il fallait les emmener dans les broussailles et leur tordre le cou. On vous a vu, une bougie dans une main un entonnoir dans l'autre, trier ceux que vous vouliez laisser entrer dans la réserve de vivres.

— Je ne sais pas qui a fait le mal, mais ce n'est pas moi. Ferrandon et Allard me chargent parce qu'ils n'ont pas l'âge d'être condamnés s'ils prouvent que c'est un ordre que je leur ai donné.

Bravo, pensa Bazennerye. Les leçons de l'avocat sont bien retenues. Un peu trop peut-être...

On fit entrer Ferrandon.

— Qui était à la tête de la révolte ?

— Coudurier. Il a dit que quand les Corses arriveraient, on se révolterait.

À chaque question, le même nom revenait : Coudurier, Coudurier, Coudurier...

— Quand les prétendus espies sont entrés dans le magasin aux vivres, qu'avez-vous fait, Ferrandon ?

— J'ai allumé un tas de papier déposé devant la porte, dès que Coudurier a brisé la bonbonne de pétrole.

— Et vous avez dit : « Vois comme mon feu brûle ! » Que s'est-il passé ensuite ?

— Coudurier a dit à Allard : « Il faut tuer Ferrandon, il nous trahirait. » Je me suis sauvé dans les broussailles.

— Vous n'auriez pas plutôt eu peur des détenus qui voulaient vous punir d'avoir allumé l'incendie ?

Désorienté par la question, Ferrandon jeta un regard désespéré à son avocat. Puis il avoua dans un soupir :

— Oui...

— Faites entrer Allard.

Le bel enfant apparut, figure même de la repentance. Il titubait et s'agrippa à la barre comme un naufragé à sa planche de salut.

— Vous n'êtes arrivé à la colonie de Sainte-Anne qu'en août 1866, un peu plus de deux mois avant l'émeute. Pourtant tous vos camarades vous donnent une réputation de mauvaises mœurs.

Allard baissa les yeux vers le sol et gémit. Un murmure de compassion s'éleva de la salle. Contrairement à Ferrandon, il tarda à désigner nommément Coudurier, mais préféra évoquer les grands avec des accents de terreur.

— Pendant que vous étiez à la porte du magasin en flammes, que s'est-il passé entre vous et Garibaldy ?

— Il voulait sortir. Je lui ai donné un coup de couteau.

Frisson d'horreur dans la salle.

— Qui vous a poussé à ce geste ?

Allard regarda autour de lui avec des airs apeurés, comme s'il craignait de terribles représailles...

Question bien trop orientée, monsieur le président, se dit Bazennerye, et on connaît déjà la réponse...

— Qui vous a incité à donner un coup de couteau à Garibaldy ? insista le président.

— Coudurier. Il disait que Garibaldy était un espie.

— Vous-même, aviez-vous à vous plaindre de Garibaldy ?

— Je ne le connaissais pas. Cela faisait si peu de temps que j'étais au pénitencier...

Quand les treize autres accusés furent à nouveau introduits dans le prétoire, Allard continua sa tactique de dénonciation qui, jusqu'à présent, lui avait fort bien réussi.

— Est-ce que Béroud était avec Laurent, Fouché et Michelon, quand ceux-ci ont poussé M. du Coudray dans la tranchée ?

— Oui, monsieur, ils y étaient tous !

Dans le box, Béroud tenta de bondir sur le jeune garçon :

— Sale espie !

Deux gendarmes durent le rasseoir de force sur le banc.

— Si vous ne vous tenez pas tranquille, Béroud, je vous fais passer les menottes. Veuillez répondre à mes questions. On vous présente comme un malfaiteur assez dangereux. Vos parents vous ont confié à la colonie de Cîteaux alors que vous étiez très jeune, tant ils désespéraient de vous. Vous vous en êtes évadé au bout d'un an. Vous avez été repris après un vol et transféré à Oulins, dont vous vous êtes évadé à nouveau. Réintégré dans cette colonie, votre conduite est tellement mauvaise que le directeur demande qu'on vous envoie en Corse. Là-bas, à nouveau, vous incitez vos camarades à la révolte, vous blessez un de vos camarades à coups de couteau... J'en passe. Vous vous vantez de vos exploits en affirmant à cor et à cri que vous êtes destiné à finir vos jours à Cayenne. Durant l'émeute au Levant, on vous voit partout où l'on peut faire le mal. Lorsque les gendarmes vous ont pris au fortin de l'Arbousier, vous avez été le seul à résister et vous avez même blessé deux représentants de la loi. À Toulon, vous avez menacé de mort vos gardiens.

— C'est parce qu'ils nous traitaient trop mal.

Puis Béroud nia tout en bloc, même l'évidence. Mêmes réponses négatives de Laurent, que pourtant M. du Coudray avait reconnu formellement comme son agresseur. Idem pour Fouché, idem pour Michelon qu'Allard chargeait de tous les péchés du monde. Quant à Eysseric, que le même Allard affirmait avoir vu défoncer les portes de la petite cave, il s'exclama :

— Mais il était partout, celui-là.

Cette réplique fut approuvée d'un murmure par le public. La tactique d'Allard et de son avocat se retournait contre lui. Vint enfin le tour de Geuneau.

— À la fin de votre peine, la direction de Sainte-Anne a accepté de vous garder dans l'île comme employé libre. Vous auriez donc dû tenter de calmer les esprits. Or, au contraire, des témoins prétendent que vous avez incité les détenus à la révolte. Reconnaissez-vous les faits ?

— C'est impossible, j'étais à une lieue de là !

— Vous avez pourtant participé au pillage. Allard vous a vu emporter de l'eau-de-vie, de la charcuterie et des chandelles...

— Un détenu m'a donné un morceau de lard et c'est tout. Je sais que je n'aurais pas dû accepter. Mais je n'ai pas voulu lui faire de peine. Ce sont mes anciens camarades, vous savez.

— Quel était ce détenu ?

— Je ne me rappelle plus... C'était un nouveau, je crois.

— Qu'avez-vous fait ensuite ?

— Le gardien-chef m'a demandé d'aller au château pour protéger M. le comte et sa famille. J'y suis allé et je suis resté toute la nuit là-bas.

L'avocat de Geuneau demanda à faire comparaître le témoin Théophile Gruner.

— Vous êtes resté deux ans détenu à Sainte-Anne. Vol, tentative d'évasion... Par ailleurs, on vous a condamné comme principal responsable de la révolte de 1862.

— Je me permets de vous rappeler, monsieur le président, intervint l'avocat de Geuneau, que mon témoin était mineur au moment des faits et qu'il a purgé sa peine. M. Gruner est marié, gagne honnêtement sa vie et est honorablement connu au Lavandou où il travaille comme marin pêcheur.

— Monsieur Gruner est donc la preuve vivante que la colonie agricole de Sainte-Anne remplit sa mission éducative et morale, souligna le procureur.

— Témoin, qu'avez-vous à nous dire sur l'accusé ?

— J'ai connu M. Geuneau durant mon séjour au pénitencier, expliqua posément Gruner. Et, depuis ma libération, j'ai l'occasion de le rencontrer assez souvent quand je me rends au Levant pour la pêche, chez mon beau-père.

— Mon témoin a épousé la fille du capitaine Brémond, marinier de Sainte-Anne, précisa l'avocat. Poursuivez, monsieur Gruner.

— Jean Geuneau est amené, par son métier de charretier, à se rendre fréquemment à l'embarcadère de l'Avis. M. et Mme Brémond se sont pris d'amitié pour lui. Et ils pourront vous dire que c'est le garçon le plus gentil, le plus brave et le plus serviable du monde. Les fermiers Touze, qui habitent dans l'île, le confirmeront également. Ainsi que mon ami Devillaz, lui aussi ancien détenu, lui aussi marié, travaillant pour gagner le pain de sa famille...

— C'est votre témoignage que nous entendons, pas celui de tous ces gens.

— Excusez-moi, monsieur le président. J'ai à dire

moi aussi que Geuneau est un cœur d'or. Et il est impossible qu'il ait participé en quoi que ce soit à cette émeute. Mais il n'a qu'un seul défaut, il est d'une incroyable naïveté. Aussi, ça a été facile, pour M. Massé, l'économe de Sainte-Anne, de le convaincre de rester comme employé au pénitencier. Depuis qu'il a été libéré, en février dernier, non seulement Geuneau n'a pas reçu le pécule qu'on lui devait, mais encore jamais on ne l'a payé pour son travail. Et là-bas, tout le monde laissait faire, à commencer par le directeur. Personne ne l'a défendu car ils se sentent tous en faute envers lui.

— Je vous demanderai de garder pour vous vos appréciations personnelles, coupa le président. Qu'avez-vous d'autre à dire sur l'accusé ?

— Par gentillesse, parce qu'il ne veut pas nuire aux autres, Geuneau n'a jamais protesté du traitement qu'on lui a fait subir. Mais j'affirme que l'économe Massé a détourné son salaire à son profit, comme il avait détourné une partie de mon pécule, ou celui de Devillaz et de combien d'autres encore ? En 1862, nous nous sommes révoltés parce qu'on nous affamait et qu'on nous faisait travailler douze heures par jour. Cette colonie, c'était pire que le bagne. Tout le monde sait qu'à Cayenne les journées sont moins longues. Et je suis sûr que la révolte d'octobre dernier avait les mêmes causes. Massé gratte sur les fournitures.

— Vous portez là de très graves accusations, monsieur Gruner. Avez-vous des preuves de ce que vous avancez ?

— Les preuves ? Massé est trop malin pour laisser le moindre indice derrière lui. Et l'incendie qui a brûlé tous les dossiers a bien dû arranger ses affaires.

— Je vous remercie de votre témoignage, dit le président. Mais nous rejetons vos accusations contre l'économe. Vous pouvez vous retirer.

De son siège, Bazennerye vit le regard que le président jeta au procureur, regard auquel ce dernier répondit par une moue d'approbation. À coup sûr, le parquet abandonnerait les charges portées contre Geuneau. Ce serait alors à l'inspecteur des prisons de jouer, plus tard.

La journée du lendemain n'apprit guère de choses à Bazennerye. Le directeur Fauveau, appelé à la barre des témoins, défendit son administration du Levant avec beaucoup de fougue, accablant d'abord son prédécesseur pour mieux mettre en valeur les améliorations qu'il avait réalisées. Puis il porta aux nues le principal accusé :

— Coudurier est très bon cuisinier. Je goûtais aux aliments cinq fois sur sept et je n'ai jamais trouvé de jeune détenu faisant mieux la cuisine que lui. Par ailleurs, je veillais à ce que les denrées soient de la meilleure qualité possible. Coudurier, le régime du pénitencier était-il si mauvais que cela ?

Le jeune accusé, étonné et ravi que pour une fois l'on dise tant de bien de lui, répliqua avec enthousiasme :

— Oh oui, nous étions bien, monsieur le directeur. Dans mon travail, j'avais toujours de très bonnes denrées. Mais l'économe volait sur les quantités.

Fauveau sursauta et répliqua d'un ton sec :

— C'est difficile à croire ; les bulletins de livraison sont établis tous les jours.

Brusquement, le directeur du pénitencier changea de tactique, si tactique il y avait, s'enferrant dans ses contradictions : Coudurier devint d'un coup le plus mauvais sujet de la colonie, tandis que tous les autres étaient des détenus modèles, puis il chargea le contingent corse de tous les maux, surtout Paris contre lequel il semblait avoir une animosité personnelle ; s'en prit avec véhémence à son collègue de Saint-Antoine d'Ajaccio en le traitant d'incapable ; affirma que le gardien-chef Radel lui aurait dit qu'après cette nuit de tempête, au matin, tout serait rentré dans l'ordre. Lepelletier du Coudray lui avait conseillé de quitter son bureau au plus vite. L'instituteur l'avait empêché de se rendre sur place lors de l'incendie sous prétexte qu'il y aurait risqué sa vie, s'embrouillant dans des histoires d'espies qui n'existeraient pas, de guides qui... de quelques rares mauvais sujets dont... Puis il se para de toutes les vertus, affirmant que s'il avait demandé à ses gardiens de se saisir des meneurs, l'émeute se serait terminée dans un bain de sang et que ce serait lui alors qui serait sur le banc des accusés... À l'en croire, tout le Levant se serait ligué contre lui.

Il ne réussit qu'à exaspérer le procureur, tout en scandalisant le public et les jurés. Et le président d'ironiser :

— Monsieur le directeur n'a pas voulu faire inutilement le sacrifice de sa vie. C'est sans doute sa grande expérience à éviter les révoltes !

Alors, se dressant de son banc comme un diable, l'avocat de Coudurier, martelant de son poing le barreau qui entourait la place des défenseurs, tempêta :

— Il faut savoir se faire tuer ! Le directeur que vous êtes a des devoirs envers ces jeunes enfants.

Le témoignage des gardiens et de l'aumônier qui succédèrent à Fauveau acheva de confirmer le malaise provoqué par la déposition du directeur de Sainte-Anne.

Le lendemain, quand le gardien du sémaphore, Lepelletier du Coudray, porté sur une civière, raconta comment il avait tenté de sauver les enfants des flammes, son courage tranquille contrasta encore plus avec les propos confus du directeur.

— Ils m'ont jeté comme on jette un fagot. Ils étaient sept ou huit sur moi. La tranchée avait au moins douze pieds de profondeur. J'ai reçu des coups jusqu'au dernier moment. Du fond de mon trou, j'ai vu trois enfants qui hurlaient de douleur, suspendus aux barreaux des fenêtres. J'ai fait quatorze ans de marine et j'ai vu la mort de près. Mais jamais je n'ai pleuré comme ce jour-là. Je n'ai jamais entendu de pareils cris. Le plus terrible fut quand deux de leurs jambes sont tombées à côté de moi...

— Si tout le monde avait eu votre courage et la même énergie, monsieur, dit le procureur, les choses se seraient passées autrement. Vous payez pour ceux qui n'ont pas fait leur devoir, alors que vous, vous êtes allé au-delà du vôtre.

Si le procès devait continuer, l'affaire Coudurier pourrait bien devenir l'affaire Fauveau, songea Bazennerye, tandis qu'un tonnerre d'applaudissements saluait le départ du gardien du sémaphore. Le lendemain samedi, devant une salle comble, le réquisitoire du procureur en étonna plus d'un par sa modération. Non seulement il abandonnait toute charge contre Geuneau et Paris, mais encore il demandait les circonstances atténuantes pour les quatorze autres. Le jury délibéra quatre heures durant. Enfin, le verdict tomba. Si le tribunal avait suivi le procureur en acquittant Geuneau et Paris, il n'en fut pas de même pour les autres accusés : Vivier, Hernebrood, Perrichon, Eysseric et Rougier, tous du Levant, furent condamnés à trois ans de prison, Ferrandon et Lecoq resteraient en maison de correction jusqu'à leurs vingt ans révolus, Allard y passerait dix ans ; pour Galaret, du Levant, cinq ans de réclusion, pour le Corse Michelon, dix ans. Quant à Coudurier, Laurent, Fouché et Béroud, ils seraient envoyés aux travaux forcés à perpétuité. La plupart des garçons semblèrent ne pas comprendre ce qui se passait. Seul Coudurier devint livide. Il avait compris : ce serait Cayenne, comme son père, comme son oncle ! Alors, il éclata en sanglots :

— Oh, ma mère, ma mère !

Geuneau, resté seul dans le box, libre, parcourait la salle d'un regard perdu : il cherchait Devillaz et Gruner, noyés dans la foule. Il s'écria :

— Holà, mes bons messieurs, je ne sais où aller coucher et je suis sans argent.

Alors, dans un mouvement de soudaine générosité, jurés, magistrats, avocats, public, gendarmes versèrent leur obole dans le chapeau que leur passait l'huissier.

— Je te l'avais dit, Jean, s'amusa Gruner en donnant lui-même une piécette, notre Vain Dieu n'est pas si bête qu'il en a l'air !

V

LES SENTIERS DE LA LIBERTÉ

Jean Geuneau ne revint jamais au Levant. Après les retrouvailles avec Devillaz, Gruner et Salade, à la sortie du palais de justice, ils passèrent une fort joyeuse soirée dans un Draguignan noyé sous la pluie. Et le produit de la quête qui avait conclu le procès y fut entamé au cours d'un festin à l'auberge du Postillon où, depuis une semaine, ses amis avaient pris leurs quartiers. M. Bazennerye, qui dînait également à l'auberge, profita de cette bonne humeur pour se rapprocher de leur table. Il se présenta, accepta le verre de vin que Salade lui offrait et les interrogea habilement sur les conditions de vie à Sainte-Anne, sur Massé, sur Fauveau. Les jeunes gens ne se firent pas faute de répondre. Et Vain Dieu fut le plus virulent des trois. Ses trois mois de prison l'avaient amaigri, affiné. On eût dit qu'il avait quitté sa défroque de bon garçon pas bien éveillé et s'était métamorphosé en un homme pondéré, raisonnable, un peu sentencieux aussi. Avant de les quitter, Bazennerye leur dit :

— Messieurs j'ai été ravi de vous connaître. Vous m'avez redonné courage et foi en ma mission. Puis-je vous proposer une petite idée ? Vous m'avez tous les trois l'air d'être très soucieux du destin de vos successeurs colons au Levant. Peut-être pourriez-vous, naturellement cela n'aurait rien d'officiel...

— Nous y avons déjà pensé, monsieur, dit Devillaz. Et nous en parlions avant votre arrivée. Dès notre retour, nous allons créer ce que nous avons appelé : Association de soutien des anciens détenus du Levant. Ou, plus simplement, et en souvenir du passé, les Vulnérables.

— Joli nom, monsieur Devillaz, très joli nom.

Et Bazennerye sortit précipitamment, pour ne pas leur montrer que ses yeux s'embuaient.

Salade, pour dissiper tous ces mauvais souvenirs, se lança, intarissable, dans les mille et une histoires de sa vie de braconnier : « Un soir à l'espère, à l'affût... C'était juste avant les vendanges, quand les sangliers viennent manger le raisin... » Puis, passant du coq à l'âne, il se lança dans « sa » guerre de Crimée, « son » siège de Sébastopol. Gruner, qui ne voulait pas être en reste, profita d'une pause du marchand de farigoulette pour les entraîner au grand large de ses propres aventures. Devillaz, très en verve, interrompait souvent ce duel de conteurs par ses plaisanteries et ses mises en boîte. Geuneau, lui, se taisait, un sourire figé sur les lèvres. Les écoutait-il ? Leurs agapes se prolongèrent fort tard dans la nuit. Au matin, ils repartirent vers le sud. Ils se séparèrent à Cogolin, après une nuit passée chez les Devillaz. Salade s'évanouit dans les bois, Gruner et Geuneau descendirent vers le Lavandou. Joséphine avait tendu un hamac dans la cuisine. Recru de fatigue après une soupe de poisson trempée de pain dur aillé, Vain Dieu s'endormit comme une souche.

Le lendemain, le pêcheur présenta son placide camarade à un fermier des environs qui l'embaucha comme domestique. Quelque temps après, Geuneau apprit que l'assassin du fort Lamalgue avait écopé de dix ans de travaux forcés. Toutefois, une bonne nouvelle réjouit Vain Dieu : ses camarades de galère condamnés à d'autres peines que la réclusion ou les travaux forcés seraient impérativement libérés à leur majorité. Le juge des peines s'était opposé au procureur, le Levant n'était pas un pénitencier pour délinquants.

Chaque semaine, désormais, Geuneau venait partager le repas dominical de Théo et Joséphine, dans leur petite maison du bord de mer où il retrouvait parfois le capitaine Brémond et son épouse. Un dimanche, Vain Dieu ne vint pas. Inquiet, Gruner alla s'enquérir de son ami auprès du fermier. Ce dernier lui raconta que le garçon l'avait quitté trois jours avant. Il venait de recevoir une lettre de la mairie de Saint-Germain-des-Bois dans la Nièvre qui lui proposait un emploi de cantonnier. Ainsi, sans en parler à personne, l'indolent Vain Dieu avait fait des démarches auprès de son village natal. Pourquoi et quand avait-il pris sa décision, où avait-il trouvé le courage d'entreprendre ce voyage ? Nul ne le sut jamais. Nul ne sut jamais non plus ce qu'il devint. Mais Devillaz et Gruner, quand ils évoquaient leur ami disparu, aimaient à penser qu'il avait enfin trouvé le bonheur, là-haut, les sabots bien plantés dans sa terre natale.

Tel est le lot des plus humbles : se dissoudre ainsi derrière des horizons brumeux. Mais il arrive aussi parfois que d'éminents personnages disparaissent sans laisser de traces. Un jour du début juillet 1867, le directeur Jean Fauveau reçut un télégramme le convoquant à Paris. Depuis le procès, on ne l'avait pas beaucoup vu au Levant. Il avait fait de fréquents séjours à Hyères pour y soigner ses maux d'estomac, une maladie diplomatique selon les mauvaises langues. Juste le temps pour le directeur de s'apercevoir des ponctions du réclusionnaire en qui il avait une confiance pour le moins trop aveugle. Fauveau embarqua aussitôt sur le *Titan*. Sa famille et ses bagages le suivirent deux semaines après et on n'entendit plus parler de lui.

L'économe Massé avait lu avec une très grande attention les minutes du procès, avant de les expédier à Pourtalès, alors à Berlin. Même si la cour n'en avait pas tenu compte, la déposition de Gruner et les allusions de certains accusés le mettaient en danger. De plus, les inspections de la Pénitentiaire s'étaient multipliées au Levant, une fois l'instruction close. Heureusement pour Massé, l'incendie avait détruit toute preuve de ses malversations. Aussi avait-il profité de l'inévitable confusion qui régnait dans l'île durant cette période pour gratter encore sur les pécules des détenus.

L'aide boulanger Allègre, libéré le jour même de l'ouverture du procès, fut l'une de ses dernières victimes. En revanche, cela devenait trop risqué de jongler avec les approvisionnements des cuisines. D'ailleurs, le fondé de pouvoir Biellon était devenu d'une vigilance extrême, empiétant largement, selon les consignes du comte, sur le domaine qui aurait dû être celui du directeur. Massé ne fut pas long à prendre sa décision. Il fallait disparaître, et vite. Dès février, un peu plus d'un mois après la conclusion du procès, il profita de l'hospitalisation de Fauveau pour disparaître de l'île le plus discrètement possible. Dans son for intérieur, il se félicitait, lui, « l'aigle de haute volée », d'avoir soigneusement préparé ses arrières. Il entra en familier des lieux dans l'hôtel de ville de Hyères, demanda à voir son ami l'architecte. Celui-ci le reçut à bras ouverts. Depuis le temps qu'il n'avait plus parlé peinture ni sculpture avec Massé, ce brillant érudit ayant des clartés sur tout, qui savait aussi apprécier les repas fins, les liqueurs fortes et les femmes légères, l'homme de l'art se languissait. De son côté, Massé se pourléchait déjà les babines à l'idée que l'architecte pourrait l'aider à plumer des pigeons autrement plus dodus que les jeunes rustres du pénitencier. Il avait peaufiné le rôle à jouer : celui de l'humaniste épris de justice et de fraternité. Aussi lui déclara-t-il avec panache qu'il avait jeté sa démission à la face de l'ignoble Fauveau, potentat du Levant, bourreau de ces enfants martyrs. Ah, oui, la terrible révolte des pauvres petits lui avait ouvert les yeux, à lui, le modeste économe perdu dans les chiffres et les livres comptables, tentant avec ses maigres moyens d'améliorer le sinistre sort de ces malheureux. Hélas, en quittant ainsi ce lieu maudit, Massé se retrouvait à la rue, plus pauvre que jamais... L'architecte ne se fit pas prier pour le recommander chaudement à l'un de ses amis, ingénieur aux chemins de fer. Bientôt, Massé fut engagé comme facteur à la gare PLM de Toulon. Une nouvelle vie commençait, dans cette ville pleine d'opportunités...

— Ah ça, ma parole, mais c'est notre bon monsieur Massé !

À cette apostrophe, le digne employé des chemins de fer sursauta. Il reconnut un des gardiens de Sainte-Anne.

— Ce cher Lacombe ! Vous partez en voyage ?

— Un voyage sans retour ! Je suis congédié comme un malpropre... Venez donc boire un verre, je vous raconterai.

Massé déclina l'invitation, prétextant sa prise de service. Mais l'autre eut le temps de lui raconter que Fauveau avait été remplacé à Sainte-Anne par un certain Mathurin Vaurs, ancien capitaine de gendarmerie dont l'une des premières décisions, sous la pression de l'inspection générale des prisons, avait été de licencier la plupart des gardiens, à commencer par le chef Radel.

— Ah, ça ne plaisante plus, là-bas depuis l'histoire des Corses. Le nouvel inspecteur des prisons m'a demandé de passer à Saint-Roch pour lui raconter des choses... On ne parle plus que de vous, à Sainte-Anne et dans la capitale. Même Sa Majesté de Pourtalès s'intéresse à votre cas et à celui de Fauveau. Il aurait, dit-on, l'envie de porter de plainte...

Paniqué, Massé fut pris d'une soudaine envie de fuir droit devant lui. Il ébaucha un salut d'adieu, mais Lacombe le retint par la manche :

— Allons, on ne va pas se quitter comme ça ! Mazette, quel beau costume vous avez là, mon bon monsieur Massé ! Tandis que moi... Je suis obligé de voyager en troisième, comme un pauvre. Vous ne pourriez pas par hasard m'avancer l'argent pour que je m'offre un supplément en seconde ? Je vous rembourserai, bien sûr, si vous voulez me donner votre adresse... À propos, savez-vous qui j'ai rencontré, il n'y a pas plus de cinq minutes ? J'ai même bu une absinthe avec lui. Roncelin !

— Roncelin ?

— Rappelez-vous ! Le grand barbu, le détenu, qui travaillait comme forgeron, là-bas. À sa libération, il a été engagé aux ateliers de la gare. Je suis sûr qu'il sera ravi de savoir que vous êtes collègues, désormais. Il m'a tant parlé de vous ! Ah, ils vous aimaient bien, ces petits, et certains des anciens voudraient tellement vous rencontrer, Gruner, Devillaz... Si vous voulez, je peux les informer qu'ils pourront vous trouver à la gare de Toulon. Vous refusez ? Quel dommage, ils seront bien déçus.

Massé sortit son portefeuille, fourra quelques billets dans la main de Lacombe et, sans dire adieu, s'éloigna à grands pas. Il lui fallait quitter Toulon au plus vite. De plus, il avait laissé quelques belles ardoises chez son tailleur, son cordonnier, sa logeuse. Il n'y avait que dans le quartier des filles qu'il n'était pas en compte. Il se rendit à Hyères. Il y rencontra à nouveau son cher architecte, se plaignit à lui qu'on méprisât ses grands talents dans les chemins de fer. L'architecte eut vite fait de lui trouver un emploi provisoire de comptable à l'octroi.

— Mais un jour, promit-il, vous travaillerez avec moi. De grands projets sont en cours et Hyères deviendra bientôt une station climatique de renom. Casino, hippodrome, palaces...

Va pour l'octroi, mais à la première occasion, il fallait disparaître. Cette occasion vint vite. Une grosse recette, le receveur de l'octroi absent... En deux coups de ciseau à froid, Massé ouvrit le tiroir-caisse, enfourna mille francs dans sa poche et disparut. À Toulon, en attendant son départ pour Marseille, il prit du bon temps au café de l'Alcazar, où il avait ses habitudes, payant sa tournée plus souvent qu'à son tour. Un grand seigneur, ce M. Massé. L'argent lui brûlait les doigts. Et les filles l'aimaient... Le lendemain, à la gare de La Seyne, il fut arrêté par les gendarmes. Réclusionnaire en rupture de ban, il fut expédié au bagne de Nouvelle-Calédonie. Mais, à son procès, on n'évoqua guère les détournements commis à Sainte-Anne du Levant. Il n'y avait pas de preuves, seulement des on-dit. Et puis, il aurait fallu rembourser les détenus qu'il avait volés.

Un cri de douleur couvrit le bruit des tourets et des scies de la fabrique. Trouin se dressa devant sa machine, et en continuant de hurler, brandit une main gauche ruisselante de sang, l'index et le majeur pendant à un bout de peau. L'annulaire et l'auriculaire, coupés nets, semblaient avoir été oubliés sur le banc de la scie. Laborde se précipita. D'un geste sûr, il garrotta le bras et pansa la main mutilée. Puis, aidé d'un ouvrier, il emporta l'enfant jusqu'à l'infirmerie. Le médecin n'hésita pas : il amputa les deux doigts pendants, cautérisa la plaie et courut chez Mathurin Vaurs, le nouveau directeur, demander l'évacuation d'urgence du blessé à l'hôpital de la marine de Toulon. L'enfant y fut admis le soir même. Les chirurgiens constatèrent que le médecin du Levant avait fait, avec les moyens du bord et dans l'urgence, un excellent travail. Trouin resterait à Toulon jusqu'à la cicatrisation complète. Très vite, le garçon, qui pouvait circuler en toute liberté dans les bâtiments, devint la mascotte du personnel. Dès les premiers jours, on lui fit quitter la salle commune pour l'installer dans une chambre à deux lits. Son voisin n'était autre que M. Lepelletier du Coudray que le jeune détenu avait secouru, naguère, au fond de la tranchée.

Le gardien du sémaphore se savait condamné. On lui avait coupé la jambe, mais la gangrène continuait de progresser. Une fois son jeune compagnon installé à ses côtés, il fit demander qu'on rapporte du Levant sa fameuse lanterne magique. Les jours qui suivirent, il apprit à Trouin le maniement de l'appareil, et malgré sa main gauche réduite à un moignon, le jeune garçon devint vite un virtuose de l'image projetée.

Lepelletier du Coudray mourut dans d'atroces souffrances. Dès le lendemain de l'enterrement, Trouin demanda à être rapatrié au Levant. Il emporta avec lui la lanterne magique que le gardien du sémaphore lui avait léguée par testament. Le jeune mutilé avait hâte d'offrir à ses codétenus ces rares moments de loisir et de joie en faisant défiler sur le mur de la salle de classe ces images drôles ou poétiques. Ainsi, il aurait l'impression de prolonger la vie de son ami défunt. Mais Trouin ne put tenir ce rôle très longtemps : le nouveau directeur Vaurs, pour récompenser l'enfant de son courage durant la révolte, obtint des autorités judiciaires que le garçon fût libéré.

Le carrossier Biellon l'accueillit au port de Toulon. Le fondé de pouvoir, qui était venu chercher Trouin à l'hôpital, puis qui l'avait accompagné devant le notaire, s'était pris de pitié pour le jeune mutilé. Lorsque celui-ci quitta définitivement le Levant, il lui offrit une grande enveloppe contenant une patente de forain.

Depuis, dans chaque village de Provence, quand apparaît la silhouette désormais familière du saltimbanque à la main sans doigts, lanterne magique sur le dos, les enfants accourent vers lui en poussant des cris de joie.

Pendant près de deux ans, la colonie de Sainte-Anne du Levant fut mise sous haute surveillance. Dans un premier temps, l'administration pénitentiaire avait réclamé sa fermeture pure et simple à cause de son isolement et des difficultés de communication. Il était impossible à ses inspecteurs de s'y rendre à l'improviste. Sans crainte d'être surpris, Pérignon puis Fauveau ne s'étaient pas privés durant leur mandat de prendre des libertés avec le règlement et le cahier des charges pourtant extrêmement précis et rigoureux qui leur étaient imposés. Les mêmes causes produisant les mêmes effets, pourquoi leur successeur Vaurs ne les aurait-il pas imités ? Aussi, en plus des trois grandes inspections de l'après-mutinerie, un représentant des prisons des Bouches-du-Rhône vint chaque mois travailler aux côtés du nouveau directeur. Les deux hommes élaborèrent ensemble un nouveau règlement d'une extrême précision, allant jusqu'à donner le poids exact, au gramme près, des couvertures, la longueur des lits et la couleur des montants, la composition de la boisson amère destinée à être distribuée aux colons lors des fortes chaleurs, etc.

Mathurin Vaurs, ancien capitaine de gendarmerie à Mulhouse, colosse alsacien aux allures d'ours mal léché, était un homme de devoir et un subtil négociateur. Cette dernière qualité lui fut fort utile, car il était pris entre deux feux. D'un côté, il ne devait jamais perdre de vue la rentabilité de l'affaire du comte de Pourtalès, de l'autre, il lui fallait réhabiliter la vocation première de la colonie : l'éducation et l'apprentissage des enfants dans les meilleures conditions de vie possibles.

La direction générale des prisons, à l'instigation de Bazennerye, puis de son successeur, avait tenté en vain d'obtenir du ministère de l'Intérieur le décret de fermeture de Sainte-Anne. Mais ils s'étaient opposés à un mur. Aussi, changeant de tactique, ils avaient multiplié les exigences dans le nouveau cahier des charges, exigences onéreuses qui grevaient largement les bénéfices de l'entreprise. Ils espéraient ainsi que le comte, de guerre lasse, finisse par mettre la clé sous la porte. Mais celui-ci, par l'intermédiaire de Vaurs, résista, cédant sur tel point pour mieux gagner sur tel autre. La Pénitentiaire crut remporter une manche décisive en exigeant l'achat, par Pourtalès, d'un bateau à vapeur, moyen le plus fiable d'assurer une liaison régulière entre le continent et l'île. Malgré sa grande fortune, le comte ne pouvait pas se permettre un tel investissement. Aussi proposa-t-il de louer les services de la compagnie maritime qui faisait le courrier des îles. Celle-ci fixa son prix à six mille francs par an. Puis l'armateur se rétracta, alléguant une nouvelle fois les dangers d'imaginaires récifs autour du Levant. Après ce refus, la direction des prisons crut avoir gagné la partie. Finalement, le ministère lui-même trancha : pas question d'exiger de Pourtalès qu'il achète un vapeur, mais, précisait-on en haut lieu, bientôt le ministère de l'Agriculture doterait le service des phares de Toulon d'un vaillant navire qui pourrait assurer l'approvisionnement et le courrier de Port-Cros et du Levant. Ce bientôt ne vint jamais...

Ce ne fut qu'en novembre 1868, deux ans après l'émeute corse, que le nouveau règlement fut approuvé par la division des prisons et le ministère de l'Intérieur. Mathurin Vaurs avait toutes les raisons d'être satisfait : il avait désormais les moyens de transformer le pénitencier en un établissement modèle. Il s'était par ailleurs débarrassé de la plupart des gardiens, à l'exception de Lenepveu, Guilleminot et deux autres qui avaient eu la chance de ne pas être de service lors du drame de 1866. D'autre part, presque tout le personnel civil avait été renouvelé. Médecin, instituteur, maîtres-artisans aussi avaient quitté leur emploi, les uns par peur d'être victimes d'une nouvelle émeute, les autres écœurés par le rôle de complices inconscients que Fauveau et Massé leur avaient fait jouer. C'était le cas de l'aumônier, remplacé par un solide curé de campagne qui, en peu de temps, sut se faire aimer et respecter des détenus. Tout allait donc pour le mieux ou presque. Un sujet tarabustait Vaurs. Le rôle que s'était donné l'aumônier suisse de la comtesse. Avant que les choses ne s'enveniment, il devait parler au comte de ce sémillant confesseur. Fort de la protection de Mme de Pourtalès, l'abbé se mêlait de tout et de rien, intervenait à tort et à travers, alors qu'entre le nouveau directeur et l'administration pénitentiaire, les négociations se faisaient de plus en plus délicates. Vaurs était furieux. Le comte intervint auprès de l'aumônier, mais ses remarques restèrent vaines. Excédé, le directeur convainquit Pourtalès de demander à l'évêché de faire rappeler le jeune ecclésiastique par le clergé suisse, pour une mission d'importance.

Vaurs avait de la chance : durant ses deux premières années de fonction, il n'eut que cinq morts à déplorer. Trois de ces décès se produisirent peu de temps après l'entrée des malades au pénitencier ; ils souffraient d'une tuberculose arrivée en phase finale. Autre chance, son prédécesseur Fauveau, croyant se racheter, avait, dans les derniers mois précédant sa révocation, mis tout son zèle dans les travaux de reconstruction de l'aile incendiée. Il y avait même ajouté un étage, agrandi les dortoirs et tracé les plans d'un ambitieux projet. Deux cents hectares de terre étaient prêts à la culture. Vaurs héritait donc d'un domaine qui pourrait devenir prospère en peu de temps. Il s'y consacra entièrement. Il fit siens les projets de Fauveau : le creusement d'une grande cave permettrait d'ouvrir trois chantiers : les déblais de roches serviraient à la construction d'un barrage, une église s'élèverait au-dessus de la cave, un jardin potager de deux hectares, arrosé par l'eau du barrage et autres puits, pourvoirait la colonie en légumes frais. Ainsi le bien-être des enfants serait mieux assuré. Les malversations de Massé avaient convaincu tout le monde de déléguer au fondé de pouvoir Biellon la totalité de la gestion financière et comptable, ce qui ôtait une sérieuse épine au pied de l'ancien capitaine de gendarmerie. À part celui de l'argent, qui ne l'intéressait guère, il avait désormais tous les pouvoirs en main.

Le comte de Pourtalès avait été touché plus qu'il ne le laissait paraître par les quatorze jeunes victimes de l'incendie. Ce drame avait ébranlé sa conviction que l'on pouvait à la fois faire le bien et des affaires. Certains affirmèrent qu'il hésita même un instant à fermer la colonie et vendre l'île. Mais il n'était pas homme à s'avouer vaincu. Quand la révocation de Fauveau ne fit plus de doutes, il voulut prendre lui-même en main les destinées de Sainte-Anne. Son médecin le lui interdit formellement : sous les effets conjugués des copieux repas d'affaires, des permanents aller-retour entre Paris, Londres, Berlin, Gorgier et le Levant, son cœur d'homme de cinquante-deux ans faisait des siennes. Alors, confier la colonie à son fils Arthur ? Il avait d'autres ambitions pour son dauphin, brillant jeune homme que tout destinait à une grande carrière diplomatique et financière. Sa fille aînée Marie, elle, avait pris le voile, sœur de la charité de Saint-Vincent-de-Paul. Elle avait convaincu son père que seul un homme d'Église pouvait redonner au pénitencier sa vocation originelle. Mais l'administration française y avait opposé un veto formel. Alors, après l'officier de la Coloniale Pérignon, le garde-chiourme Fauveau, pourquoi ne pas essayer le gendarme Vaurs ? Advienne que pourra !

Le matelot saisit avec vigueur le jeune passager sous les aisselles, le souleva comme une plume et le déposa délicatement sur l'embarcadère. Là, le capitaine Brémond glissa la canne tordue dans la main tâtonnante de l'enfant, ajusta sur l'épaule la bretelle du havresac, et posa doucement sa grosse main couturée autour de la saignée du bras maigre et ossu. La canne oscillait de droite à gauche, régulière comme un pendule. Le vieux patron du *Titan* disait d'une voix nouée :

— Attention *pitchoun*, il y a deux planches disjointes, va doucement.

Les yeux blancs du nouvel arrivant semblaient chercher le soleil qui, pourtant, trônait là-haut, rond, magnifique, au zénith d'un bleu parfait. Sur le pas de la porte, comme d'habitude, Augustine Brémond attendait son mari, les poings plantés sur les hanches. Son bon visage jovial se décomposa d'un coup. Elle porta les mains à son front en s'écriant :

— *Un avuglé !* C'est un aveugle ! *Soun touti dévengu foilé*, ces messieurs de la justice ! Ils nous envoient des aveugles, maintenant ! *Couquin dé pas Diou !* Ils sont fous, fous, fous...

Et elle se réfugia en sanglotant dans sa cuisine. Lenepveu, qui attendait de prendre en charge le nouveau détenu jusqu'au pénitencier, ricana :

— Eh bien, dites donc, ça lui fait de l'effet à votre bourgeoise ! Suis-moi, toi, ajouta-t-il à l'adresse de l'aveugle. Mais qu'est-ce qu'on va bien foutre d'un citoyen pareil ?

— Je peux être utile, vous savez, monsieur, répliqua l'enfant d'une voix timide. Je sais tresser des paniers, enfiler des chapelets, jouer de la flûte...

— Jouer de la flûte ! Ben tiens ! Maintenant, ferme ta gueule. Et fais gaffe où tu mets les pieds. Ça grimpe ferme, par ici.

En enregistrant le détenu Lefèbvre, le directeur Vaurs était atterré. Après les trois tuberculeux morts à l'infirmerie, voilà qu'on lui envoyait un aveugle. On cherchait donc par tous les moyens à saper son œuvre de redressement. Il écrivit aussitôt au comte pour se plaindre de ce qu'il imaginait être d'obscures manœuvres et de ténébreux complots de la Pénitentiaire. Pourtalès signala le fait en haut lieu, mais n'eut jamais de réponse. L'administration avait décidé du sort du jeune Lefèbvre, elle ne reviendrait jamais sur son cas. Grâce à l'aumônier, au médecin et à l'instituteur, Lefèbvre finit par trouver sa place au Levant. Grâce aussi à Décors, le chef des Vulnérables qui le prit sous sa protection.

Augustine Brémond ne se remit jamais de cette apparition devant sa maison de l'Avis. Déjà, depuis l'émeute corse, un ressort s'était brisé en elle. Elle avait perdu sa pétulance et sa joie de vivre qui en faisaient un peu la bonne fée du Levant. Maintenant, elle se traînait, éclatait en sanglots pour un oui, pour un non. Avec l'âge, elle ressentait de plus en plus péniblement le poids de la solitude, et les difficultés inhérentes à la vie insulaire. Aller voir sa fille, qui habitait au Lavandou, était toute une expédition. Sa sœur, qui avait épousé un des frères Touze, lui rendait rarement visite. Elle était trop prise par les travaux de la ferme du Jas Vieux. Quant aux femmes des gardiens, elles l'évitaient : une mère ayant donné sa fille à un ancien détenu n'était pas une personne fréquentable. Aussi suppliait-elle son mari de quitter son emploi pourtant rémunérateur de marinier de Sainte-Anne. Mais le capitaine hésitait encore, tant il était attaché à son bateau.

En ce beau matin du début mai, Augustine était plus souriante qu'à l'ordinaire. Installée devant sa porte, à une épaisse table de bois abritée du soleil par de vieilles voiles ficelées sur des antennes de mâts, elle tricotait des langes : elle allait bientôt être grand-mère. De temps en temps, elle jetait un œil à son gendre Théo qui, assis dans *l'estive* du *Saint-Trophime* chargé de langoustes et de poissons, paumoyait ses filets pour démailler la pêche. La coque du pointu se reflétait dans l'eau comme dans un miroir. La calanque de l'Avis respirait la paix. À la lisière des plus hautes marées, les fleurs jaunes des cinéraires maritimes et les petites hampes des statices bleutées recouvraient les roches brunes et veinées de quartz qui brillaient comme de l'or. Elle vit, dévalant le chemin d'un pas bondissant, l'apprenti cordonnier Denis qui venait lui faire essayer les nouvelles chaussures qu'elle avait commandées. Ce petit événement suffisait à dissiper sa mélancolie.

À dix-neuf ans, Denis avait tout pour plaire aux femmes, et il le savait. Léger, charmant, toujours une chanson à la bouche, il eût été parfait dans le rôle de Chérubin, comme avait dit un jour Louise, la fille cadette du comte de Pourtalès, en le voyant passer devant le château. Pourtant, le jeune homme s'était assagi. Après le départ de Devillaz, laissé à lui-même, l'adolescent avait commis pas mal de bêtises, allant même jusqu'à s'acoquiner avec les plus mauvais sujets du pénitencier, tel Bermonde, qui semblait vouloir succéder à Hernebrood. Les punitions pleuvaient sur lui, jusqu'au jour où, peu avant l'émeute corse, Décors le rappela à ses devoirs de Vulnérable, menaçant même de lui casser la figure. Malgré la différence d'âge, Denis ne faisait plus le poids. Depuis cette altercation avec son ami, le cordonnier figurait en permanence au tableau d'honneur accroché dans la grande galerie du Prétoire. Aussi, son patron, satisfait des progrès de son apprenti, lui laissait la bride sur le cou. Par ailleurs, le nouveau directeur Mathurin Vaurs permettait aux meilleurs éléments d'aller librement où leur travail les appelait sans être accompagnés d'un gardien, à condition d'être ponctuels.

— Te voilà encore plus joyeux que d'habitude, mon garçon, lui dit Augustine Brémond, alors que Denis, à genoux, la déchaussait.

— C'est mon anniversaire, madame ! Dans un an tout juste, je serai libre.

En voyant arriver son ancien camarade, Théo Gruner avait abandonné ses filets pour venir le saluer.

— Eh, ça s'arrose, cela ! Maman Augustine, quand vous aurez fini votre essayage...

— Me prends-tu donc pour une vieille *bestiasse*,

mon gendre ? Va donc chercher des verres et la bonbonne de vin dans l'armoire de la cuisine.

— À vos ordres, cap'tain ! Mais pas avant de vous avoir vue marcher dans ces chaussures de reine.

Augustine se leva, fit quelques pas, se tâta le bout des orteils : les bottines, souples et confortables, lui allaient à merveille.

— Je ne sens même plus mes cors aux pieds, s'exclama-t-elle.

Elle marcha encore un peu, avec des grâces pataudes et comiques. Le capitaine Brémond qui discutait à l'écart avec Marius Bret, le patron du *Saint-Trophime*, s'approcha et lui dit, goguenard :

— Ma chère, avec de tels escarpins, je t'emmènerais bien danser la farandole, moi.

Augustine se retourna vers son mari, les poings plantés sur les hanches.

— Ah oui ? Et depuis quand danse-t-on la farandole au Levant ? Ces bottines me viendraient bien au Lavandou. Mais ici...

— Je t'en prie, coupa le capitaine en désignant Denis du coin de l'œil. Pas devant lui. D'ailleurs, j'en parlais avec Marius. Et...

Théo revint à point, tendit un verre à Denis, trinqua à ses dix-neuf ans, Marius Bret et Victor l'imitèrent, tandis qu'Augustine bourrait les poches du forçat de discrets petits biscuits. Prétextant qu'il allait se mettre en retard, Denis salua la compagnie : il se sentait de trop. Théo le rattrapa sur le chemin :

— Eh, Denis, tu sais que j'ai vu Devillaz, avant-hier. Il vient souvent au Lavandou.

— Ah oui ? Comment va-t-il, le grand ?

— Eh bien, il va être papa, tout comme moi. Je ne sais pas ce qui se passe en ce moment, mais mon patron, *mestré* Bret, lui aussi, sa femme attend un bébé...

— Vous en avez de la chance. Tandis que moi...

Théo se mordit les lèvres. Qu'est-ce qui lui avait

pris d'afficher ainsi son bonheur ? Il posa sa main sur l'épaule de Denis :

— Excuse-moi, mon vieux. J'avais oublié. Tiens le coup. Dans un an, ce sera ton tour. Et puis tu sais, nous avons un projet avec Jean...

— Jean ?

— Devillaz. Nous avons décidé d'accueillir et d'aider tous les anciens du Levant qui voudraient rester dans la région, de les héberger le temps qu'on leur trouve un travail, par exemple. Bref, continuer ainsi les Vulnérables.

Le visage de Denis s'éclaira à nouveau :

— C'est une bonne idée, ça. Je vais en parler à Décors. Sans lui, d'ailleurs, il n'y aurait plus de Vulnérables au Levant. Tu sais qu'il te considère comme un dieu. Et il veut devenir pêcheur comme toi ! Mais il a encore trois ans à faire. Il a le temps de changer d'idée.

— Et toi ?

— Moi, je ne sais pas encore. Comme chaque année, pour mon anniversaire, je viens de recevoir une lettre de ma marraine. Elle est gantière, à Grenoble. Elle me propose d'agrandir sa boutique et d'y ouvrir une cordonnerie pour moi. Après tout, les gants et les chaussures, c'est un peu la même chose, non ? Elle est gentille, cette femme-là. Je serais bien incapable de la reconnaître. Quand j'ai quitté le pays, je n'avais même pas onze ans...

Et moi, songea Gruner en rebroussant chemin, que sont devenus mes frères et mes sœurs ? J'avais appris la mort de papa lors d'une escale à Pointe-à-Pitre, il y a si longtemps de cela. Depuis, plus rien. Disparus sans laisser d'adresse. Un jour, quand je serai riche... Mon pauvre Théo ! Contente-toi de ce que tu as.

Victor et Augustine étaient rentrés chez eux. Le mistral s'était levé d'un coup, pliant sous son souffle la cime des pins. De l'embarcadère, Marius Bret faisait de grands signes à son matelot Gruner pour qu'il le rejoigne en vitesse.

— C'est fichu, dit-il, nous ne pourrons pas retourner

au Lavandou aujourd'hui. Pas de poissons à saler pour le père Abeille ! Aide-moi à les balancer par-dessus bord.

— Et si on allait les proposer au pénitencier ? Ça les changerait de l'ordinaire...

— Pas bête, ça ! J'irai voir le directeur tout à l'heure. Inutile que tu m'accompagnes, je pense ? En attendant, mets donc les langoustes au vif dans les garbelles.

Mestré Bret et son matelot s'activèrent en silence à débarquer les filets, les nasses de langoustes, les banastes de poissons. Puis ils larguèrent le *Saint-Trophime* en donnant du mou aux amarres. Ils finissaient d'attacher les bouts lorsqu'un craquement sec les fit sursauter. Là-bas, une forte rafale conjuguée à une grosse *tiragne* avait, dans le va-et-vient de l'ample oscillation de son ressac, rompu l'amarre du *Titan*. Chassant sur son ancre, le navire du pénitencier était allé heurter un rocher à fleur d'eau. Sans hésiter, Gruner plongea, nagea jusqu'au bateau en perdition, se hissa à bord et colmata tant bien que mal la voie d'eau avec un chiffon. Brémond et deux matelots arrivèrent à la rescousse. L'un brandissait une gaffe afin de se déborder, les autres amenèrent à grands coups d'aviron le *Titan* jusqu'en bordure de plage. Là, Marius Bret, d'autres pêcheurs et Denis, redescendu en courant des hauts de l'Avis, avaient préparé traverses de bois et palan. Dès que l'étrave du bateau toucha le sable, Marius glissa une traverse sous la quille. Debout à la poupe, Brémond maintenait la barcasse dans le sens du halage. Les sauveteurs sautèrent sur la plage, s'arc-boutèrent sur la corde. Le *Titan* fut monté lentement à sec. Enfin, ils abandèrent le pointu sur le flanc. Méticuleusement, Brémond examina les dégâts.

— Bravo, mon garçon, dit Marius Bret en lançant une solide bourrade sur l'épaule de Denis. Tu as agi en vrai matelot. Si je pouvais, je t'embarquerais sur le rôle tout de suite !

— C'est sûr, renchérit Théo. Hélas, ce bougre-là ne

pense qu'à repartir dans ses montagnes faire des croquenots pour ses compatriotes.

— Je ne suis pas fou ! Ce n'est pas ici que je ferai fortune dans la chaussure, répliqua Denis en désignant les pieds nus des pêcheurs. Il faut que j'y aille, maintenant. Sinon, je vais me faire tirer les oreilles par le directeur.

— Pas question, mon gars, trancha Marius. Tu vas boire le coup avec nous. Et rassure-toi. Je t'accompagnerai tout à l'heure au pénitencier. Je lui parlerai, moi, à ton directeur.

— Tu en profiteras pour lui demander de faire venir son charpentier, dit Brémond en s'installant sur le banc. Les dégâts ne sont pas trop graves, les membrures n'ont rien. Il n'y a qu'un bordé de brisé. Mais je vais gratter le dessous, passer une couche de coaltar et l'enduire de brai. Comme ça Marius, tu auras droit à un *Titan* tout neuf ! Je crois bien que le coup de tabac de tout à l'heure était un signe du destin. C'est dit, je donne ma démission. Tu prendras la relève.

À ces mots, Augustine, qui avait ressorti verres et bonbonne, éclata en sanglots et s'enfuit dans sa cuisine.

— Qu'est-ce qu'il lui arrive ? s'étonna Théo. Vous pouvez m'expliquer, papa Victor ? Je ne comprends rien à ce qui se passe.

— Figure-toi, mon garçon, que ta belle-mère en a par-dessus la tête du Levant et du pénitencier. Elle aurait fini par mourir de langueur, ici. Marius s'est souvent proposé pour me remplacer. Et c'est vrai que mille huit cents francs par an, pour un jeune ménage qui attend un enfant, ça ne se trouve pas sous le sabot d'un cheval. Quant à moi, je suis très content de proposer à M. le comte un successeur tel *mestré* Marius Bret. Pourtalès ne pouvait pas mieux tomber. Je pense qu'il ne fera pas de difficultés, même si je ne suis plus en odeur de sainteté au château depuis que... Bah !

— Ma Virginie sera toute contente, l'interrompit Marius. Elle adore la maison de l'Avis. En plus, il y a mon frère César qui s'est marié avec une jeunette de Port-Cros. On sera voisins, en somme. De toute façon, il me faudra attendre la fin de la saison de pêche. Je ne peux pas débarquer comme ça mon équipage. Et puis, je devrai trouver un repreneur pour le *Saint-Trophime*. Il te ferait envie, Théo ?

— Pour ça, oui ! s'exclama Gruner. Mais avec un petit mousse en chantier à lancer dans les trois mois, j'aurai du mal à rassembler la somme nécessaire pour...

— Et les grands-parents du petit mousse en question, tu crois qu'ils sont faits pour les chiens ? bougonna Brémond.

— À la santé de mestré Gruner, capitaine du *Saint-Trophime*, lança Denis en levant son verre. Ma parole, il est tout ému, notre bourlingueur des sept mers ! Vous allez voir que Gruner va filer en cuisine pour pleurer dans le tablier de Mme Augustine.

Les pêcheurs attablés éclatèrent de rire.

— Couillon, va ! répliqua un Gruner aux anges en envoyant une grande claque dans le dos de son ancien compagnon de peine.

À dix-sept ans et demi, Décors n'avait plus rien du chétif orphelin ramassé par les Vulnérables sur les routes du Morvan. Quand, dès son entrée en fonction, le nouveau directeur, pour réorganiser le travail, avait fait défiler devant lui tous les colons, il avait jugé que c'eût été un véritable gâchis de cantonner ce costaud aux tranquilles tâches de domestique au château. Aussi, désormais, Décors se retrouvait sur tous les grands chantiers du pénitencier, masse et barre à mine en main. Le jeune homme ne s'en plaignait d'ailleurs pas, trouvant là une bonne manière d'épancher sa force et son énergie. L'influence de Devillaz sur lui avait été telle que, sans s'en rendre compte, et bien qu'il n'eût pas revu depuis quatre ans celui qu'il appelait son grand frère, il avait pris des allures du Savoyard dans la démarche, les gestes, l'intonation de la voix, et jusqu'au rire qui fit sursauter plus d'une fois son camarade, Denis croyant, l'espace d'une seconde, que le Grand était revenu dans l'île. La mémoire de Décors avait aboli tout souvenir d'avant le Levant. Parfois, la nuit, un rêve d'images brutales remontant de sa petite enfance le faisait sursauter, mais ces visions se dissipaient à son réveil. Le pays de Décors, c'était le Levant et rien d'autre. Depuis la libération de Roncelin et de presque tous les anciens de la Roquette ou de Clairvaux, il était désormais seul à tenir en main les Vulnérables. La société secrète, il est vrai, n'avait plus comme souci principal, depuis l'arrivée du nouveau directeur, d'apaiser la faim de ses protégés. Toutefois, Décors avait pris ses précautions. Le petit Parnoud travaillait aux cuisines ; quant à Delages, successeur de Geuneau auprès de la mule Cigale, il était devenu un ami et faisait profiter les enfants des friandises que lui glissaient parfois les fermiers du Jas Vieux. Du coup, les Vulnérables avaient retrouvé leur vocation première de protéger les plus jeunes ou les plus faibles des sévices et des brimades que pouvaient leur faire subir les quelques voyous de la colonie. Mais quand le pire d'entre eux, Bermonde, que l'on disait à moitié fou, trouva distrayant de jeter des pierres à l'aveugle Lefèbvre, Décors n'eut même pas à intervenir. Les nouveaux gardiens l'avaient fait avant lui. C'est d'ailleurs en tant que guide, désormais, que le jeune homme poursuivait la mission que lui avait confiée Devillaz. Cette responsabilité officielle et la confiance que lui montrait le gardien Guilleminot, qu'il avait retrouvé comme chef de sa nouvelle escouade, donnaient à Décors une certaine liberté de se déplacer dans l'île. Prudent, il n'en abusait pas, mais cela lui permettait de rencontrer fréquemment Gruner, seul lien qu'il avait encore avec Devillaz. Il lui présentait les libérables qui souhaitaient rester dans la région, ou qu'il avait convaincus de rester, pour qu'avant leur arrivée sur le continent le pêcheur et le bûcheron se mettent en quête d'un emploi et les accueillent. Trouin, le saltimbanque à la main mutilée, qui venait fréquemment au Lavandou, y œuvrait également. Une passerelle était ainsi lancée entre la terre et l'île, entre le pénitencier et la liberté. Décors qui, dans les premiers temps, s'était senti une vocation irrésistible de bûcheron pour suivre l'exemple de son Devillaz, se passionnait maintenant pour la pêche. Oui, désormais il en était sûr, quand il serait libéré, lui aussi monterait à bord d'un pointu et hisserait des filets gorgés de poissons. Ses premiers enthousiasmes passés, il apprit à observer la mer, le seul horizon qu'il n'avait jamais eu. Par chance, le directeur Vaurs avait décidé qu'il serait bon que les détenus prennent des bains de mer pour se nettoyer et que les plus méritants puissent s'initier, sous la houlette du gardien Guilleminot, à la natation, exercice physique et hygiénique qui, disait-il, ne pourrait que profiter à leur bonne santé morale et corporelle. Décors devint vite le meilleur nageur de la colonie. Guilleminot, ancien plongeur de la Royale, lui apprit à plonger en apnée.

Oui, Décors aimait la mer, d'une passion charnelle. Même quand, comme en cette matinée de décembre, elle avait son visage des mauvais jours et reflétait des nuages gris sombre. Le vent s'allongeait et les vagues s'enflaient d'écume, comme le dos d'une horde de chats à l'échine hérissée de colère. Elles déferlaient avec fracas contre les rochers de l'île dans d'immenses gerbes et s'engouffraient à l'intérieur des grottes en un grondement continu ponctué de sifflements que répercutait l'écho des falaises. Du haut du chemin menant au sémaphore qu'avec l'escouade de Guilleminot il allait empierrer, Décors se repaissait de ce spectacle grandiose.

— Regardez, là-bas !

Entre vagues et nuages, un trois-mâts goélette était ballotté dans la tourmente. Soudain, une déferlante coucha le bateau sur tribord. Ses voiles faseyaient, claquantes, moribondes, aux caprices du vent. On voyait des silhouettes qui, à bord, s'agitaient en tous sens. Bientôt, on put distinguer le timonier en train de tourner désespérément la roue du gouvernail. Mais la goélette était comme irrésistiblement attirée vers l'île.

— Il est perdu, cria Guilleminot.

Ils virent distinctement le capitaine hurler des ordres dans son porte-voix, ordres couverts par le vacarme. Une énorme masse d'eau balaya le pont, emportant des matelots qui se débattaient. D'autres se précipitèrent à la mer, comme pour fuir les falaises qui se dressaient menaçantes devant eux. Une seconde encore et la goélette était là, presque à portée de main. Un craquement. En un réflexe, Décors arracha sa chemise, et dégringola jusqu'au pied du *baou*. Deux ou trois garçons le suivirent. Ils plongèrent dans les tourbillons. Au bout d'une éternité, Décors reparut, tenant un corps contre lui, le déposa dans l'anse du Castellas, replongea, resurgit quelques instants plus tard, traînant un autre marin. Cependant, la goélette se fracassait contre les arêtes sous-marines de la falaise, dans des craquements de cauchemar... Décors s'allongea sur le gravier de la crique, les bras en croix, puis au bout d'un long moment, se redressa. Ses compagnons l'imitèrent. Ils avaient fait tout ça pour rien. Les corps qu'ils avaient réussi à tirer sur le rivage ne respiraient plus.

— ... Aussi, devant le courage exemplaire dont ont fait preuve vos cinq camarades, j'ai demandé une mesure de grâce immédiate aux autorités judiciaires. Je n'ai pu obtenir qu'une réduction de leur peine. Ainsi, ceux qui, parmi les sauveteurs, auraient dû être libérés à vingt ans révolus le seront à dix-huit, et ceux qui l'auraient été à dix-huit le seront à seize. J'aurais préféré faire mieux, mais, avouez, jeunes gens, que ce n'est pas si mal. Par ailleurs, M. le comte a décidé d'offrir à chacun de ces courageux garçons cinq francs à leur libération. De son côté, en témoignage de reconnaissance pour leur acte de courage, la marine impériale m'a notifié qu'elle était prête à engager sur ses vaisseaux dès leur sortie du pénitencier chacun de ceux qui le désireraient. Naturellement, la direction de la colonie ne voulait pas être en reste de cet assaut de générosité. J'ai donc décidé de verser à chacun d'entre eux l'intégralité de son pécule, en oubliant les amendes pour les fautes commises auparavant. Hélas...

Vaurs, pour ménager son effet, se tut un instant et laissa planer son regard sur les trois cents détenus qui l'écoutaient, assemblés dans la cour. Il eut un large sourire et enfin :

— Hélas, il se trouve qu'aucun d'entre eux n'a eu la moindre amende ni la plus petite punition depuis deux ans. Dès lors, que pouvais-je faire ? Ah, je trouverai bien quelque chose...

Les colons éclatèrent de rire. Vaurs put alors disserter sur la vertu et la bonne conduite qui étaient toujours récompensées. Les détenus, les gardiens et le personnel civil applaudirent. Les cinq héros saluèrent cette ovation et redescendirent parmi leurs camarades.

— Hé, Décors, dit Denis, ça te fait un an de moins à tirer. Tu partirais quand ?

— Le 16 mai prochain, au moment de l'anniversaire de mes dix-huit ans. Je dois être un peu plus vieux, mais c'est ce jour-là qu'on m'avait trouvé et flanqué à l'orphelinat.

— Mince, pas de chance ! À deux semaines près, on prenait le même bateau. Maintenant que tu es dans les petits papiers du directeur, tu devrais essayer de lui demander de raccourcir encore ta peine de quinze jours. C'est ça qui serait chouette ! On prendrait le train ensemble à Toulon, je t'emmènerais à Grenoble... Le train, tu te rends compte ?

— C'est gentil, vieux ! Mais non, je veux rester dans la région. Toi, il y a quelqu'un qui t'attend dans ton pays. Moi, je n'en ai pas, de pays. Tous ceux que j'aime sont dans le coin.

— Tu ne vas pas t'engager dans la Royale, au moins ?

— J'en avais envie, mais Gruner me l'a déconseillé. Il m'a promis de me trouver un embarquement sur *Le Rouget de l'Isle*, le bateau de Jacques Pins, un pêcheur du Lavandou. Tu devrais rester, toi aussi. Ça serait bien, on serait tous ensemble, Devillaz, Gruner, toi, moi... Notre vraie famille, quoi !

Denis haussa les épaules et, avec un drôle de sourire :

— Une famille ? Là où je suis né, il y a une vieille tante qui s'est aperçue un jour qu'elle avait un filleul qu'on avait jeté dans ce foutu bagne de Sainte-Anne. Elle venait de perdre son mari, elle était toute seule, elle a commencé à m'écrire des lettres, pour Noël, pour mon anniversaire. Et le bon Dieu par-ci, et le bon Dieu par-là. Elle m'a dit qu'elle m'avait trouvé une place de cordonnier, à Grenoble, à côté de son magasin de gants. Je ne vais pas cracher dessus, non ? Pour une fois que quelqu'un s'intéresse à moi... Enfin, on verra... De toute façon, moi, le Levant, dans quatre mois, c'est fini. Ter-mi-né ! Chacun sa vie, Décors, chacun sa vie.

— Tu as peut-être raison. Chacun sa vie. Moi, la mienne est ici.

Agréablement surpris par les résultats de l'année précédente, le comte de Pourtalès arriva au Levant au début 1869, avec sa femme et sa fille cadette qui, par mesure de sécurité, n'étaient pas revenues depuis l'émeute des Corses. Ni lui ni Biellon n'avaient lésiné sur les investissements que Vaurs avait entrepris dans l'urgence. Ils n'eurent pas à s'en plaindre. Sainte-Anne était sur le point de devenir un bel établissement. La *restanque* qui retenait l'eau douce serait bientôt terminée : le creusement de l'emplacement de l'église fournissait le remblai et la terre du jardin potager. Un jour proche, on pourrait sérieusement former les détenus aux différents métiers de la terre et la colonie agricole mériterait enfin son nom. Vaurs avait toutes les raisons d'être satisfait : il avait démontré que des colons bien nourris, bien traités, bien soignés accomplissaient un meilleur travail que le troupeau de miséreux légué par Fauveau. Les fréquentes visites des inspecteurs avaient sans doute leur part dans ces progrès fulgurants, mais l'année prochaine, quand cette surveillance serait enfin abandonnée, le directeur affirmait qu'il ne relâcherait pas son effort : désormais, le Levant ce serait l'œuvre de sa vie, sa mission. Cependant, Pourtalès n'aimait guère ce Vaurs aux allures de rustre et qui n'hésitait pas à s'opposer à lui, fort en gueule, arrogant. Mais il avait appris à se méfier de ses premières impressions depuis ses désillusions sur les prédécesseurs de cet Alsacien colérique et autoritaire. Ce dernier avait en tout cas un sens aigu sinon de l'équité, du moins de la justice, appliquant à la lettre le nouveau règlement, qu'il appelait « la Loi ». La Loi imposait qu'il demande à chaque fois aux autorités de Toulon l'autorisation de mettre en cellule un puni. Il ne se faisait pas faute de le faire, à la grande joie des gratte-papiers de la sous-préfecture qui se lisaient à voix haute les bourdes que contenaient les missives ampoulées du directeur de Sainte-Anne.

Le comte s'inquiétait de tous les pouvoirs que Vaurs avait rassemblés en si peu de temps entre ses mains. Succédant à Fauveau comme adjoint spécial de l'île, il prenait son rôle d'édile très au sérieux. Un jour, en découvrant un oiseau pris au collet, Vaurs était entré dans une grande colère, mena lui-même son enquête, interrogeant les frères Touze, les pêcheurs, les soupçonnant d'avoir commis cet abominable forfait de braconnage. Naturellement, il ne put jamais connaître le coupable. Il ne se calma qu'après avoir reçu une lettre de la mairie d'Hyères lui enjoignant de montrer un peu plus de souplesse vis-à-vis de ces coutumes locales tolérées depuis toujours. Vaurs obtempéra, fort choqué malgré tout que les autorités puissent admettre un tel état de fait. Mais il fut encore plus blessé dans son orgueil quand le comte refusa catégoriquement de placer sous ses ordres le nouveau marinier du pénitencier : *mestré* Marius Bret.

Pourtalès était en sympathie avec son capitaine. Il aimait en Marius, comme il se plaisait à l'appeler, la gentillesse de l'homme et l'habileté du marin. Tous les matins, le comte passait par l'Avis. Lorsque la pêche était bonne et que les pêcheurs grillaient sur la plage des poissons à peine sortis de l'eau, Marius invitait le comte à partager le casse-croûte. De temps à autre, il acceptait. Pour ne pas être en reste, il déposait une bouteille de bon vin sur le palier de la maison du batelier. Ce matin-là, Marius Bret vit le comte dévaler le sentier d'un pas plus vif qu'à l'accoutumée.

— Je voudrais votre avis, lui dit Pourtalès en le tirant un peu à l'écart d'un groupe de pêcheurs... L'armateur de *L'Ernest* a retiré son offre. Il ne veut plus desservir le Levant. Des récifs, paraît-il. Pensez-vous que nous puissions améliorer nos liaisons ? L'administration pense toujours à me faire acheter un vapeur, mais actuellement, mes finances ne me le permettent pas.

— Justement, l'autre jour, à Port-Cros je me suis pris de bec avec le capitaine du courrier et ses imaginaires récifs. Tous les marins présents se sont foutus de lui. Il a mal pris la chose. Tant pis pour lui, *ensuqué* il est, idiot il restera. L'idéal serait d'avoir deux bateaux ! Un plus grand que le *Titan* et un plus petit, maniable aux avirons qui, par petit temps, traverserait facilement.

Au mois de janvier, Virginie Bret mit au monde dans sa maison de l'Avis une petite fille qu'elle appela Clotilde. Le comte accepta volontiers que sa cadette Louise, âgée de vingt-deux ans, fût la marraine. Il fixa la date du baptême au dimanche de Pâques. Ce jour-là également serait mis en eau le barrage enfin terminé. Ainsi, tous sauraient qu'était venu, pour le pénitencier de Sainte-Anne, le temps du renouveau.

À la sortie de la chapelle, les détenus alignés de chaque côté du porche se mirent à crier : « Parrain ! Marraine ! » au passage du cortège. Alors, comme le voulait la coutume, la jeune mère et ses amies leur distribuèrent des galettes qu'elles avaient préparées les jours précédents et demandèrent aux garçons de prier pour la petite Clotilde. Ainsi, personne ne pourrait jeter un sort à l'enfant qui ne risquerait pas de devenir *gibou*, bossu. De son côté, le directeur avait levé toutes les punitions.

Le comte de Pourtalès, son épouse et sa fille participèrent au banquet offert par les jeunes parents sur des tréteaux dressés devant la maison de l'Avis. Marius Bret n'avait laissé à personne le soin de préparer une grandiose bouillabaisse. Le vin de Bormes dissipa les premiers moments de gêne entre l'homme d'affaires et les pêcheurs du Lavandou. Bientôt, le comte se surprit à rire franchement avec ces hommes, gaillards et indépendants, tandis que la comtesse donnait des conseils de mère à la jeune Virginie et que le plus jeune frère du capitaine Bret faisait une cour timide à la vicomtesse Louise. De ce jour-là data la profonde amitié du comte Henri de Pourtalès et de *mestré* Marius Paulin Bret.

— Vous avez procuré un immense plaisir à la comtesse. Depuis le temps qu'elle me parle de la bouillabaisse ! Nos amis suisses ne nous mettront plus en boîte. Marius, vous permettez que je vous appelle Marius. Oui ? Alors vous, vous m'appellerez Henri.

Et le comte de poursuivre :

— Je voulais vous parler des bateaux. D'après vous, quel est le meilleur chantier ?

— Saint-Tropez, monsieur Henri, tous nos bateaux sont construits là-bas. Ce sont les plus belles lignes de pointus. Je dois faire construire un remplaçant au *Saint-Trophime*. J'en ai besoin, pour faire un peu de pêche.

— Nous irons à Saint-Tropez courant avril.

Deux jours après le baptême, à l'infirmerie, s'éteignait le détenu Pierre Cornier. Il avait eut vingt ans quelques jours auparavant, mais son état de santé n'avait pas permis sa libération. Pourtalès avait assisté à l'enterrement. Il ne se faisait pas à l'arithmétique d'un de ses gardiens : un meurt, un autre le remplace. Cependant, quelques jours après, venant à la rencontre de Marius pour préparer le voyage de Saint-Tropez, le *Titan* accosta avec quatre nouveaux détenus ; la maxime lui parut presque fondée.

— Souque la livarde, cria Marius au matelot. Et le vieux pointu fila vaillamment vers la ville corsaire. Pourtalès, confortablement installé, se plaignait d'un léger mal de ventre. Marius, debout dans le trou d'homme, le regard balayant la surface de l'eau devant l'étrave, rêvassait. Soudain il se mit à penser à l'homme des Maures.

Et Salade, où est-il ? Ça faisait bien trois ans qu'il ne l'avait vu braconner dans les îles. Était-ce dû à la réputation du gendarme Vaurs ? Mais pourquoi pensait-il à Salade ? Hé oui, bien sûr, sa tisane pour les maux de ventre de Pourtalès !

— Salade ne manque jamais une bravade ! dit-il tout à coup au comte qui ne comprit rien à ce que Marius racontait. Il est toujours à rôder autour de la place des Lices. Je lui achèterai de la farigoule. C'est idéal pour ce que vous avez. Le comte se tordait de douleur au milieu de ses coussins.

Cependant, le marchand de farigoulette cueillait son thym dans les collines de Rocbaron. C'était le temps de la floraison et, chaque année, Salade voyait venir avec bonheur le moment de taillader les petits massifs bleutés. Une fois séché, le thym gardait ses fleurs. La tisane pour soigner les maux d'estomac n'en était que meilleure. Salade allait avec son âne et ses clochettes de village en village vendre ses précieuses plantes. L'homme des Maures n'était pas encore là. Marius s'en fut chez sa cousine qui fit une tisane avec ce qui lui restait de thym. La décoction s'avéra radicale.

— Je ne veux pas repartir au Levant sans une brassée de cette farigoulette, s'enthousiasma Pourtalès en se rendant sur le chantier de construction navale.

Le maître charpentier de marine demanda :

— Vous le voulez comment votre *Titan* ? effilé, ventru ? Et il montra ses croquis. Pour *Le Liserot* Marius avait choisi.

Salade n'arriva que deux jours plus tard. Pourtalès lui acheta dix bouquets de farigoulette.

— *Aquo va vous faïré dé bèn !* Un grand bien. À la farigoulette, chantonna le marchand de tisane. Embrasse Virginie, ajouta-t-il malicieusement à l'intention de Marius qui lui avait piqué son béguin du Lavandou, alors que le *Titan* s'éloignait du quai. La poulie de l'antenne de voile crissa aussi fort que la jalousie du capitaine. Salade jubilait.

En ce joli petit matin du 1er mai, Décors et Denis franchirent le porche. Ce dernier, sac en bandoulière, était tout pimpant, presque élégant dans le costume tout neuf que le tailleur du pénitencier lui avait confectionné.

— Eh bien voilà, c'est fini, je suis libre. Et toi, dans deux semaines, ce sera la même chose.

Décors le regarda, étonné : pourquoi la joie de son ami sonnait-elle aussi faux ? Il se souvint que quelques années auparavant, la veille de sa libération, à dix-huit ans, le 1er octobre 1863, Alexandre Allet, un gentil garçon bien tranquille, avait été retrouvé pendu. Était-ce si difficile que cela, la liberté ? Comme s'il avait deviné les pensées de son camarade, Denis ajouta, un peu embarrassé :

— J'aimerais passer par le cimetière, avant de partir. Tu veux bien m'accompagner ?

Ils marchèrent en silence, tête baissée. Sur leur passage, les orchidées de printemps s'ouvraient, embaumant l'air. Des perles de rosée glissaient le long des lentisques et des myrtes. Au cimetière, rien ne semblait montrer que cinquante-sept corps reposaient.

— Tu crois que les deux petits Noël sont heureux, là où ils sont ? demanda Denis à voix basse.

— Ne restons pas là. Le *Titan* risque de partir sans toi. Oh regarde...

Sous de jeunes pousses, deux coqs faisans, tous becs dehors, s'affrontaient avec des airs comiques.

— Ils ont l'air de s'adorer, ces deux-là ! s'exclama Denis.

— Histoire de femme, sans doute, plaisanta Décors.

Et, sous le regard interloqué des deux volatiles, les jeunes gens éclatèrent de rire. Ils rebroussèrent chemin. Au bout de quelques pas, ils se firent leurs adieux. Une poignée de main, quelques mots...

— Je t'écrirai, dit Denis.

— Moi aussi, répliqua Décors.

Et ils se séparèrent. Denis descendit vers l'Avis en sifflotant, toute amertume dissipée. Marius Bret n'était pas encore de retour de la pêche. Posant son sac et ôtant ses chaussures, Denis se mit à courir sur le sable, puis à bondir de rocher en rocher. Sous ses pieds, des crabes couraient, des *piadons* remuaient leur coquille et les *bious* collés à la roche en suçaient la mousse. L'étrave du bateau de pêche de Bret surgit de la pointe des Jarres. À la proue, debout, accroché au *capian*, le comte de Pourtalès contemplait son île venir à lui. Depuis son retour, il se passionnait pour la pêche et partait volontiers pour les calées d'aube avec son nouveau capitaine, son ami Marius.

De la plage, Denis observa l'accostage du petit pointu, le transbordement rapide à bord du *Titan* des banastes chargées d'oblades au dos bien charnu. Enfin, Bret lui fit signe qu'il pouvait embarquer. Il croisa le comte au pied de l'embarcadère, ôta son béret pour le saluer. Celui-ci lui répondit machinalement d'un vague sourire, la tête embrumée par cette nuit de pêche.

Durant toute la traversée, Denis garda le silence sauf pour demander, alors qu'on allait accoster, le chemin de la gare. Enfin, il sauta d'un bond sur le quai de Toulon et, sans un adieu, se frayant un passage au milieu des poissonnières criardes, il pénétra dans la basse ville. Il fut soudain assailli par des femmes dépoitraillées qui le caressaient, le chaspaient, le tâtaient, l'appelant beau blond, joli puceau et susurraient à son oreille des promesses gaillardes. Affolé, Denis prit ses jambes à son cou, poursuivi par des quolibets obscènes. À la gare, on lui apprit que le train pour Valence ne partirait que dans deux heures. Il alla se promener sans but dans la ville et ses pas le menèrent sans qu'il s'en rendît compte jusqu'au lourd portail et aux hauts murs de la prison Saint-Roch. La porte s'ouvrit. Le capitaine Marius Bret et le fondé de pouvoir Biellon sortirent, encadrant trois jeunes garçons, dont l'un d'eux, d'une douzaine d'années, maigre, relevait sans cesse sur son front une mèche très blonde. Alors, Denis tourna le dos et, voûté, pressant le pas, il repartit vers la gare. On eût dit qu'il avait vu un fantôme.

Le 16 mai 1870, cinq ans après le départ de Devillaz, les Vulnérables du Levant perdirent leur deuxième chef. Décors, lui, gagna la liberté. Il avait soigneusement préparé son départ, aidé sur l'île par son vieil ami le gardien Guilleminot, par Gruner et Devillaz. Le Grand aurait bien voulu embaucher son pti'frère, comme il disait, dans sa modeste exploitation vinicole qu'il développait avec prudence et ambition. Finalement, ce fut l'ancien matelot qui eut gain de cause. Il trouva pour Décors une embauche sur *Le Rouget de l'Isle*, pointu de son collègue Jacques Pins. Il n'embarquerait avec son futur patron qu'à la fin septembre. Son pécule lui permettrait de tenir jusque-là.

Il désigna son dauphin à la tête des Vulnérables : Parnoud, garçon sérieux et pondéré, fut préféré au fantasque Domingue. Sans le savoir vraiment, Décors imitait en cela Devillaz qui, jadis, l'avait choisi à la place qui aurait dû revenir à Denis. De toute façon, la confrérie n'avait plus dans l'île à agir dans l'urgence : depuis l'arrivée de l'aveugle Lefèbvre, rares étaient parmi les nouveaux venus les tout-petits, ou les colons nécessitant une protection permanente. D'autre part, la réputation des Vulnérables était devenue telle auprès des autres détenus, notamment des inévitables bandes de « durs », qu'on ne s'y frottait pas. Quant aux collectes de vivres, elles ne servaient plus qu'à améliorer l'ordinaire, devenu suffisant. Elles permettaient d'organiser de petites fêtes secrètes, pour un anniversaire ou avant une libération.

Décors attendait tranquillement que, sur l'embarcadère de l'Avis, Jacques Pins eût fini de signer le contrat des comices, avec le gardien Lenepveu. En effet, officiellement, c'était la colonie agricole de Sainte-Anne qui lui avait déniché son futur travail de pêcheur. Les emplois civils trouvés dans la région par le pénitencier étaient trop peu nombreux, et le directeur Vaurs tenait à les mettre en valeur auprès de l'administration. Dans la plupart des cas, les libérés étaient engagés dans l'armée ou la marine. Les autres repartaient dans leur pays natal ou leur famille s'ils en avaient. Les troisièmes enfin disparaissaient à tout jamais sitôt le pied posé sur le continent.

Durant la traversée vers le Lavandou sur *Le Rouget de l'Isle*, Décors n'eut guère le loisir de savourer sa découverte de la liberté. Jacques Pins, en effet, l'interrogeait, le faisait parler de sa petite enfance, du pénitencier, de sa vocation de pêcheur. Gruner ne l'avait pas trompé : le jeune homme avait l'esprit vif, semblait sérieux et son amour de la mer paraissait sincère. De son côté, Décors, qui n'avait rien d'un contemplatif, préférait cette conversation à une méditation solitaire, pleine de questions et d'angoisses. Au moins, de cette façon, il avait l'impression d'être considéré comme un jeune homme. Il était à pied d'œuvre.

Devillaz l'attendait seul au Lavandou, car Gruner était en mer. Embrassades, congratulations, grandes bourrades dans le dos et autres galéjades... D'un coup, le Grand Frère devint, aux yeux de Décors, un ami tout simplement. Le libéré passa deux semaines à Cogolin, en famille, dorloté par Lucile, émerveillé par les enfants du vigneron, occupé à la veillée par de longues et graves conversations avec le grand Jean. L'orphelin ramassé sur le parvis d'une église, l'enfant martyr d'une ferme du Dijonnais, le forçat qui n'avait connu que l'île-prison du Levant devint d'un coup, sans transition, un homme libre.

Début juin, Gruner monta à Cogolin, y passa deux jours, puis Théo et Jules redescendirent au Lavandou. Son apprentissage du métier de pêcheur allait commencer.

En septembre, avant d'embarquer à la pêche, comme

promis, Décors revint à Cogolin pour travailler dans les vignes du Grand. La petite somme qu'il allait y gagner était plutôt bienvenue.

Ah, c'était autre chose que les vendanges du Levant ! Le travail y était tout aussi fatigant, mais avec quelle gaieté on se mettait à l'ouvrage : ça chantait, ça riait... Une jeune femme ne cessait de harceler Décors, lui envoyant des œillades et des taquineries qui le faisaient rougir. Un matin, elle s'approcha de lui et lui barbouilla la figure d'une grappe. Pour se venger, plus tard, il se faufila derrière elle et lui écrasa quelques grains dans le cou. Sa main glissa et s'immobilisa au beau milieu du corsage. Honteux, il repartit vite délester sa hotte de raisin dans la cornue. Mais il lui fallut bien revenir vers la vendangeuse pour vider son panier. Prétextant une égratignure qui la brûlait, elle dégrafa sa chemise, lui prit doucement la main et la posa sur son sein tout en lui murmurant :

— Viens me rejoindre dans le cannier, au bout de la vigne, à la pause de midi.

Ce même jour, bien plus au nord, dans Sedan investie par les Prussiens, Napoléon III capitulait.

Quand la France déclara la guerre à l'Allemagne, le comte de Pourtalès, qui se trouvait alors à Paris, partit se réfugier en Suisse. Sa qualité d'étranger le mettait en effet dans une position délicate, d'autant plus que ses affaires étaient réparties sur les deux rives du Rhin et que son fils Arthur orientait sa carrière diplomatique du côté prussien. Depuis treize ans qu'il avait acheté le Levant, il n'était guère revenu dans son château de Gorgier, vivant un exil doré entre son île et les grandes capitales européennes. En effet, le canton de Neuchâtel, où étaient ses terres, avait longtemps été disputé entre le royaume de Prusse et la République suisse, pour être finalement rattaché à la Confédération helvétique. Et Pourtalès qui, de par ses origines aristocratiques prussiennes, s'était éloigné dès 1857 de son pays natal, y revenait maintenant sans risque.

Le désastre de Sedan, le siège de Paris, le repli du gouvernement sur Bordeaux avaient quelque peu désorganisé les administrations judiciaire et pénitentiaire. Le fondé de pouvoir Biellon ne reçut pas, en cette fin d'année 1870, les quelque vingt-cinq mille francs que l'État devait à la colonie. Aussi le carrossier refusa-t-il de payer les impôts du Levant. Ce bras de fer, qui se prolongea de longs mois, n'eut pourtant guère de conséquence sur la vie des détenus : pour la première fois depuis dix ans que le pénitencier avait ouvert ses portes, il n'y eut aucun mort à déplorer en 1871.

À Sainte-Anne, la guerre avait obligé le directeur à prendre de rigoureuses mesures d'économie. Il les pratiqua d'abord sur le personnel, ne remplaça pas ceux qui étaient partis sous les drapeaux. Ce qui permit au gardien Lenepveu de cumuler ses fonctions antérieures avec celles de greffier. Il avait une très belle écriture. Vaurs prétexta également le manque d'argent pour congédier l'instituteur. Mais celui-ci fut bien vite remplacé. La fille du directeur, en effet, avait épousé un certain Théodore Buis, répétiteur dans un collège de Mulhouse. La fulgurante avancée des armées allemandes avait fait fuir le jeune couple avec des milliers d'autres compatriotes. Buis avait d'abord trouvé un poste de professeur intérimaire au collège de Vienne, dans l'attente que les événements se stabilisent. Mais, à l'annonce de l'annexion par Bismarck de l'Alsace et de la Lorraine, il n'était plus question de revenir à Mulhouse. Aussi demanda-t-il à son beau-père, l'ancien capitaine de gendarmerie Vaurs, de l'accueillir dans son île. Certes, M. le professeur Buis, comme l'ancien pion aimait qu'on l'appelât, n'avait pas les diplômes requis pour enseigner au Levant. Mais qui aurait été le vérifier en ces périodes confuses ?

Pourquoi, se disait Vaurs, serais-je le dernier en France à respecter la loi, alors que tout part à vau-l'eau, que les généraux trahissent, que l'Empereur est prisonnier, que les partageux de Paris pillent les églises, et que ce gouvernement de poltrons offre mon Alsace à l'Alleboche ?

Il avait un grand respect pour l'érudition de ce gendre professeur qui se piquait de connaissances sur la Grèce antique et la république romaine. Il le chargea, en plus de l'instruction des colons, de l'économat et de l'intendance. Bien vite, les pouvoirs de Théodore Buis s'étendirent à tout le personnel de Sainte-Anne, du boulanger au gardien-chef. Ce petit homme sec, toujours dressé sur ses ergots, l'œil inquisiteur derrière les lorgnons, allait de l'un à l'autre, nasillant quelque maxime sur la vertu spartiate ou l'abnégation de Scipion l'Ancien qu'il serait bon que la jeunesse de France retrouve pour bouter au-delà des frontières les Barbares cimbres et teutons ravageant à nouveau le pauvre pays de Jeanne la Lorraine.

Malgré le bien-fondé de ses dithyrambiques commentaires sur l'Alsace et la Lorraine, tous ricanaient sous cape du pédantisme de ce roquet fanatique, mais il fallut bien vite déchanter. Le professeur s'était fait un allié en la personne du greffier Lenepveu. L'ancien gardien, que sa veulerie et son obséquiosité avaient su préserver de tous les bouleversements du pénitencier depuis ses débuts, ne pouvait que s'entendre avec l'ancien pion chahuté du collège de Mulhouse.

Bientôt la terreur s'abattit sur Sainte-Anne. Les châtiments corporels furent remis à l'honneur, car le professeur louait fort leurs vertus éducatives. Vaurs n'émit aucune objection. Il se désintéressait de ces basses contingences.

La guerre et les événements qui s'en étaient suivis avaient interdit au comte de revenir dans son île. Il en était maintenant empêché par des problèmes de santé. L'administration pénitentiaire non plus n'avait pas remis les pieds au Levant depuis belle lurette car elle avait d'autres soucis en tête que la colonie agricole : la déportation de sept mille Communards en Nouvelle-Calédonie lui prenait tout son temps. Dans son bras de fer avec le Levant, le non-versement des sommes dues l'aurait mise dans une situation d'infériorité. Son argument était que tous devaient participer à l'effort national pour rembourser les cinq milliards de francs d'indemnités à verser à l'Allemagne. À Toulon, Biellon se battait comme un beau diable, mais ses propres affaires avaient été elles aussi mises à mal par les événements. Alors, le Levant brisa les amarres et partit à la dérive. Seul lien entre l'île et le continent, en plus des barques de pêcheurs venant butiner autour d'elle, le nouveau *Titan* et son capitaine Marius Bret.

Mathurin Vaurs n'aimait guère ces marins trop indépendants à son goût. De par sa fonction d'adjoint spécial et de seul maître du pénitencier, il aurait aimé s'imposer à eux comme un chef. Mais le patron du *Titan*, fort de l'amitié et de la correspondance qu'il avait nouées avec Henri de Pourtalès, lui rappela vertement que son statut était celui de batelier du pénitencier et non d'un employé de la colonie, lui expliquant que si le directeur avait à se plaindre de ses services, qu'il en parle avec M. Biellon. Vaurs se le tint pour dit. Il eut alors la tentation d'interdire aux pêcheurs de vendre leur pêche aux cuisines de Sainte-Anne. Cette fois, c'est son gendre le professeur qui s'y opposa, clamant que le « tribut » versé par ces « ilotes » permettrait au Levant de vivre en « autarcie ». Nobles paroles qui eurent pour drolatiques conséquences de permettre à Gruner et à Décors, devenu matelot sur le pointu de Jacques Pins, de pénétrer chaque semaine dans l'enceinte du pénitencier et d'aider de leur mieux leurs anciens camarades. Car Bret, lui, y était *persona non grata*, selon les termes du professeur.

Vaurs, maintenant, prenait ses aises. Il fallait bien que quelqu'un fasse vivre le château pendant l'absence du comte. Peu à peu, l'ancien capitaine de gendarmerie s'enfonçait dans ses rêves : il se croyait le maître du Levant, le roi d'une île fuyant au large d'un monde qui s'effondrait...

Le professeur eut alors les mains libres pour transformer le pénitencier en un monde de vertu et d'ascèse. Un gardien réclamait-il un nouveau stock de couvertures pour les dortoirs ? Il refusait hautement, car il fallait que ces enfants s'endurcissent et apprennent à subir sans se plaindre les morsures du froid. Des puces envahissaient-elles les dortoirs ? Tant mieux, car les Anciens enseignaient que c'était là la meilleure saignée et la plus naturelle contre le trop-plein de sang. Il fit tout un sermon au boulanger qui se plaignait de la mauvaise farine qu'on lui livrait et celui-ci, révolté par tant d'étroitesse d'esprit, quitta le Levant. Qu'importe, son mitron le remplaça.

Un jour du début 1872, épouvanté et ivre de colère

après les soins qu'il avait dû donner à l'un de ses jeunes patients, le docteur se rendit au château.

— Monsieur le directeur, j'ai à me plaindre de pratiques scandaleuses qui se produisent à votre insu dans la colonie. Je viens de soigner du mieux que j'ai pu le colon Barral, victime de sévices abominables. Il a reçu plusieurs coups violents dans les testicules et j'ai peur que ce garçon de treize ans en subisse les séquelles durant toute sa vie. J'accuse formellement le professeur Buis et le greffier Lenepveu de s'être livrés à ces tortures.

Vaurs se leva de son siège, fit le tour de la terrasse, les mains derrière le dos. Que ces collines d'un vert profond étaient belles, que cette mer bleue, plate et paisible, appelait à la paix !

— Vous êtes sûr, dit-il enfin, que mon gendre... N'est-ce pas plutôt des camarades de votre Barral qui se seraient livrés sur lui à ce genre de pratiques ?

— Je reconnais que ce garçon est un fort mauvais sujet, vicieux et, je crois, pas tout à fait sain d'esprit. Il est arrivé récemment avec les détenus évacués de Cîteaux. Mais enfin, ouvrez les yeux monsieur le directeur, il se passe des choses affreuses depuis la fin de la guerre au pénitencier. Pouvons-nous, par exemple, nous glorifier du câble transatlantique qui relie aujourd'hui le sémaphore au continent, alors que les bouts de ce câble abandonné par les ouvriers servent désormais de férule à votre gendre et à M. Lenepveu ?

— Vous perdez votre sang-froid, docteur. Occupez-vous plutôt de vos malades. Votre année 1871 a été remarquable, mais il semble que depuis le début décembre, l'infirmerie ne désemplisse pas. Trois décès au mois de janvier, cela me paraît beaucoup.

— Les conditions d'hygiène se sont considérablement détériorées. Depuis six mois, je n'ai pas reçu le moindre médicament. Je sais que la situation nous oblige à certaines restrictions, mais...

Excédé, Vaurs renvoya le jeune médecin à ses pilules. Toutefois, cette histoire de coups dans les parties génitales et de câble télégraphique le perturba assez pour interroger son gendre.

— Barral a payé par où il a péché, répliqua dignement le professeur. Force a été de constater que ce jeune voyou perdu de vices se livrait régulièrement sur lui-même à d'abjectes pratiques qui, de surcroît, nuisent gravement à la santé physique. Puisqu'il faut dire les choses clairement, ce garçon se masturbait, mon cher beau-père. Parfaitement ! Et toutes les nuits ! La punition devait être exemplaire : œil pour œil, dent pour dent. Il n'y reviendra pas de sitôt. Quant à votre médecin, trop sensible, je le soupçonne — ce n'est qu'un soupçon, je n'en ai aucune preuve — d'avoir pour ces enfants des penchants... athéniens.

Le docteur Gévaudan fut immédiatement renvoyé, et le professeur Buis, qui ainsi prouvait ses connaissances médicales, le remplaça. Onze détenus décédèrent durant le premier semestre 1872. Ils moururent stoïquement, à la spartiate.

Dès son arrivée à Toulon, le docteur Gévaudan se rendit chez Biellon et raconta ce qu'il avait vu là-bas. Ensemble, les deux hommes sollicitèrent un entretien chez le sous-préfet. Celui-ci, depuis quelque temps, avait reçu d'autres plaintes, mais toutes venaient d'anciens détenus restés dans la région. Il n'en avait pas tenu compte. Même si le vigneron Devillaz et le pêcheur Gruner, entre autres, étaient honorablement connus. Cette fois-ci, il décida d'écrire au comte de Pourtalès pour le convoquer. Il alerta également l'inspection des prisons. Rendez-vous fut pris pour le début juillet 1872.

Le comte de Pourtalès n'était pas venu au Levant depuis deux ans. Les seuls échos qu'il avait de son pénitencier lui étaient donnés par les rapports trimestriels de son fondé de pouvoir et de son directeur. Malgré le conflit financier qui l'opposait à l'administration pénitentiaire et les bouleversements qu'avait connus la France ces années-là, Biellon avait réussi à maintenir l'équilibre économique de la colonie. De son côté, Vaurs avait parfaitement rempli le cahier des charges : tous les grands chantiers étaient achevés et les différentes exploitations fonctionnaient parfaitement. L'absence de décès en 1871 était la meilleure preuve de son efficacité. De son côté, les lettres que le comte recevait de son ami le capitaine Marius Bret n'évoquaient jamais la vie quotidienne au pénitencier. Les seules allusions que le patron du *Titan* y faisait avaient trait à d'anciens détenus restés dans la région et qui semblaient s'être fort bien adaptés. Aussi la convocation comminatoire du sous-préfet le prit-elle au dépourvu. Par deux fois, il avait reçu des lettres du ministère de l'Intérieur lui suggérant de vendre la colonie agricole de Sainte-Anne. Le comte n'y avait pas donné suite. La manœuvre était trop grosse. Maintenant que le Levant fonctionnait parfaitement bien, après toutes ces années d'efforts, de difficultés et d'investissements, il n'était pas question que l'établissement tombe, tout chaud tout rôti, dans l'escarcelle de la Pénitentiaire. Aussi, cette convocation à Toulon lui parut être un moyen de pression de leur part pour qu'il accède, par lassitude, à leur demande. Mais il était fermement décidé à ne pas céder.

À la descente du train, il fut accueilli par Biellon avec qui il eut un long entretien. Visiblement, le fondé de pouvoir avait repris totalement à son compte les plaintes du médecin renvoyé et les témoignages des libérés qu'il prenait en charge à Toulon. Ce que le comte avait perçu dans les lettres des deux hommes se confirmait : il y avait une hostilité personnelle entre l'affable carrossier provençal et le rugueux gendarme alsacien. Dans le bureau du sous-préfet, tout juste nommé par la naissante République française, il eut la désagréable surprise de voir qu'un deuxième personnage les attendait : le nouvel inspecteur général des prisons, Vaillant. L'entretien fut bref. Il fut décidé que l'inspecteur accompagnerait le comte dès le lendemain au Levant et qu'il y resterait deux jours. Vaillant, plein du zèle des néophytes, était prêt à ne rien laisser passer. Biellon calma ses ardeurs en affirmant que, depuis quinze jours que Vaurs avait été prévenu de leur arrivée, il avait dû prendre ses dispositions. Cette remarque déplut au comte qui, plus tard, à l'hôtel Victoria, prit son fondé de pouvoir entre quatre yeux pour lui rappeler ses devoirs.

Les retrouvailles de Pourtalès avec son île furent très éloignées de ce qu'il avait rêvé. Sur le quai de Port-Cros, il eut l'impression d'être à la tête d'un cortège officiel : l'inspecteur Vaillant, son assistant et le sous-préfet l'accompagnaient. Quand il vit Marius Bret l'attendre devant le *Titan*, le comte eut un élan vers lui ! Il se retint. De son côté, Marius eut la finesse de comprendre la situation. Pas question de donner à son vieil ami des « Monsieur Henri » gros comme le bras. Il se devait au contraire de se montrer le plus respectueux possible. Alors que le *Titan*, flambant neuf, s'approchait du Levant, le comte, tout en expliquant aux autres passagers les difficultés de communication avec le continent, s'arrangea pour envoyer à son ami pêcheur un clin d'œil complice. Marius répondit par un sourire en coin.

Comme l'avait prévu Biellon, l'inspection ne donna rien. Le pénitencier était devenu une mécanique bien huilée : la sécurité s'était améliorée, désormais les gardiens étaient armés, une brigade de gendarmerie prête à intervenir avait maintenant ses quartiers à Bormes. Au potager, à la ferme, à la fabrique de pipes, dans les ateliers, chaque détenu apprenait un métier. La nourriture semblait de bonne qualité. Le directeur Vaurs avait réussi le tour de force de faire vivre Sainte-Anne en autosuffisance, alors que les temps étaient à la restriction et à la pénurie. Naturellement, tout ce que l'île ne pouvait pas produire par elle-même manquait singulièrement : les vêtements étaient usés, il n'y avait plus de médicaments, ni de matériel d'hygiène et de désinfection.

— Mais quoi, conclut l'inspecteur Vaillant, nous sommes tous logés à la même enseigne. Et je connais en France plus d'une maison centrale qui rêverait d'avoir sur la table de ses pensionnaires autant de poissons et de légumes frais.

Il n'émit que quelques réserves de principe sur l'installation même de l'établissement. Ainsi, il jugea que la salle de bains était trop éloignée de l'infirmerie. La bonne marche de Sainte-Anne, précisa-t-il néanmoins, achoppait toujours sur le même problème : les difficultés de communication avec le continent. Si le comte consentait un jour à acheter un bateau à vapeur...

Il était un peu plus de quatre heures du matin. Une mince lueur rosâtre teintait l'horizon à l'est. Les deux matelots sarpèrent les filets gonflés et ruisselants, pompèrent l'eau de la cale, mirent le poisson en corbeille et prirent les avirons pour retourner à l'Avis. Le comte aimait ce moment-là, où tout était fini et où pourtant tout commençait. La fraîcheur de l'aube, la fatigue de la pêche donnaient à l'âme une sorte de douce nostalgie. On ne savait guère si on avait envie de dormir ou de s'éveiller. Il n'y avait pas un souffle de vent. Pourtant le comte ne pouvait, comme naguère, se laisser aller à ce moment d'étrange quiétude. L'inspection de la veille lui avait laissé comme une impression de malaise.

— Alors, Marius, qu'est-ce que tu en penses de ce qui se passe au pénitencier ? Franchement. Ton opinion sur le directeur, par exemple.

— Je le connais très mal. On a eu des mots, il y a quelque temps. Il me prenait un peu trop pour son serviteur. Depuis, je n'ai plus remis les pieds à Sainte-Anne. On ne se voit que pour des questions de service. Les gens le disent un peu trop fier. Peut-être parlent-ils par jalousie. Moi, je pense que le Levant lui est monté à la tête. Il se prend pour le roi... Et son gendre, le professeur, en profite.

— Oui, j'ai eu l'occasion de le rencontrer, celui-là. Un peu bizarre, le professeur, non ?

— Je dirais même que c'est un fatigué de la *cabussèle*, rigola Bret.

— Il faut les comprendre, ces pauvres gens : ils ont dû quitter leur Alsace, leurs amis... Y crois-tu, toi, aux sévices que ce petit homme ferait subir aux enfants ?

— Je n'ai pas l'habitude d'accuser sans preuve. Il arrive parfois que les libérés me parlent, pendant la traversée. Mais je me méfie un peu. Certains racontent qu'ils seraient fouettés avec les chutes du câble transatlantique. Sans parler des coups de bâton, des coups de poing, des coups de pied... Au début ça me paraissait incroyable. Le matelot Décors, qui a l'autorisation d'aller au pénitencier vendre la pêche, a beaucoup de mal à rencontrer ses anciens camarades. Il m'a dit un jour qu'il avait l'impression que là-bas, tout le monde avait peur, même les gardiens.

— J'ai un peu ressenti la même chose. La peur... murmura le comte. Ce pénitencier me procure bien du tracas. Mon fils Arthur, et beaucoup de gens de mon entourage me conseillent d'abandonner ? « Ah, le pauvre vieux Pourtalès, à cinquante-sept ans, et son cœur malade, il serait temps qu'il se retire de cette galère ! » Non, Marius, non... Je suis tenace. Et je suis sûr que cette colonie peut devenir un modèle... Tiens, regarde là-bas, ce matelot... Tu m'en as parlé tout à l'heure. Décors, c'est cela ? S'il n'y avait que lui, ce serait déjà la preuve que cette colonie a été utile à quelque chose. Comme ce Gruner, dont on m'a tant rebattu les oreilles. Tout le promettait à la guillotine. Le voilà bon père de famille, patron d'une barque.

— Ça, Théo, c'est quelqu'un. Un caractère ! Je lui ai tout appris. Et...

— Le disciple dépasse le maître, c'est cela ? ironisa le comte.

— Dépasser, comme vous y allez, monsieur Henri ! répondit Marius sur le même ton. À l'impossible nul n'est tenu.

— Je voulais seulement te taquiner, Marius.

Le *Liserot* glissait lentement vers le débarcadère. Pendant l'approche, Pourtalès s'imprégnait de la douceur de la calanque d'où émergeaient des fissures rocheuses les lavandes de mer aux hampes bleutées, les bouquets de criste marine aux ombelles jaune pâle dont les fleurs allaient se faner avec les dernières stridulations des cigales. Il respira un grand coup d'iode que les végétaux découverts par les basses eaux diffusaient généreusement. Pourtalès lissa ses cheveux argentés, poussa un léger soupir, c'était sa dernière sortie de pêche. Ce soir, au château, il avait invité Vaurs pour lui faire ses adieux. Le comte reconnaissait que son directeur avait bien fait prospérer sa maison. Toutefois, il l'admonesterait sur les pratiques de son gendre.

— Tiens, dit le comte en tendant un pli scellé à Marius. C'est pour toi. S'il m'arrive malheur, le notaire t'expliquera. Je te dois bien ça. Tu as été pour moi une bouffée d'air pur. Et surtout je ne sais pas quand je te reverrai, ami.

Les pressions de la Pénitentiaire et de la sous-préfecture sur le comte de Pourtalès devinrent d'autant plus fortes que, dès son retour en Suisse qu'il ne quittait plus que rarement, les plaintes affluaient chez Biellon qui les lui répercutait. Le fondé de pouvoir parlait aussi de tentatives d'évasion, dont certaines auraient réussi.

La situation de Pourtalès devenait difficile : licencier Vaurs aurait été faire l'aveu de son impuissance face à une administration qui était devenue un véritable État dans l'État.

Un jour pourtant, d'un coup, la situation bascula en sa faveur : un nouveau gouvernement prit le pouvoir en France, dirigé par le duc de Broglie, avec qui sa femme et lui-même entretenaient des liens d'amitié. Retrouvant tout son goût pour l'action, Pourtalès prit, avec son épouse, le premier train pour Paris, ou plutôt pour Versailles. Mme de Pourtalès et lui connaissaient nombre des nouveaux députés et ministres. Par ailleurs, Arthur de Pourtalès était désormais secrétaire de l'ambassade de Prusse à Pékin. Ce n'était donc pas un personnage à négliger au moment où les troupes de marine venaient de s'emparer d'Hanoï, l'une des places fortes d'Indochine. Aussi le comte n'eut guère de mal à obtenir les audiences qu'il désirait. Il tombait à pic : l'objectif du gouvernement d'Ordre Moral était de réinstaurer, à court terme, la monarchie. Dans l'administration, tout fonctionnaire soupçonné de républicanisme, voire de bonapartisme, était menacé de licenciement. Les maires étaient désormais nommés par le gouvernement. Ce qui ne voulait pas dire que la petite guerre qui opposait Pourtalès à la Pénitentiaire et aux autorités locales était gagnée. Le gouvernement de Broglie allait avec prudence. On conseilla au comte de se tourner vers l'Église catholique de France, principale alliée du nouveau pouvoir. Cela coïncidait parfaitement avec ses projets et les désirs de la comtesse : faire de la colonie de Sainte-Anne une institution charitable qui continuerait à bénéficier toutefois du soutien des ministères de l'Agriculture et de l'Intérieur. Ainsi, ils pourraient retenir la proposition que le curé doyen de Bormes, Capuccini, lui avait faite quelque temps auparavant.

— Les forçats par-ci, les forçats par-là, certains ne nous lâchent pas la crampe de la journée. Pourtant qu'avons-nous fait de si terrible ? s'emporta Décors. Moi je suis un abandonné, toi Devillaz, un orphelin, Gruner un malchanceux et Delages un malheureux. À la Roquette nous étions Vulnérables, au Levant nous étions de vulnérables complices, eh bien maintenant, il nous faut être des endurcis.

Tous quatre rirent aux éclats de la trouvaille de Décors.

— J'ai une idée, poursuivit le mousse du *Rouget de l'Isle*, décidément très en verve. Au bout de la jetée, il y a une grosse pierre, inscrivons-y nos noms. Ce sera le symbole de notre liberté.

La proposition enthousiasma ses compagnons. Quand enfin Delages posa le marteau et le burin *Les Anciens du Levant* était gravé dans le bloc qu'ils avaient soigneusement choisi. Un moustachu, les sourcils épais, un toupet argenté sur le haut du front, questionna :

— Si je comprends bien vous êtes des anciens du pénitencier ! Vous allez buriner vos noms sur cette pierre ?

— C'est plus que des noms. C'est la souffrance de notre chair, le symbole de notre malheur et en même temps celui de la rédemption, comme dirait l'aumônier du Levant.

— La rédemption ? Dans la mythologie grecque du mythe d'Antée, le fils de Poséidon reprenait des forces chaque fois qu'il touchait le sol, eh bien vous, en touchant cette pierre, vous aurez force et courage, dit en disparaissant aussi vite qu'il était apparu celui que les gens du hameau appelaient familièrement « le compositeur », Ernest Reyer.

Puis les quatre amis s'en retournèrent chez Gruner pour fêter la naissance de Jean, le fils du patron pêcheur, et celle de Théophile, fils de propriétaire de vignoble cogolinois. Devillaz apprit à ses amis qu'il venait de prendre en viager quelque trente-cinq hectares de beaux cépages noirs et blancs. Ils étaient attablés sous la ramade quand Joséphine Gruner, qui apportait l'absinthe, vit pointer les voiles du *Titan*.

En ce début d'avril 1874 Pourtalès était revenu au Levant avec son fils. À son arrivée, le propriétaire du Levant avait convoqué le directeur Vaurs. L'entretien fut houleux. De par son statut, rien n'obligeait ce dernier à quitter son poste tant que l'administration pénitentiaire n'aurait pas donné son autorisation. Et, malgré toutes les assurances que Paris lui avait données, cette autorisation et la nomination officielle de son successeur n'étaient toujours pas arrivées. De plus Vaurs avait obtenu le statut de réfugié alsacien, alors qu'il avait quitté Mulhouse bien avant l'annexion. Il s'en vantait hautement, se laissant même aller à quelques allusions insolentes sur la carrière d'Arthur de Pourtalès au service de l'Allemagne.

— Puisque c'est ainsi, lui déclara Pourtalès, je prends dès aujourd'hui en charge la direction de la colonie, comme j'en ai le droit. Comme je ne peux vous congédier sans autorisation du ministère de l'Intérieur, vous serez désormais directement placé sous mes ordres. J'ai également le droit de révoquer le personnel subalterne. Je vous prierai d'annoncer à votre gendre Théodore Buis qu'il n'a plus aucune fonction à Sainte-Anne à dater de ce jour. Trop de gens se sont plaints de sa conduite inadmissible. Mon fils le remplacera aux services administratifs le temps que nous trouvions quelqu'un.

Vaurs s'en fut du château en claquant la porte et s'enferma chez lui. Son gendre fit quelques difficultés pour quitter l'île. Dans la cour, il tenta d'ameuter les détenus, en clamant que les Prussiens voulaient envahir le Levant et martyrisaient les Alsaciens restés fidèles à la France. Les garçons, goguenards, en profitèrent pour se lancer dans un grand chahut qui faillit tourner à l'émeute. Heureusement, les gardiens, qui détestaient ce roquet de professeur, l'emmenèrent *manu militari*. Le plus zélé d'entre eux fut Lenepveu, son ancien complice, qui avait senti le vent tourner. Et, une fois débarrassé de Théodore Buis, il eut un long entretien avec Arthur de Pourtalès qui le rassura sur son sort : Lenepveu garderait son poste de greffier.

Voyant filer le *Titan* vers la plage de la fabrique de salaisons, Gruner et Décors étaient accourus pour attraper les bouts d'amarrage. Marius salua son ancien matelot et ses trois amis, alors que Pourtalès, marqué par les contrariétés de la veille avec Vaurs, passait devant eux sans leur prêter la moindre attention et montait immédiatement dans la voiture qui devait les conduire à Bormes.

— Tu connais le curé doyen du village, Marius ?

— Le père Capuccini ? Pensez donc, monsieur Henri. Combien de fois il m'a botté les fesses quand j'étais petit ! Ce sera donc lui le nouveau directeur ? Vous n'auriez pas pu choisir mieux. Un cœur d'or, cet homme-là. Ah, il ne faut pas lui en conter. Un sacré gaillard le père Capuccini !

— Hélas, il n'est pas encore au Levant, mon cher. Il y a dans l'administration un obscur gratte-papier qui fait traîner les choses en longueur. En fait, c'est toute la Pénitentiaire qui est hostile à l'arrivée d'un ecclésiastique à la tête de Sainte-Anne. Non par opposition à l'Église, je crois, mais ils verraient là un petit bout de leur pouvoir rogné. Pourtant il est grand, leur pouvoir. L'appétit vient en mangeant. Marius... Si j'ai un malaise, allonge-moi vite sur le dos et file à l'hôpital d'Hyères.

— Pourquoi ne confieriez-vous pas la colonie à votre fils ?

— J'y ai pensé, mais il ne le désire pas. Il croit que cela pourrait nuire à sa carrière. Je dois t'avouer que mon rêve serait que ma fille aînée Marie prenne ma succession. Ne crois-tu pas que cela irait bien à une sœur de la Charité de Saint-Vincent-de-Paul...

Le père Capuccini les attendait devant sa cure. Il les emmena sur son belvédère qui dominait la baie et les îles. La vue y était splendide.

— Et de plus, dit Capuccini, vous pourriez voir à la lorgnette tout ce qui se passe dans votre établissement. Malgré le temps bouché, en 1866, nous avons pu apercevoir les fumées de la révolte.

Un journal traînait sur la table.

— Vous permettez, mon père ? demanda le comte.

Le gouvernement De Broglie venait de tomber.

— Vous lisez là le journal d'avant-hier, dit Capuccini. Il y a là un article qui nous intéresse tous.

Il s'agissait d'une loi enfin promulguée et qui traînait depuis deux ans : l'interdiction de faire travailler des enfants de moins de douze ans, la scolarité obligatoire jusqu'à cet âge, sous certaines réserves, et la création d'un corps d'inspecteurs du travail chargés de surveiller l'application de la loi dans les entreprises et les manufactures.

— En quoi cette loi s'applique à Sainte-Anne ? s'interrogea le comte avec un mouvement de lassitude. Nous n'avons pour ministère de tutelle que celui de l'Intérieur. Par ailleurs, la Pénitentiaire possède une telle puissance, une telle force d'inertie qu'elle fera tout pour que ces mesures ne soient pas appliquées avant longtemps dans les colonies agricoles. Je la vois mal accepter de gaieté de cœur que des inspecteurs qui ne dépendent pas d'elle, des ingénieurs en plus, viennent piétiner ses plates-bandes. Et puis, ce gouvernement renversé...

— Sans être moi-même très féru de politique, répliqua l'abbé, il me semble que cela ne changera pas grand-chose. La majorité reste entre les mains d'hommes de bien, fervents défenseurs de l'Église catholique, à commencer par le principal d'entre eux, le président Mac-Mahon. Aussi, pour en revenir à nos modestes affaires, la transformation de Sainte-Anne en une institution charitable et ma nomination à sa tête ne poseront plus guère de problème.

— Dieu vous entende, mon père, répliqua le comte, mais je ne suis pas aussi optimiste que vous.

L'affaire traîna encore deux mois. Durant tout ce temps, Vaurs s'entêta à rester à son poste ou du moins au Levant, tandis que le comte, assisté de son fils, assurait l'intérim. Le 24 mai enfin la mutation de l'ancien directeur et la nomination officielle de son remplaçant arrivèrent au château. Le jour même, Vaurs disparut avec armes et bagages. Le lendemain, le *Titan* déposait à l'Avis l'abbé Capuccini.

Près de trois ans de terreur pointilleuse, sous le règne du professeur Buis, avaient fait du pénitencier un chaudron à la limite de l'explosion. Sa pitoyable expulsion avait suffi à désorganiser d'un seul coup le système de violence froide et tatillonne qu'il avait mis en place. La discipline se relâcha d'un coup. Les gardiens et le personnel civil, qui avaient eux-mêmes vécu tout ce temps dans la crainte d'un renvoi, ne savaient plus guère sur quel pied danser. Pourtalès et son fils, visiblement peu au fait de la vie quotidienne d'un établissement de trois cents pensionnaires dont l'âge oscillait entre six et vingt ans, hésitaient.

Lenepveu, exécuteur des basses œuvres de Buis, assurait maintenant la fonction de greffier. Cet ancien gardien du Levant possédait un grand avantage : il connaissait tout du fonctionnement complexe de l'établissement. Approvisionnement, prise en charge des nouveaux arrivants, procédure de libération des partants, organisation du travail dans les escouades, jeu comptable... Ni le comte, ni son fils, ni l'abbé Capuccini, ces néophytes, n'auraient pu se passer d'une telle expérience. Lenepveu était devenu un homme indispensable, et tout naturellement, il se vit nommer greffier-économe. Son avenir à Sainte-Anne était assuré.

Ce n'était pas le cas des autres personnels. Si le comte ou Arthur, interloqués par telle ou telle pratique bizarre, questionnaient un gardien, ils obtenaient toujours la même réponse : « Ça c'est toujours fait comme ça. »

Croyant alors plaire aux maîtres des lieux, gardiens et maîtres d'apprentissage laissèrent une plus grande latitude aux guides. Au règne de terreur organisé par les adultes succéda, plus secrète, plus insidieuse, la loi de la jungle imposée par les plus forts ou les mieux préparés des enfants.

Raymond Domingue n'était pas le plus âgé des détenus du Levant, puisqu'il n'avait que seize ans et huit mois quand l'abbé prit ses fonctions. Mais il était sinon le plus ancien, du moins le principal des vétérans. Il avait été condamné, alors qu'il allait sur ses six ans, à la détention correctionnelle jusqu'à l'âge de dix-huit ans pour incendie volontaire. Les circonstances, les motifs de cet acte ? Il aurait été bien en peine de les dire. Sa mémoire ne remontait pas jusque-là. Quelques images floues d'un homme qui le traînait par l'oreille jusqu'à la gendarmerie en le menaçant de la guillotine, des murs de prison, des coups... Ses souvenirs, ses vrais souvenirs, ne commençaient qu'au Levant. Il y avait débarqué le 1er février 1865, après deux ans et demi passés d'institutions en maisons de correction. Il avait été tout de suite pris en charge par Décors au sein des Vulnérables qui vivaient alors une difficile période, leur fondateur Devillaz étant en proie à ses tourments amoureux. Domingue aurait sans doute compté parmi les victimes de la pénurie provoquée par Massé si le garde-manger de la confrérie secrète n'avait été maintenu par Décors et Roncelin. Mis à l'abri de l'émeute corse par ses aînés, il vit se dérouler sans accroc les premières années Vaurs, les meilleures. Puis son univers commença à s'effriter. À partir de ses douze ans, alors qu'il travaillait maintenant dans une escouade agricole, il vit partir l'amusant Denis qui savait si bien mettre un peu de fantaisie dans leur morosité, puis Décors, quelques jours après, libéré avec deux ans d'avance grâce au sauvetage de la goélette naufragée. Avant de quitter le Levant, Décors passa le flambeau à Parnoud. Domingue en conçut quelque amertume. Un dépit qu'amplifiait encore l'attitude de leur ancien camarade, devenu pêcheur et qui, lorsqu'il venait vendre son poisson au pénitencier, parlait bien plus avec Parnoud qu'avec lui. Aussi prit-il un peu ses distances, jusqu'au jour où Parnoud, libéré en 1872 et prêt à s'engager dans la Royale, lui passa le relais de la confrérie. Les Vulnérables avaient perdu beaucoup de leur vocation originelle. Domingue devint leur nouveau chef. Il jouissait d'un très grand prestige parmi les détenus. Il connaissait bien des ruses et bien des cachettes de l'île. Devant une cour de flatteurs et d'admirateurs, il pérorait, évoquant le passé extraordinaire du pénitencier, ses héros, Gruner, Devillaz, Coudurier, Roncelin. Il narrait les grandes évasions comme s'il y avait participé. Son prestige se rehaussait encore quand le pêcheur Décors, de passage, le prenait à part et discutait en tête-à-tête avec lui.

Dans la période de flottement qui suivit le départ de Buis, puis de Vaurs et les inévitables tâtonnements des premiers temps de l'abbé Capuccini, Décors ramena Domingue à plus de modération. Il rappela au chef des Vulnérables que son rôle était de protéger et de régler les conflits entre les uns et les autres. Il se devait de préserver les plus jeunes des autres bandes qui s'étaient créées et qui, souvent, se dissolvaient quand leur meneur était en passe d'être libéré. Ainsi se tissaient, de façon souterraine, clandestine, des réseaux dont les adultes ignoraient jusqu'à l'existence.

Les récits de Domingue avaient donné des idées à Arnoux et à sa « bande des cinq ». Ces nouveaux colons, qui avaient connu pendant un court laps de temps l'ambiance de l'époque Vaurs, estimèrent que le moment était venu de tenter l'évasion.

— Le mistral, les amis, le mistral... Domingue nous l'a expliqué, il faut du vent, ça couvre les bruits, et ça pousse les bateaux vers la liberté ! Le plus gros inconvénient c'est le sommeil léger de notre guide.

— J'ai mon idée, enchaîna dans la foulée le plus fluet et le plus astucieux de la bande en ramassant deux gourdes dissimulées dans la fraîcheur de l'herbe.

Il se faufila furtivement jusqu'à la margelle du puits. Ni le chef des maraîchers, ni les colons occupés à sarcler les rutabagas ne l'avaient aperçu. Avec la petite bonbonne qui trempait au frais dans le puits, il remplit les gourdes du vin que le caviste appelait pompeusement « grand cru du Levant », la redescendit dans l'eau où elle glouglouta et jeta le bouchon dans le puits pour qu'on crût à un accident. Lorsqu'il revint, Arnoux remarqua la trace lie-de-vin sur la gourde, il hasarda.

— Ce vent dessèche la gorge, je boirais bien un peu de ce vin de Titan, que le caviste m'a donné... Tiens bois un coup proposa-t-il au guide.

— Tu veux me faire perdre mes galons ! Ce soir d'accord.

Le Fluet pouffa : ce grand benêt, ce boit-sans-soif de guide nous fichera la paix. Aucune lumière ne filtrait de la maison du batelier. Au large, l'écume des vagues ondulait comme une perruque poudrée. Arnoux sauta le premier sur *Le Liserot*. Deux des fuyards le suivirent, armèrent les avirons pendant que Fluet et le cinquième détachaient les amarres. Le bateau s'écarta du ponton, Fluet ne put le retenir. Les « pseudo-navigateurs » essayèrent de revenir, mais le vent entraîna la barque dans une dérive incontrôlable. Marius fut réveillé par la voix d'Arnoux qui hurlait à Fluet et à son compagnon de retourner au dortoir. Son *Liserot* s'empalait sur les roches du petit Avis. Avec son équipage, le capitaine courut jusqu'à l'endroit du naufrage, ils sautèrent à bord. Il fallut peu de temps pour ramener à la plage le pointu qui apparemment n'avait pas trop souffert. Capuccini voulut savoir par quel désespoir ces enfants avaient été poussés à s'embarquer, un soir où justement le danger était si grand. Dupré, le gardien-chef, prit livraison de la penaude « bande des cinq ».

Épuisé par plus de cent jours d'intense surmenage, Pourtalès n'avait qu'une hâte, partir. Cela faisait bientôt un mois que l'abbé Capuccini avait pris ses fonctions, c'était donc au directeur de se débrouiller. La tâche du prêtre était énorme. Il fallait d'abord qu'il découvre un monde inconnu et paradoxal tenant à la fois de la maison de correction, du pensionnat, de l'exploitation agricole, de la manufacture et de l'orphelinat. Pour orienter Sainte-Anne dans le sens que lui et le comte avaient désiré, il fit appel à quelques religieuses qui se chargeraient tant des soins que de l'éducation des enfants. Il comptait beaucoup sur le choc que produirait l'arrivée des nouvelles venues pour commencer le redressement moral du pénitencier. L'effet attendu réussit en partie. Certains des personnels civils et des gardiens donnèrent leur démission et préférèrent quitter l'île. Le directeur les remplaça par des gens de Bormes, d'Hyères, ou de Toulon, tous de braves gens. Du côté des enfants, le prêtre s'aperçut très vite que son travail serait plus délicat. Là, il avait affaire à une masse indistincte de garçons de tous âges, venus des quatre coins de France et pour des raisons extrêmement diverses. Des vagabonds, des orphelins, des enfants abandonnés ou confiés par leurs parents à l'État, côtoyant des voleurs, des maraudeurs et des pervers...

Au fond, se dit le prêtre, je suis à peu près dans la même situation qu'un missionnaire débarquant dans une île perdue du Pacifique pour évangéliser les sauvages. Je me dois d'apprendre leurs coutumes, leurs croyances, leurs lois pour mieux les éradiquer.

Ce serait un travail de longue haleine, d'autant que

cette population « sauvageonne » se renouvelait en permanence, bien plus mouvante qu'une tribu d'Afrique. Capuccini eut un long entretien avec Théophile Gruner. Cet homme à l'intelligence vive lui proposa de l'aider dans sa découverte de l'étrange population des détenus du Levant. Gruner, poliment, déclina l'offre et lui fit rencontrer Décors qui, précisa-t-il « connaît mieux les colons que moi et est beaucoup plus dans vos idées ». Le jeune matelot du *Rouget de L'Isle* ne se fit pas prier pour aider Capuccini dans sa tâche. Quelques semaines plus tard, l'abbé convoquait le colon Domingue dans son bureau. Le missionnaire avait enfin trouvé le détenu le plus influent de l'île du Levant. Il lui fallait maintenant l'évangéliser.

— Savez-vous, Domingue, que vous êtes depuis peu le plus ancien détenu de Sainte-Anne. Votre numéro d'entrée, le 262, en fait foi. Vous avez dix-sept ans tout juste aujourd'hui, et dans un an, jour pour jour, vous nous quitterez. Avez-vous déjà des projets pour votre retour à la liberté ?

Domingue planta ses yeux droit dans ceux du directeur :

— Encore faudrait-il que j'y sois allé une fois, monsieur l'abbé, dans votre fameuse liberté. Moi, de ma vie, je n'ai connu que le Levant. Alors les projets... Peut-être que je m'engagerai dans la marine, comme mon copain Parnoud. Ou pêcheur, comme Décors ou Gruner... Ou bien je resterai dans l'île. Pour dire vrai, je ne sais pas. Je n'y ai même pas pensé.

— Vous n'avez pas envie de rentrer au pays natal ? À Tonneins ?

— Je ne sais même pas où c'est. Enfin, si, il y a longtemps l'instituteur m'a montré sur la carte. J'étais si petit je n'avais guère plus de cinq ans et je ne sais pourquoi je m'intéressais à toutes ces choses, mon village, ma mère... Aujourd'hui, je m'en fiche bien, de ces histoires-là. De toute façon, quand je quitterai le Levant, je ne serai plus rien. Je n'existerai plus. Il ne me restera plus qu'à voler pour vivre ou à faire mon trou dans l'eau. Même pas, d'ailleurs, je sais trop bien nager. Bah, je trouverai bien une branche où me crocher.

Jouait-il ou non la comédie, essayait-il de provoquer le prêtre ? D'après ce que Décors avait raconté, Capuccini avait cru comprendre que Domingue était un garçon instable, capricieux, mais astucieux. C'était le moment de frapper un grand coup.

— Ah, j'ai oublié de vous dire, lâcha le directeur comme par mégarde. Je viens de recevoir une lettre de votre mère.

Domingue se dressa d'un bond, les traits bouleversés :

— Ma mère !

Capuccini sentit une boule lui nouer la gorge. Surtout, il ne fallait pas se laisser aller à l'émotion. Après son entretien avec Décors, le prêtre avait mené son enquête sur Domingue. Le dossier du détenu avait été brûlé dans l'incendie de 1866, mais un double avait été conservé chez Biellon, à Toulon. À sa grande stupéfaction, l'abbé Capuccini s'était aperçu que le gamin avait été livré aux gendarmes par son père, à l'âge de cinq ans, pour avoir brûlé une botte de foin par jeu ou par maladresse. Malheureusement, le feu s'était propagé à une grange. Le père en question avait disparu dans les tourmentes de la guerre. Sa veuve avait reçu de l'État la patente d'un bureau de tabac dans sa ville de Tonneins. Capuccini lui avait écrit pour lui donner des nouvelles de son fils. Elle avait répondu par retour du courrier une lettre larmoyante, lui demandant mille et une absolutions pour avoir oublié son enfant pendant ces dix années. Elle réclamait son garçon à cor et à cri, jurant de l'élever dans la foi chrétienne, etc. Elle joignait un message à son cher petit Raymond, lui affirmant que tout était pardonné et qu'elle l'attendait. Qui devait pardonner à l'autre ? Pauvres gens, songea l'abbé, qui se dit que malgré les recommandations de la hiérarchie, il faudrait que le peuple lise *Les Misérables* de Victor Hugo.

— Oui, Domingue, tu as une mère qui t'aime.

Le garçon se mit à sangloter. Capuccini fit le tour de la table, le releva et l'enlaça. Sur son épaule, Domingue pleura de plus belle. Voilà le plus ancien de mes colons évangélisé, songea l'abbé.

Conquérir les garçons fut assez facile, à l'exception des plus âgés qui, tendus vers un seul but, la liberté, ne se souciaient guère de la christianisation de Sainte-Anne. Cette génération formait un monde à part, irréductible, que l'abbé n'essaya pas de convaincre. Ils allaient quitter la colonie plus ou moins vite et les grands qui les remplaceraient seraient tous de la « génération Capuccini ». En revanche, la majorité flottante des adolescents de douze à seize ou dix-sept ans avait été complètement métamorphosée par la présence des dix religieuses. Certains, en entendant le son de ces voix féminines, se mettaient à bredouiller. Ils découvraient la tendresse. On eût dit que cette tendresse-là était comme un scalpel qui, d'un coup, fendait leur carapace de misère, de peur et de haine. Pourtant, l'abbé avait choisi des nonnes énergiques, de solides paysannes qui ne s'en laissaient pas conter. Il arrivait bien souvent qu'une main leste lance un solide soufflet à un grand dadais décontenancé et presque assommé bien moins par la vigueur du coup que par le ridicule dont il faisait l'objet. Battu par une femme, une religieuse, en plus ! Grâce à cette énergique présence, les mœurs du pénitencier se polissaient, se civilisaient, même chez les gardiens, et le personnel civil considérait, grâce à leurs épouses, les religieuses comme faisant un peu partie de leur famille.

L'administration pénitentiaire n'avait pas baissé les bras. À peine quatre mois après son entrée en fonction, l'abbé eut à subir sa première inspection. Il en avait été prévenu longtemps à l'avance, mais, malgré les supplications et les conseils de l'économe Lenepveu, il se refusa à « dissimuler la poussière sous le tapis », comme il disait. Les inspecteurs ne lui firent grâce de rien, relevant tout à la fois la distance trop rapprochée entre chaque lit, l'hygiène parfois douteuse des cuisines, des carnets de santé pas mis à jour, la pénurie du personnel de surveillance... Une deuxième inspection eut lieu trois mois plus tard, tout aussi tatillonne bien que les progrès accomplis fussent flagrants. Aussi, les visiteurs s'en prirent au véritable talon d'Achille du Levant : les difficultés de communication. Ils insistèrent à nouveau sur l'absolue nécessité d'acquérir un bateau à vapeur. Mais, dans leur rapport, ils se livrèrent à des considérations géographiques aberrantes, décrétant par exemple que le village continental le plus proche de l'île, le Lavandou, se trouvait en plein cœur de la forêt des Maures. Et qu'ensuite il fallait quarante-cinq kilomètres, dont plus de vingt en dehors de toute route, pour se rendre à Toulon. Et que la distance séparant Port-Cros du débarcadère du Levant était de douze à quinze kilomètres, impossible par mauvais temps, et que ce trajet nécessitait parfois sept à huit heures. Pourtalès, furieux, répondit que par très gros temps il ne fallait pas plus de vingt minutes pour franchir la passe des grottes, un kilomètre séparant Port-Cros du Levant. Ce qui suffit à déconsidérer leur demande. Puis les choses se calmèrent. En haut lieu, en effet, on trouva suspect cet acharnement contre l'abbé Capuccini, d'autant que le comte de Pourtalès, fort habilement, se plaignait que l'administration pénitentiaire recelât en son sein des éléments « républicains et antichrétiens » cherchant à nuire à la nouvelle orientation qu'il voulait donner à Sainte-Anne. Le comte savait pertinemment qu'il n'en était rien et qu'il s'agissait seulement pour ses adversaires de reconquérir le terrain perdu mais l'argument fit mouche. La Pénitentiaire laissa désormais le Levant en paix. Mieux valait ne pas toucher à cet endroit-là : il brûlait.

Visiblement, Capuccini était satisfait du rendement des cultures céréalières et du vignoble. La fabrique de Laborde se taillait de beaux succès avec sa nouvelle pipe, la « Sarrasine ». Mais les vieilles souches qui servaient à façonner ces pipes commençaient à se raréfier.

Un accord pour l'exploitation des bruyères fut conclut entre Pourtalès et M. de Morel, suisse lui aussi et propriétaire de Port-Cros. L'équipe de récolte s'installa à Port-Man, la baie offrant de nombreux avantages de communication.

Décors, qui depuis six mois habitait Port-Cros, voyait là le moyen d'aider ceux qui travaillaient sur son île.

— Je les aiderai toujours, promit-il haut et fort comme un *parlosoulet*.

Domingue voyait approcher la côte. Il avait peur. Il avait tant rêvé pourtant de cette liberté sans jamais bien comprendre à quoi elle ressemblait. Il l'imaginait comme une large route traversant des forêts profondes et des villes immenses, une route qui ne s'arrêtait jamais. Lui, il n'avait connu que des chemins en cul-de-sac butant sur une falaise ou se perdant dans le sable d'une calanque. Où se cachait-elle, cette liberté ? Peut-être derrière les hautes collines bleues des Maures barrant l'horizon. Et s'il n'y avait rien, derrière ces collines, le vide, un trou sans fond ? Il se prit à regretter d'avoir refusé les propositions d'embauche que lui avait déniché l'abbé. Jardinier à Hyères ? Engagement dans la marine ? Non, tout cela lui rappellerait trop le pénitencier. Il fut pris de vertige. La liberté était peut-être une affreuse cannibale.

— Eh bien, tu en fais une tête, mon vieux Raymond, dit Décors en riant. On dirait que tu vas à un enterrement.

— Laisse-le tranquille, lança Gruner, qui tenait la barre de son *Saint-Trophime*. Et sors-nous plutôt une bonne bouteille de Château-Devillaz.

Domingue ne comprit pas pourquoi, à ce nom, Décors éclata de rire comme si c'était la meilleure des plaisanteries. Il dévisagea le patron du *Saint-Trophime*. C'était donc lui, ce héros, cette légende du Levant, le pirate, celui qui s'évada par une nuit de tempête, celui qui fomenta la plus fameuse révolte qu'eût jamais connue Sainte-Anne ? Un petit homme barbu et musculeux d'une trentaine d'années, que son embonpoint naissant rendait encore plus père-peinard, et voilà tout. Domingue était un peu déçu. Finalement, il aurait préféré faire comme tous les libérés, prendre le *Titan* et, une fois arrivé à Toulon, disparaître à tout jamais. Mais Décors avait obtenu de Capuccini qu'avec Gruner ils l'accompagnent jusqu'au Lavandou, pour, disait-il, lui faire une surprise. Le directeur avait accepté volontiers : il était inquiet sur l'avenir de Domingue, ce garçon attachant. Peut-être ses anciens camarades sauraient-ils le guider, le conseiller...

Domingue resta planté dans le sable, tournant la tête de tous les côtés. Au large, le Levant semblait flotter, nimbé d'une brume de chaleur, irréel, au-dessus de la mer. Gruner posa la main sur son épaule :

— Allez, viens, mon gars c'est fini tout ça, c'est fini. Ne regarde plus derrière toi.

— Holà, rigola Décors, n'écoute pas ce bouffeur de poisson... Dépêchons-nous, maintenant, les autres doivent nous attendre.

Ils prirent chacun Domingue sous un bras et l'entraînèrent vers le village. Sur le pas de sa porte, une vieille attendrie regarda passer ces deux joyeux hommes encadrant un garçon maigre et triste.

Pauvres petits forçats, songea-t-elle, combien de misères cachent-ils sous leurs rires ?

À l'auberge du Centre, une demi-douzaine de buveurs accueillirent les trois hommes à grands cris. Un colosse blond habillé en bourgeois se leva et se dirigea vers Domingue en clamant d'une voix de stentor :

— Alors, le voilà donc, le dernier des Vulnérables. Dans mes bras, petit ! Putain, les amis ! Vous vous rendez compte, ce pitchouné-là, il a l'âge de Félicien, mon aîné !

— Allons bon, plaisanta un jeune homme dont la main gauche était réduite à un moignon, Devillaz, tu commences à radoter.

— Môssieur Trouin, tonitrua Devillaz, môssieur Trouin alias la Lanterne, vagabond, colporteur, bohémien, je vous prie d'avoir un peu plus de respect pour mon grand âge !

— Salut, Domingue, comment vas-tu ?

Le libéré se retourna. Un marin en vareuse bleue, pantalon blanc de la Royale, lui tendait la main. Instinctivement, Domingue recula : il avait appris à craindre tout ce qui portait uniforme.

— Tu ne me reconnais pas ? Je suis Parnoud, ton vieux copain.

— Excuse-moi, j'avais du mal à te remettre. Dans cette tenue...

— Oui, je suis en permission. Mon bateau est enfin revenu à Toulon. Décors m'a appris que tu allais être libéré. Je n'ai pas voulu te manquer.

Un autre convive, Delages, l'ancien muletier, devenu ouvrier agricole chez les Touze, envoya une grande bourrade au marin :

— Tu parles que le Chinois est venu au Lavandou pour tes beaux yeux ! Pas vrai Marianne ?

À cette apostrophe, la servante du café du Centre devint rouge comme une pivoine et s'enfuit en cuisine.

— Pourquoi appelles-tu Parnoud le Chinois ? demanda Domingue.

— Parce que, intervint Gruner, notre marin a fait en cinq ans de marine deux ou trois campagnes en mer de Chine et que, à chacun de ses retours au pays, il nous serine ses histoires de Tonkin, de Pékin et de palanquins !

— Tandis que Théo, taquina Décors, ne nous a jamais dit un mot de ses aventures. À table maintenant !

Domingue se retrouva entre Décors et Devillaz qui trônait à la place d'honneur en face de Gruner.

— Alors, demanda le pêcheur au vigneron, comment se sont passées les vendanges ?

— Ma foi, répliqua Devillaz, je ne suis pas mécontent. 1875 sera une bonne année. Mais je voudrais développer maintenant les cultures maraîchères. À propos, Domingue... Pardon, Raymond, j'aurais besoin d'un bon jardinier. On m'a dit que tu n'étais pas le plus mauvais dans ta partie. Ça t'intéresserait ? Logé, nourri, un bon fixe et intéressement sur les récoltes.

Domingue répondit interloqué :

— Je ne sais pas, m'sieur... Je veux dire Jean. Il faut que je réfléchisse.

— Eh bien réfléchis, mais pas trop.

Puis Devillaz se retourna vers Gruner. Les deux hommes se lancèrent dans une grande discussion. Le vigneron expliqua comment il avait réussi à devenir propriétaire de quarante-deux hectares d'un superbe vignoble, le pêcheur vantait l'indépendance de son métier qui ne le rendrait pas très riche. Cependant :

— La vie est belle, ne trouves-tu pas, dit Décors à voix basse à Domingue ? Regarde Devillaz, orphelin martyrisé par un oncle abominable, le voilà propriétaire, père de trois enfants, enfin deux si on ne compte pas le fils d'un premier lit de sa femme. Gruner, patron d'un bateau, père d'un garçon et d'une fille, lui le pauvre gosse chassé de Paris par la misère. Et Delages, ramassé sur une bouche d'égout, devenu en quelque sorte le dernier fils de la famille Touze. Et Trouin, qui sillonne les chemins, lanterne magique sur le dos, pour émerveiller les enfants. Et regarde tous les autres, les anciens forçats devenus pêcheurs ou paysans...

— Que veux-tu prouver ? répliqua Domingue. Que cette colonie, non, plutôt ce bagne ! dans lequel nous avons souffert toute notre enfance était finalement une bonne chose ?

— Je n'ai pas dit ça ! Au contraire, je pense que c'est une vraie saloperie, nous ne méritions pas ça. Quel abominable crime avions-nous commis ? Maintenant il nous faut nous en sortir, et toi aussi, tu peux t'en sortir.

— Moi ? Mon œil ! Je suis foutu. Et puis, tu me parles de nos copains qui sont là, qui rigolent... Mais les autres, tous les autres ? Il y en a peut-être eu mille qui sont passés par le Levant. Tu crois que tous, maintenant, ils ont de la vigne ou un bateau, une petite femme qui les dorlote et des gamins qui sautent sur leurs genoux ?

Hein, tu crois ça, Décors ? Sans compter tous les pauvres gars qui pourrissent au cimetière du Levant. Quinze jours avant mon départ, il y en a encore un qui a crevé. Il s'appelait Guy Coutarel, il avait dix-huit ans, c'était un copain. Il était de Toulon. De Toulon, tu imagines ? Juste en face de sa prison, de l'autre côté de la mer, il y avait peut-être son père et sa mère qui l'attendaient. Coutarel avait encore deux ans à tirer. Et il a crevé. Quelle saloperie, quelle saloperie ! Pourquoi il n'est pas là, Coutarel, à se goberger avec nous ? Est-ce qu'il y en a un parmi vous qui se rappelle de Coutarel ? Et d'Applanat ? Crevé, Applanat ! Il avait douze ans. Et Boucher, seize ans ? Crevé, Boucher ! Et Cordouan, et Soulage ? Crevés, crevés, crevés !

Domingue se leva, donna un grand coup de pied dans son tabouret et quitta la salle. Les convives se regardèrent en silence. Enfin, Devillaz sortit en disant :

— Restez là. Je vais lui parler.

Domingue et lui revinrent une bonne demi-heure après.

— Gruner, dit Devillaz, prête-moi un burin et un marteau.

Peu après les forçats se dirigèrent en cortège vers la digue. Devillaz s'accroupit devant la grosse pierre et grava le nom de Domingue. Puis Parnoud à son tour inscrivit le sien. Quand ce fut terminé, Devillaz demanda à Domingue :

— Alors, c'est décidé, tu ne viens pas avec moi à Cogolin ?

— Non, je reviendrai peut-être un jour. Mais avant je dois aller dans le Lot-et-Garonne. Il paraît que j'ai une mère qui m'attend. Elle ne s'est rappelée de mon existence que l'an passé. Elle tient le bureau de tabac de Tonneins. C'est là-bas que je suis né, c'est là-bas que mon défunt père — un héros de la guerre, paraît-il — m'a confié aux gendarmes quand j'avais cinq ans. Alors, il faut que je sache...

— Que veux-tu donc savoir ?

— Je veux savoir à quoi ça ressemble, une mère.

Deux jours après, Décors entraînait « Jean le Chinois », dans son île. Le pêcheur, le grand frère, avait décidé de l'emmener sans lui demander son avis. Car, pensait le Port-Crosien, ce n'était pas la paie d'un matelot qui devait gêner Parnoud pour fourrer ses mains dans les poches. Leur logement se limitait à une pièce spacieuse dans un magasin de pêcheur. À peine le Chinois avait-il déposé son sac de marin que Décors l'entraîna du côté des bateaux de pêche. Tout en longeant le petit quai, où des goélands à la marche saccadée rappelaient à Parnoud les factionnaires de la porte Castigneau, Décors questionna :

— Tu veux faire bûcheron ou pêcheur ?

— La hache et la pioche me rappelleraient trop l'autre île, s'empressa de répondre Parnoud. La mer me convient mieux. C'est vrai que je manie mieux l'herminette que l'aiguille à ramender. Mais un charpentier, ça sait faire une épissure, ça a le pied marin, et le reste il l'apprend vite.

César, le frère du capitaine Bret, embarqua le Chinois sur son rôle. Mais le Chinois se languissait de Marianne la serveuse du café du Centre. Décors, qui soupçonnait cet amour naissant, conseilla à son ami de finir d'apprendre le métier et, dès qu'il aurait quelque argent, de trouver un embarquement au Lavandou.

Le 31 juillet 1876, Virginie et Marius Bret fêtaient le premier anniversaire de leur fils Alphonse lorsqu'un télégramme arriva au sémaphore du Levant, annonçant que le comte Henri de Pourtalès venait de décéder dans son château de Gorgier, à l'âge de soixante et un ans. L'abbé Capuccini donna une messe solennelle dans la grande église du Levant pour le repos de l'âme du fondateur de Sainte-Anne. Sur le parvis, les sœurs distribuèrent des brassards noirs que les détenus allaient porter durant un mois.

En plus de la tristesse de perdre quelqu'un qui était devenu pour lui un ami, le directeur était inquiet pour l'avenir de Sainte-Anne. En deux ans, grâce au soutien des religieuses, et malgré les tracasseries que lui faisait subir l'administration pénitentiaire, il avait réussi à en faire l'œuvre de bienfaisance dont le comte avait rêvé durant les dernières années de sa vie. Sa mort remettait tout en question. Après un délai d'un mois que le respect du deuil lui imposait, il écrivit, en accord avec le fondé de pouvoir Biellon, aux héritiers, pour savoir quelles étaient leurs intentions. Il reçut très vite une réponse venant de la fille aînée Marie, mère supérieure à la mission catholique de Macédoine, qui l'encourageait à poursuivre sa tâche, mais qui ne lui apprit pas grand-chose de nouveau. Vint ensuite une lettre d'Arthur de Pourtalès, nouveau ministre plénipotentiaire de Prusse à Paris, qui, en un langage fort diplomatique, lui laissa entendre que le Levant n'était pas, tant s'en fallait, le plus urgent des problèmes de succession et que, s'il ne tenait qu'à lui, il se serait débarrassé de Sainte-Anne, un véritable boulet qui l'entravait dans sa carrière politique. C'est du moins ainsi que l'abbé traduisit la très courtoise missive de l'ambassadeur... Vendra ? Vendra pas ? La succession Pourtalès traîna pendant seize mois. Contre vents et marées, Capuccini tenta de maintenir la barre, bien que les effectifs aient commencé à diminuer singulièrement : depuis la mort du comte, il n'avait pas reçu un seul nouveau colon.

Un jour de décembre 1876, il fut convoqué par l'évêque de Fréjus. Le prélat lui demanda purement et simplement de donner sa démission de directeur de Sainte-Anne. En effet, une majorité républicaine venait d'être élue à Paris et son chef, Gambetta, avait prononcé des mots à l'Assemblée : « Le cléricalisme ! voilà l'ennemi. » Il fallait éviter de donner des armes à l'adversaire. Un abbé directeur d'une maison de correction pour enfants aurait été une cible toute désignée pour la nouvelle majorité. Capuccini n'avait pas le choix : il abandonna ses fonctions le 20 janvier 1877 et proposa à sa suite l'économe Lenepveu. Candidature qui fut tout de suite acceptée par le ministère de l'Intérieur : Lenepveu était issu des cadres de la Pénitentiaire. En attendant que la succession Pourtalès fût définitivement réglée, le greffier était pour tous la meilleure solution de compromis.

Les onze mois que dura le mandat de l'ancien gardien firent retomber le Levant dans la barbarie. Enfin, Lenepveu pouvait se venger de dix-sept années d'humiliation, d'obéissance aux ordres d'un gardien-chef ou d'un directeur, puis d'un curé. Alors, les coups se mirent à pleuvoir, les punitions devinrent de plus en plus raffinées. Au début, les religieuses restées dans l'île tentèrent de s'y opposer. La mère supérieure s'insurgea contre la cruauté avec laquelle Lenepveu attachait, tout nu, à un arbre de la cour le nommé Barral dit « Tonton », et lui administrait vingt coups de fouet fait de brins de câble télégraphique.

— L'abbé Capuccini avait aboli ces pratiques de tortionnaires, s'emporta la supérieure. Dieu nous enseigne la miséricorde, votre sadisme nous révolte et nous sommes écœurées.

Avec l'assentiment de l'évêque, les sœurs quittèrent définitivement le pénitencier du Levant. À nouveau, les plaintes d'anciens détenus, de pêcheurs et même de gardiens s'entassèrent sur le bureau du sous-préfet et du procureur de la République. Mais ceux-ci préférèrent ne pas intervenir tant que la succession restait en suspens. Marius Bret, de son côté, envoya une lettre à Louise, la cadette Pourtalès, marraine de sa fille. Celle-ci lui répondit qu'elle ne pouvait rien faire pour le moment. Les tentatives d'évasion se multiplièrent. Barral plongea du Castellas vers une tartane qui passait au large. L'équipage du bateau, l'ayant aperçu, le récupéra. Quelques jours plus tard, il était repris à Marseille.

À la mi-décembre, le fondé de pouvoir Biellon informa la sous-préfecture de Toulon et la mairie d'Hyères que les héritiers avaient décidé de mettre en vente la colonie agricole. Le 20 du même mois, Lenepveu fut destitué. Le jour de son départ, Barral dit « Tonton » le croisa à Port-Cros, il lui adressa un superbe bras d'honneur. Le nouveau directeur, M. Barthélemy, un capitaine d'infanterie de marine, n'avait qu'une seule mission : mettre un peu d'ordre dans la maison en attendant les visites des candidats au rachat. Ce M. Barthélemy avait peu de temps pour mener à bien cette tâche : la vente aux enchères avait été fixée au 19 mars 1878.

Pour la direction générale des prisons, il n'était pas question que les enfants restant au Levant fissent partie de l'inventaire des biens mobiliers. Aussi fit-on supprimer la mention : *Grand Pénitencier agricole aménagé pour recevoir trois cents jeunes détenus, en comptant actuellement deux cents.* Les établissements de correction privés régis par la loi de 1850 avaient d'ailleurs été, dès l'origine, une source de tracas pour l'administration pénitentiaire. Et la IIIe République tentait de les reprendre sous sa tutelle. Le préfet du Var avait proposé, assez maladroitement, de confier Sainte-Anne à une congrégation religieuse. Il se fit sévèrement rappeler à l'ordre par le ministre de l'Intérieur lui-même. À l'heure où commençait la longue lutte qui opposait la France radicale à la puissance temporelle de l'Église catholique, la suggestion était plutôt mal venue. L'administration, qui avait employé dans ses propres colonies des membres des corporations religieuses, en avait éprouvé les plus grands mécomptes. D'ailleurs, ne venait-on pas de fermer Notre-Dame-de-la-Cavalerie à Marseille, une congrégation religieuse à qui l'Ancien Régime avait confié de nombreux enfants ? La direction des prisons eut, un moment, l'envie de racheter purement et simplement le Levant, mais le prix était trop élevé pour son budget. Certes, la colonie agricole était devenue prospère, mais elle achoppait toujours sur le même problème : les liaisons avec le continent. Il était inimaginable que le futur directeur ne fût pas sous le contrôle permanent de sa hiérarchie. Les mêmes causes produisant les mêmes effets, les pénibles expériences de Fauveau et de Vaurs risquaient de se répéter. Le plus simple était désormais d'attendre la vente pour connaître les intentions du futur propriétaire et se préparer à une éventuelle évacuation des détenus si, comme la direction des prisons le souhaitait, l'acquéreur ne désirait pas poursuivre l'exploitation agricole pénitentiaire.

Les candidats à l'acquisition se désistaient les uns après les autres. Ne restèrent en lice au moment des enchères qu'une société anonyme se proposant de transformer le Levant en une station balnéaire hivernale, et une famille belge, les Philippart, représentée par un avocat d'affaires, maître Joslé. Ce furent ces derniers qui l'emportèrent pour la somme de 261 055 francs, alors que le comte de Pourtalès avait employé 700 000 francs à la création de la colonie. Maître Joslé se rendit à Paris le 13 juin, et expliqua au directeur des prisons que, après mûre réflexion, sa cliente, Mme Philippart, tenait à poursuivre l'œuvre philanthropique du comte de Pourtalès, mais que sa qualité d'étrangère l'obligeait à monter une société entièrement française qui lui permettrait de gérer sans problème la colonie. L'avocat assumerait les fonctions de directeur et de gérant de ladite société. Le directeur des prisons accorda six mois pour présenter un projet cohérent selon un cahier des charges extrêmement rigoureux. Joslé accepta tout. Il envoya au pénitencier pour le suppléer un certain Guilli Van Derelts, homme de confiance de Mme Philippart.

Le comte de Pourtalès n'avait pas oublié son ami Marius Bret dans son testament. Le patron-pêcheur héritait de son cher *Titan* et de la maison de l'Avis. Il poursuivit donc le transport des passagers et du courrier entre le Levant, Port-Cros et le continent. Il avait toutefois la secrète satisfaction de ne plus avoir à emmener jusqu'au pénitencier de nouveaux détenus. En ce jour de juillet, enfin, il avait en face de lui, sur son bateau, les nouveaux propriétaires de Sainte-Anne. Ou du moins leurs héritiers. Les deux fils Phillipart, deux jeunes dandies d'une vingtaine d'années qui avaient décidé de prendre en main les gardiens du nouveau domaine de leurs parents, étaient en compagnie de jeunes femmes élégantes qui s'effarouchaient de la moindre vaguelette avec de petits rires suraigus. Passagers fort déplaisants qui, en plus, l'appelaient avec dédain « mon brave homme ». Marius rongeait son frein. Il dut se retenir pour ne pas faire passer par-dessus bord l'un des deux frères quand celui-ci proclama :

— Ah, nous allons bien nous amuser. Vous allez voir comment je vais mater ces jeunes bagnards.

Le préfet du Var reçut pour mission de faire prendre des engagements formels et d'enquêter sur les garanties offertes par la société de Mme Philippart. Le 5 juillet, le ministre adhéra aux propositions du haut fonctionnaire départemental. Mais au cours des trois mois qui suivirent, le gardien-chef s'était retiré, il n'y avait plus de médecin, le service médical était assuré une fois par mois par le médecin militaire de Porquerolles. Depuis mai, les cent cinquante détenus étaient sans aumônier et les frères Philippart maltraitaient honteusement les enfants, maître Joslé s'était évaporé dans la nature, personne n'entendait plus parler de lui, ni au ministère de l'Intérieur, ni au Levant où en fait il n'avait jamais mis les pieds.

Les choses se précipitèrent quand la *Gazette des tribunaux* publia les poursuites correctionnelles de la justice belge contre M. Philippart père. Le préfet avait déjà fait le constat qu'aucune des conditions n'était remplie : il n'y avait pas de bateau à vapeur, ni d'installation télégraphique et la société de patronage des libérés était dans les choux. Il s'interrogea sur ce qu'il était advenu de la société française en formation.

Le directeur des prisons demanda à son ministre l'autorisation de fermer la colonie pénitentiaire de Sainte-Anne. Hélas, le gouvernement venait d'être renversé et le nouveau ministre de l'Intérieur avait d'autres chats à fouetter. Le dossier traîna un bon mois de bureau en bureau. Le directeur de la circonscription pénitentiaire du Var, M. Thuillié, reçut enfin à la mi-novembre 1878 l'ordre d'évacuation de la colonie de Sainte-Anne. Ce n'était pas une mince affaire. Il lui fallait répartir dans les autres établissements les cent quarante-neuf détenus restants, demander un bâtiment à la marine nationale avec une escorte de fusiliers et de gendarmes. L'amirauté de Toulon fit savoir que *Le Robuste* ne serait disponible que le 21. Thuillié décida alors de se rendre sur place au plus tôt. Pas question pour lui de laisser les frères Philippart et Van Derelts décider selon leur bon plaisir, alors qu'il venait d'être informé de la fermeture de l'établissement. Le 19 novembre, Thuillié et cinq gendarmes prirent place à bord de *L'Ernest*. Quand ils entrèrent à Port-Cros, le vent avait forci, la mer s'était gonflée.

— J'ai bien peur que le *Titan* ne puisse venir vous chercher, messieurs, dit le capitaine de *L'Ernest* à Thuillié. Vous devrez passer la nuit ici.

Rageur, Thuillié partit télégraphier au préfet et alla s'installer à l'auberge avec les cinq gendarmes. Silencieux autour d'une table, les six hommes entendaient la tempête casser les branches, dehors. Dans un grand courant d'air, la porte de l'auberge s'ouvrit et trois pêcheurs entrèrent.

— Oh putain ! lança l'un d'eux, quel temps de chien ! Encore une pêche de fichue !

— Ah ! par exemple, s'exclama la patronne. Voilà notre ami Décors !

— On revient du Levant. Ça chauffe, là-bas. Les détenus se sont révoltés. Ils ont appris que le pénitencier allait fermer, et ils se sont mis en tête qu'on allait les envoyer en Afrique. Les Philippart, ces bourreaux, ces grands fiers-à-bras, se sont barricadés dans leur château, et ils « font dans leur falzar », comme disait Salade quand il parlait des Turcs. Eh, messieurs les gendarmes, vous devriez peut-être aller y faire un tour. Sinon, ça risque de finir comme en 1866. Mais ce coup-ci, ce sera les dandies du château qui rôtiront dans les flammes de leurs boiseries dorées. Hé oui ! ça changera des quatorze miséreux qui avaient faim. Quatorze morts, quatorze copains brûlés vifs dans un incendie. J'ai vu tout cela, messieurs. Je faisais partie des forçats de Sainte-Anne.

Thuillié se leva et vint vers lui :

— Si je comprends bien, monsieur, vous êtes un ancien colon du Levant. Je suis la personne chargée de fermer le pénitencier. Acceptez de venir à notre table, je vous prie.

Alors, nullement intimidé par ces représentants de l'ordre, Décors raconta tout, son enfance martyre chez des fermiers bourguignons, sa fuite, sa condamnation, la vie à Sainte-Anne, les sévices, les révoltes, les évasions, la faim, les Vulnérables, l'aide qu'il avait tenté d'apporter à ses anciens camarades après sa libération... Il évoquait toute cette misère sans passion, d'un ton neutre, comme si ces choses étaient parfaitement naturelles. Et son récit n'en avait que plus de force. Même les gendarmes en furent émus.

Le lendemain, malgré le mauvais temps qui persistait, le *Titan* put venir chercher Thuillié et son escorte à Port-Cros. Les cent quarante-neuf détenus apprirent leur nouvelle affectation avec soulagement. Il n'était pas question d'Afrique. Ils connaissaient tous de réputation les colonies agricoles dans lesquelles ils allaient être affectés. Et cinq d'entre eux étaient libérés par anticipation.

Le 23 novembre, à neuf heures, *Le Robuste*, avec cinquante fusiliers marins, accostait à l'Avis. Les Phillipart, accompagnés de leurs demi-mondaines, plastronnaient devant la troupe qui défilait devant eux. L'île leur appartenait encore. À seize heures le bateau de la direction du port s'amarrait au quai de l'arsenal. Thuillié confia au trésorier payeur général le soin de faire parvenir les fonds du pécule à chaque établissement. À l'économat, le responsable des prisons du Var récupéra les dossiers, qui semblaient bien tenus. Et il eut la surprise de constater que, malgré les deux années d'incertitude qui avaient succédé au départ de l'abbé Capuccini, le Levant n'avait plus eu à déplorer de décès. Le dernier en date remontait au 14 juin 1876. Le quatre-vingt-dix-neuvième et ultime mort s'appelait Victorin Beaussier, quinze ans, né à Barjols, dans le Var.

Au Lavandou, les cloches de Saint-Louis sonnaient enfin la sortie de la messe. L'impatience se lisait sur le visage de ce mécréant de Salade qui, pour la première fois, n'était pas présent à l'ouverture de la 323e bravade de Saint-Tropez. Les salves d'artillerie, les démons chamarrés, les Gardes-Saints aux shakos à plumet, les marins à col bleu brodé d'or et les mousquetaires en armes, uniforme bleu roi à parements rouges, pantalons blancs et bicornes à plume, l'homme des Maures les retrouverait demain. Il n'était pas question de manquer l'inauguration du café du Centre. Il faut dire que Parnoud et sa femme Marianne avaient fait les choses en grand. Un festin de roi. Celui qu'on appelait le Chinois avait fini par épouser la serveuse après laquelle il soupirait depuis tant de temps. Et l'ancien patron du Centre, qui décéda peu de temps après, lui avait légué son établissement.

Lorsque, dans l'après-midi, Devillaz, Gruner, Décors et Salade sortirent de l'unique café du hameau, un peu gais, Décors proposa :

— On va faire un tour sur la jetée ? Vain Dieu ! la cuvée Devillaz 1880 a du mal à passer.

— Il fut un temps, plaisanta Théo, où tu préférais le raisin frais de Cogolin au fermenté.

— Encore cette vieille histoire, répliqua Décors. Depuis ce temps, j'en ai connu quelques autres, de jolies dames !

— *Pécaïré*, lança Devillaz, Décors, le Casanova des îles d'Or !

Arrivés devant la pierre qu'ils avaient gravée quelques années auparavant, ils la touchèrent pendant de longues minutes, respectant la prophétie du Compositeur, ce qui amena un sourire sur les lèvres de Salade. Quelques noms, ceux des derniers détenus restés dans les environs, s'étaient ajoutés à la petite liste. Et puis, depuis deux ans, plus rien.

— Il en manque, quand même, murmura Décors. Geuneau...

— Geuneau ? répondit Devillaz. Je lui ai écrit dans

la Nièvre pour l'inviter à la crémaillère du Chinois. J'ai reçu un mot du maire de son village. Parti sans laisser d'adresse. Disparu, le brave Vain Dieu, volatilisé ! Il faut dire que si on l'a reçu chez lui comme mon village natal m'a accueilli, je le comprends.

— Tu ne m'avais pas dit que tu étais revenu dans les Alpes, dit Gruner.

— L'année dernière, oui. J'avais des problèmes d'héritage à régler. Ma vieille carne d'oncle commissaire avait enfin consenti à crever. Je pouvais récupérer le petit cheptel de mes parents. Vous me connaissez, les gars ? Je ne donne pas l'impression de pleurer misère. Je suis arrivé là-bas en famille, avec Lucile, Félicien et Théodore, ton filleul, Théo. Au fait, il n'arrête pas de me demander de tes nouvelles. Tu devrais venir nous voir plus souvent, quand même. Bref, c'est tout juste si le maire de Servoz — c'est le nom de mon village — ne m'a pas demandé ma feuille de libération. Les gens nous regardaient passer derrière leurs fenêtres. Comme si je voulais les assassiner. Je croyais les entendre : « C'est le fils Devillaz, un ingrat avec son oncle. Pauvre commissaire Bordille qui a tant fait pour empêcher ce voleur, ce forçat, d'aller au bagne. S'il va au cimetière sur la tombe de ses parents, l'autre va se retourner dans sa tombe. »

— Bah, dit Décors, ici aussi on nous appelle les *fourçats*. Mais finalement, tous ces braves gens nous ont bien acceptés.

— C'est vrai, admit Devillaz, mais on ne sera jamais comme les autres, comme tout le monde. On sera toujours les forçats.

Interloqué, Décors regarda son ami. Parfois, le grand vigneron, à qui tout avait réussi, se laissait aller à une amertume incompréhensible.

— Et Denis, tu as de ses nouvelles ? demanda-t-il pour changer le cours de la conversation.

— Justement, Denis... Quand je suis allé en Savoie, j'ai fait un détour par Grenoble. Tu te rappelles de Denis ? léger, drôle, agaçant parfois. Il m'a reçu dans son échoppe comme un chien dans un jeu de quilles. Il n'a pas trente ans, mais c'est déjà un vieux garçon aigri, qui vit avec sa marraine, une espèce de sorcière... J'ai compris qu'il voulait tourner définitivement la page. Tout ça, c'est du passé... Tiens, par exemple, Domingue. Lui au moins il a gravé son nom sur la pierre. J'ai reçu une lettre de sa mère. Il paraît qu'il tournerait mal, le Domingue. Mais j'ai aussi de bonnes nouvelles. Roncelin, vous vous rappelez ? Le forgeron ! Il est mécanicien sur la ligne Paris-Rouen. Il en est drôlement fier de sa locomotive ! Il n'a pas pu se déplacer, mais il m'a promis que bientôt... Bientôt. Son grand copain Paris, lui, est lampiste à la gare Saint-Lazare. Voilà, c'est tout ce que je sais. En tout cas, il n'y aura plus aucun nom gravé sur cette pierre.

— Pas sûr, répliqua Décors. J'ai entendu dire que l'île de Porquerolles venait d'être rachetée par un comte ou un marquis qui voulait ouvrir là-bas une école pour les abandonnés, elle s'appellerait soi-disant « école de viticulture ».

— Quand c'est pas une colonie, c'est une école, soupira Gruner. Autant dire un autre pénitencier. Mais quand arrêteront-ils de nous envoyer toute la misère du monde dans les îles d'Hyères ?

Postface

Couche-Mousco, le Castellas, Port-Man, la Calanque Longue, le Titou, etc., tous ces noms évocateurs bourdonnaient dans ma tête lorsque, au creux des rochers, dans une crique, je calais une palangre ou faisait un cageot d'oursins à la grapette.

Un après-midi des années 80, j'allai saluer quelques vieux pêcheurs assis sous le platane de la Ramade. Avec Marius Bret, j'évoquai une traversée mémorable, lui à bord de son *Jean Jaurès*, nous sur le *Jacques Cartier* avec son fils Julien et mon oncle Rémy, son frère. Ce jour-là, une mistralade de plus de 150 km/h balayait les huit kilomètres séparant les îles du cap Bénat. Marius s'amusa de mon inexpérience. En cinquante ans de pêche il avait connu bien d'autres tempêtes, alors que moi je n'avais fait le métier que six mois. Cependant, la conversation l'avait enflammé, ces îles c'était toute sa vie. Il devint intarissable. Ses aïeuls, qui naviguaient à la voile et à la rame comme des galériens, leurs traversées étaient autrement plus difficiles. Et ces pauvres enfants du Levant !

— Quels pauvres enfants, lui dis-je ?

— Mais ceux du pénitencier !

Je n'avais jamais entendu parler de ce pénitencier. Ma curiosité fut mise en éveil. Je l'interrogeai en vain, il ne savait pas grand-chose à part que, sur plus d'un millier d'enfants, quelques-uns étaient devenus pêcheurs au

Lavandou, ou domestiques dans les campagnes de Bormes.

Je fis part à Marius de l'idée qui me trottait dans la tête depuis bien des années : écrire les noms des calanques, des pointes et autres lieux-dits que la mémoire orale a transmis de génération en génération et sur le point de disparaître à jamais. L'idée m'en était venue lorsque, faisant la pêche avec mon oncle Rémy Bret, le soir ou à l'aube à l'abri d'une calanque sarpant les filets, je découvrais tous ces noms inscrits nulle part, sauf dans la mémoire des vieux pêcheurs.

Marius s'enthousiasma pour mon idée. Avec lui, je positionnais sur une carte tous ces noms de lieux. Chaque calanque, chaque pointe lui rappelait une histoire. Ma curiosité soulevait bien des questions. Je lui promis :

— Cette toponymie terminée, j'irai fouiller les archives.

Plus je fouillais, plus le nombre de questions augmentait. Mes recherches dans les archives communales de Bormes, d'Hyères, de la marine à Toulon, dans les archives départementales de Draguignan, dans l'un des livres de bord de la Royal Navy, etc. furent un travail de fouine de plusieurs années. Ma pugnacité, la chance guidée par une main invisible me conduisirent de découverte en découverte. C'est à partir d'une cinquantaine d'états établis le jour de l'arrivée des jeunes détenus à la colonie agricole de Sainte-Anne du Levant, de photocopies des tableaux de punitions, de rapports de l'administration pénitentiaire sur le logement, la nourriture et l'habillement, d'une multitude de lettres, que je pus entrevoir la vie de ces enfants.

Un jour, le destin se manifesta de manière inattendue. J'étais en train de pêcher lorsqu'une Alouette II de la 23 S de Saint-Mandrier s'immobilisa à une dizaine de mètres au-dessus de moi.

Éloignez-vous du terrain militaire, lisait-on sur la pancarte que l'on me montrait.

Je dressai mon bras pour signifier au pilote qu'il

m'embêtait. Ce fut l'instant choisi par la turbine de l'hélico pour défaillir. Brusquement l'aéronef descendit au ras des flots, l'hélice de queue me frôla, les pales arrière s'arrachèrent en touchant l'eau et passèrent à quelques centimètres de moi. L'engin coula par vingt-cinq mètres de fond comme un fer à repasser. Je repêchai les quatre gars de la marine et les ramenai sur la base principale du Centre d'essais de la Méditerranée. Ce sauvetage m'ouvrit l'accès à l'île du Levant que j'avais si souvent parcourue dans mon enfance. Plus tard, je découvris les cachots, les cellules, les vestiges des bâtiments aménagés par la marine, le petit cimetière où chaque creusement de fosse mettait au jour des ossements d'enfants. C'était décidé, j'écrirais une chronique historique. Puis vint le temps où s'imposa à moi ce roman inspiré de l'histoire de ce pénitencier pour enfants. Ma connaissance des lieux, mes acquis personnels, mon amour pour ces îles feraient le reste.

À l'état civil d'Hyères, je découvris les actes de décès des quatre-vingt-dix-neuf enfants enterrés dans le petit cimetière du Levant. À Draguignan, les documents sur les révoltes de 1862, de 1866 et son dramatique épilogue. Je dénichai informations, rapports, réquisitoires contre les malversations de l'économe Massé, sans compter les nombreux courriers concernant les relations du comte de Pourtalès avec les administrations qui me permirent de cerner le personnage. La bibliothèque de Toulouse me procura *La Gazette des tribunaux* qui relatait le déroulement du procès d'assises.

Tout en mêlant l'histoire vraie de ce pénitencier à une très grande part d'imaginaire, j'ai fait revivre ces enfants, inventé leurs devenirs. Pour leur rendre hommage, j'ai gardé les vrais noms de la quasi-totalité des personnages.

Claude Gritti

BREF HISTORIQUE

Le pays délaissé et les marquisats des îles d'Hyères[1]

Le massif des Maures et les îles d'Hyères furent longtemps le pays délaissé. Victimes de pillages incessants, les habitants attirèrent l'attention des comtes de Provence et des rois de France sur leur situation. Mais aucun d'eux ne fut à même d'en faire assurer efficacement la sécurité. En 1160, les Barbaresques réduisirent en esclavage tous les habitants de Porquerolles. En 1197 et 1211, la population de Toulon prit le chemin de la captivité. La ville fut désertée par ses habitants pendant deux ans.

En juin 1530, le sort de La Napoule ne fut guère plus enviable. L'année suivante Toulon et la campagne environnante furent une nouvelle fois ravagés. Barbaresques, Ottomans, de même que les chrétiens qui en faisaient commerce avaient trouvé là de quoi approvisionner leur marché d'esclaves.

Les populations désertèrent les îles et les rivages du

---

1. Afin de constituer ce bref historique, l'auteur a consulté, outre les deux ouvrages suivants : Alphonse Denis, *Hyères ancien et moderne*, 1884, et *The Royal Navy, a History, Clowes, Le Bulletin des amis de la bravade de Saint-Tropez* et les *Lettres du préfet maritime an XI et an XII*. Il a également eu recours aux archives municipales de Bormes, Hyères, Draguignan et Toulon ainsi qu'à celles du Centre d'essais de la Méditerranée.

continent. En 1531, François Ier vint à Hyères. Les habitants firent connaître au roi qu'il n'y avait aucune sécurité à habiter et à cultiver les terres proches du rivage. Alors, le roi, soucieux des malheurs de ses sujets, érigea Bagaud, Port-Cros et le Levant en marquisat, « le marquisat des îles d'Or », et il les donna à Bertrand d'Ornesan, *« pour les mettre en labour et les garder contre les corsaires »*, moyennant la ridicule somme annuelle de dix mailles d'or de France. Ce cadeau royal démontrait l'importance que François Ier attachait à la défense de ces îles, car le marquis d'Ornesan jouissait d'un grand prestige ; amiral des mers du Levant, il s'était opposé devant Rhodes à la flotte de l'empereur des Turcs, et avait défait l'armée navale de Charles Quint devant Toulon. Cependant, le marquisat ne resta pas longtemps à la maison d'Ornesan : sa possession était plus onéreuse que profitable.

En 1549, Henri II, roi de France, offrit ce territoire au comte Christophe de Roquendorff. Le roi avait le secret espoir que ce valeureux étranger parviendrait à chasser de ces îles les pirates et ennemis de la couronne qui venaient y préparer leurs descentes sur le littoral afin d'enlever hommes, femmes et enfants, pour les vendre ou les tenir en esclavage dans le Maghreb ou dans l'Empire turc. Pour ce faire, le roi accorda en décembre 1549 des lettres patentes autorisant le nouveau marquis à y accueillir tous les assassins, bandits et autres, qu'ils fussent poursuivis ou condamnés, excepté les condamnés pour hérésie ou crime de lèse-majesté. L'impunité leur était garantie tant qu'ils restaient dans les îles du marquisat des îles d'Or. La situation ne s'améliora pas pour autant. Bandits et pirates s'entendirent plus qu'ils ne se combattirent. Par ailleurs les navires barbaresques continuèrent à écumer nos côtes à tel point qu'en 1558 le conseil de la communauté de Saint-Tropez jugea nécessaire d'organiser sa propre défense en dotant la cité d'un chef de guerre. Ce dernier nomma un capitaine de ville. Ce chef de milice était chargé de recruter des hommes et de commander la défense de la cité. Les miliciens tropéziens s'opposèrent victorieusement à toutes les attaques pendant plus d'un siècle. En 1579, un puissant personnage, Albert de Gondy, baron de Retz, maréchal de France, marquis des îles d'Or, gouverneur de Provence et général des Galères, essaya de chasser les pirates. Malgré les moyens dont il disposait il n'y réussit pas totalement. Louis XIV, s'accommodant mal que le marquisat des îles d'Or fût une terre d'asile pour coupe-jarrets, exigea de son gouvernement qu'il chasse ces indésirables. Après cent deux années d'anarchie, l'autorité fut enfin rétablie dans les îles. Le grand roi fit réorganiser les défenses et remplaça la milice de Saint-Tropez par une garnison royale.

En novembre 1658, il érigea l'île de Porquerolles en marquisat de Porquerolles avec les mêmes droits, les mêmes prérogatives et les mêmes honneurs que ceux dont jouissaient les marquis des îles d'Or.

De 1804 à 1805, l'amiral Horatio Nelson fit de l'île du Levant la base avancée de sa flotte de surveillance. Ses navires, embusqués au Levant et au cap Bénat, surveillaient la flotte que l'amiral Latouche-Tréville construisait à Toulon et à Gênes. Les navires qui transportaient les bois de la forêt de Lucho en Corse, des canons et d'autres marchandises, étaient systématiquement attaqués. Le préfet maritime ordonna aux commandants de navires de ne naviguer que par tempête.

Les propriétaires des îles d'Or au XIXe siècle

En 1783, Louis de Covet de Bormes, dernier marquis des îles d'Or, vend Port-Cros, Bagaud et le Levant à Simon de Savornin qui revend les trois îles au sieur Gazzino en 1805.

Au début du XIXe siècle, le sieur Gazzino de Marseille vendit à l'État, les 15 et 16 floréal de l'an X, et le 5 ventôse de l'an XII, un terrain de 64,9 hectares sur l'île du Levant. En 1812, Napoléon Ier y fit construire la batterie de l'Arbousier, du Titan et ordonna, en 1813 l'acquisition de la totalité des terres et des bâtisses de Porquerolles, de Bagaud, de Port-Cros et du Levant. Des notables hyérois mirent obstacle sur obstacle à la procédure, à un point tel que l'Empereur les menaça. Dix conventions et procès-verbaux de cessions pour Port-Cros et Bagaud furent signés de 1813 à 1819 entre Gazzino et l'État.

Le 3 juillet 1835, un jugement des criées du tribunal civil de Marseille attribuait à M. Pascal la propriété des biens du sieur Gazzino.

Le 1er août 1835, le préfet lança l'acquisition du terrain pour la construction d'un phare sur l'île du Levant. L'acte de vente ne sera passé que le 16 février 1841, alors que le phare fonctionnait déjà.

Le marquis Louis, Marie, Augustin, Athanase de Retz de Malevielle, propriétaire du château de Saint-Lambert près de Marvejols en Lozère, acheta le 12 décembre 1838 à M. Pascal deux îles du marquisat des îles d'Or. Il les revendit en 1844 à Las Cases. Port-Cros sera la propriété successive de M. Bourgarel, de M. et Mme de Morel, de nationalité suisse, de M. Noblet, de Costa de Beauregard, de M. Crotte, de Mme Desmaret pour la partie est, de M. Henri pour la partie ouest, de Pierre Buffet et du parc national.

Les propriétaires du Levant

À part les 64,9 hectares de la batterie de l'Arbousier et les terrains du phare en possession de la marine, l'État acheta, les 15 et 18 mai 1850, la parcelle où allait être édifié le sémaphore.

La même année, Balahu de Noiron devint propriétaire des 937 hectares de Las Cases. Noiron fit de grandioses projets de développement, contrariés par les démêlés de son fils avec le ministère des Armées. Il revendit le Levant le 16 décembre 1853 à Melchior de Grivel.

Le 6 août 1857, par-devant maître Daguin et Louis Perault, clerc de notaire demeurant 36, rue de la Chaussée-d'Antin, le comte Henri de Pourtalès devint propriétaire du Levant. Pourtalès obtint l'autorisation d'ouvrir la colonie agricole pénitentiaire de Sainte-Anne le 8 janvier 1861. De nombreuses révoltes jalonnèrent les dix-neuf années d'existence de cette maison d'éducation correctionnelle. La principale fut celle du 2 octobre 1866 qui fit quatorze victimes, plus une quinzième au fort Lamalgue. Pourtalès mourut le 30 juillet 1876. Deux ans plus tard, le 30 mai 1878, ses héritiers se défirent de l'île et de ses deux cents détenus. Ce fut une Belge, Mme Philippart, qui en devint la nouvelle propriétaire. Un délai provisoire de trois mois lui fut accordé pour satisfaire aux conditions requises par l'administration. Le 3 octobre 1878, la presse spécialisée publia dans ses colonnes les poursuites de la justice belge contre Mme Philippart et le ministre de l'Intérieur ordonna la fermeture de la colonie agricole.

La fermeture définitive de Sainte-Anne intervint le 23 novembre 1878. Mille cinquante-sept détenus y avaient été internés, quatre-vingt-dix-neuf y étaient morts et enterrés dans le cimetière de l'île, une centième victime avait été assassinée au fort Lamalgue par un codétenu.

Après leurs déboires, les Philippart vendirent les 937 hectares de l'ex-colonie, en 1880, à une autre Belge, Mme Marguerite Linden, épouse d'Édouard Otlet.

Le 22 mai 1883, le receveur des domaines adjugea à Joseph Otlet Dupont, mandataire de son fils, les 64,9 hectares de la batterie de l'Arbousier et du chemin traversant l'île, pour le prix de 5 025 francs. Cette vente eut lieu à l'hôtel de la mairie d'Hyères. L'acquisition fut faite pour moitié par Édouard Otlet. Vingt-cinq pour cent iront à Paul, Joseph, Marie, Ghislain Otlet et les autres vingt-cinq pour cent à Maurice, Michel, Marie Otlet, les fils mineurs d'Édouard. À part les terrains du phare et du sémaphore, le Levant appartenait désormais en presque totalité à la famille Otlet.

En 1892 survint une nouvelle péripétie. Les 937 hectares de Mme Marguerite, Valérie, Louise, Linden, épouse de M. Édouard Otlet, furent mis aux enchères, consécutivement à une demande de saisie du créancier M. Jean Debrousse, pour non-remboursement d'un prêt de 125 000 francs, intérêts compris. Une première vente eut lieu au mois de janvier. Après surenchère de maître Jacques Boyer, avoué à Toulon, la deuxième eut lieu le 22 mars. La marine ne voulant pas que l'on découvre son intérêt pour cette acquisition, l'avoué de Toulon était en charge de la transaction.

De 1892 à 1930, cette ancienne partie civile de l'île du Levant servit de base d'entraînement aux troupes et aux canonniers de la marine. Elle fut pratiquement laissée en déshérence, si ce n'est un garde qui y représentait l'autorité maritime.

En 1928, une société, qui prit le nom de Société immobilière des îles d'Or, racheta aux héritiers Otlet l'ancienne partie militaire de l'île, la batterie de l'Arbousier et loua les 937 hectares appartenant à l'État. À partir de 1931, les docteurs Gaston et André Durville, les acquéreurs de la société immobilière, pratiquèrent une expérience naturiste médicale. Ce site exceptionnel, loti en terrains constructibles, attira des acheteurs du monde entier. Ainsi naquit le village d'Héliopolis, lieu unique de tolérance et de liberté.

En 1950, la marine reprit son bien et y installa le Centre d'essais et de recherches des engins spéciaux. L'île est aujourd'hui le Centre d'essais de la Méditerranée, haut lieu d'une technologie d'avant-garde mise en œuvre par les ingénieurs, techniciens et ouvriers de la délégation générale de l'armement (DGA), un site remarquablement conservé et jalousement protégé.

Liste des enfants morts au bagne

Date de décès	Nom	Prénom	Âge	Lieu de naissance	Département
6 octobre 1861	Magot	Pierre	13 ans	Vaujours	Seine-et-Oise
9 octobre 1861	Goulet	Éloi	19 ans	Cheny-Joigny	Yonne
16 octobre 1861	Sarrobert	Jean	15 ans	Lepine-Serres	Hautes-Alpes
17 octobre 1861	Bussy	Louis	15 ans	Créteil	Seine
20 octobre 1861	Overlack	Alfred	11 ans	Paris	Seine
25 octobre 1861	Tanguy	Joseph	14 ans	Pabu	Côtes-du-Nord
6 novembre 1861	Bellanger	J.-Baptiste	15 ans	Caudebec	Seine-Inférieure
24 novembre 1861	Portenart	Julien	15 ans	Paris	Seine
29 novembre 1861	Onfroy	Prosper	12 ans	Lunéville	Meurthe
1er juin 1862	Émery	J.-François	14 ans	Chambéry	Savoie

Date de décès	Nom	Prénom	Âge	Lieu de naissance	Département
13 juin 1862	Bellanger	Henri	17 ans	Sablé	Sarthe
8 juillet 1862	Haaffe	Joseph	16 ans	Paris	Seine
20 juillet 1862	Auzias	Jean	11 ans	Nyons	Drôme
29 août 1862	Rogeau	Louis	18 ans	Paris	Seine
1er septembre 1862	Réveil	Joseph	11 ans	Langres	Haute-Marne
2 octobre 1862	Roustan	Auguste	10 ans	Soyans-sur-Die	Drôme
18 septembre 1863	Bonnet	Charles	15 ans	Chevrières	Isère
1er octobre 1863	Allet	Alexandre	18 ans	Metz	Moselle
25 octobre 1863	Gay	Eugène	10 ans	Allos	Basses-Alpes
16 décembre 1863	Petit	Alphonse, Désiré	16 ans	Gargenville	Seine-et-Oise
6 avril 1864	Bœuf	Philippe	16 ans	Montseveroux	Isère
24 juillet 1864	Faure	Jean	13 ans	L'Argentière	Hautes-Alpes
7 mars 1865	Noël	Paul dit Terrier	13 ans	Vaubadon	Calvados
19 mars 1865	Noël	Aimé	10 ans	Vaubadon	Calvados
20 août 1865	Hubert	Eugène	13 ans	Jouars-Pont-Chartrain	Seine-et-Oise
11 octobre 1865	Morvan	Laurent	14 ans	Quintin	Côtes-du-Nord
25 octobre 1865	Houzard	Pierre	14 ans	Bouquetot	Eure
26 octobre 1865	Davy	Auguste	13 ans	Saint-James	Manche
14 décembre 1865	Monnier	Louis	13 ans	Donville	Calvados
14 décembre 1865	Bienvenu	Paul	17 ans	Nice	Alpes-Maritimes
20 mars 1866	Gauthier	Joseph	13 ans	Forcalquier	Basses-Alpes
18 septembre 1866	Borel	Jacques	16 ans	Bonneville	Haute-Savoie
2 octobre 1866	Donnet	Jules	12 ans	Melve	Basses-Alpes
2 octobre 1866	Rebattu	Auguste	17 ans	Jausiers	Basses-Alpes

Date de décès	Nom	Prénom	Âge	Lieu de naissance	Département
2 octobre 1866	Garibaldy	Aimé	14 ans	Toulon	Var
2 octobre 1866	Cardon	Jules	14 ans	Pont-Audemer	Eure
2 octobre 1866	Morel	Louis	13 ans	Le Beny-Bocage	Calvados
2 octobre 1866	Agard	J.-Pierre	16 ans	Caromb	Vaucluse
2 octobre 1866	Franc	François	15 ans	Marseille	Bouches-du-Rhône
2 octobre 1866	Carles	Honoré	15 ans	Vence	Alpes-Maritimes
2 octobre 1866	Bertrand	Guillaume	13 ans	Chambéry	Savoie
2 octobre 1866	Lapierre	Henry	15 ans	Passy	Haute-Savoie
2 octobre 1866	Vion	Thomas	14 ans	Cavaillon	Vaucluse
2 octobre 1866	Simian	Louis	17 ans	Montélimar	Drôme
2 octobre 1866	Tissard	Alfred	18 ans	Grand-Rozoy	Aisne
2 octobre 1866	Millinger-Genty	Louis	15 ans	Lorges	Loir-et-Cher
4 octobre 1866	Bozet	Léon	17 ans	Etrembrières	Haute-Savoie
24 octobre 1866	Marié	Louis	13 ans	Versailles	Seine
31 octobre 1866	Cillard	Jean	16 ans	Plestin-Porspadet	Côtes-du-Nord
31 octobre 1866	Mignat	Gaspard	16 ans	Paris	Seine
28 novembre 1866	Perny	Pierre	15 ans	Boulay	Moselle
31 janvier 1867	Jacquignon	Joseph	17 ans	Chambéry	Savoie
17 février 1868	Pontier	Pierre	12 ans	Carpentras	Vaucluse
2 mai 1868	Chelu	Ernest	17 ans	Millemont	Seine-et-Oise
7 mai 1868	Olivier	Ildevert	17 ans	Pontoise	Seine-et-Oise
21 novembre 1868	Guigou	Joseph	17 ans	Saint-André-de-Rosans	Hautes-Alpes
27 mars 1869	Cornier	Pierre	20 ans	Nevers	Nièvre
22 septembre 1869	Rioult	Constant	16 ans	Montviron	Manche

Date de décès	Nom	Prénom	Âge	Lieu de naissance	Département
8 novembre 1869	Million	Joseph	15 ans	Marseille	Bouches-du-Rhône
4 mai 1870	Heuzé	Léonor	18 ans	Ecajeul	Calvados
6 juillet 1870	Schweyer	Jacques	20 ans	Zuntzendorf	Bas-Rhin
29 septembre 1870	Ricté	Jacques	17 ans	Avignon	Vaucluse
16 octobre 1870	Guiglion	Joseph dit Pinotte	16 ans	Mondovi	Italie
12 janvier 1872	Bechler	Napoléon	16 ans	Bourg	Ain
20 janvier 1872	Michel	Dominique	18 ans	Toulon	Var
25 janvier 1872	Rossignol	Paul	14 ans	Gap	Hautes-Alpes
7 février 1872	Perrier	Étienne	15 ans	Claveyson	Drôme
24 mars 1872	Lemanicier	Alexandre	16 ans	Paris	Seine
10 avril 1872	Maître	Antoine	14 ans	Dole	Jura
17 avril 1872	Migoni	André	13 ans	Gênes	Italie
25 avril 1872	Robin	Pierre	13 ans	Peyrins	Drôme
27 juin 1872	Blanc	Jules	16 ans	Saint-Pierre-d'Argençon	Hautes-Alpes
6 juillet 1872	Blanc	Antoine	16 ans	Dauphin	Basses-Alpes
10 juillet 1872	Albés	Antoine	18 ans	Le Vernet	Basses-Alpes
27 février 1873	Decombe	Auguste	16 ans	La Loye	Jura
11 juillet 1873	Reynaud	Jean	12 ans	Nyons	Drôme
4 août 1873	Jacquemin	François	11 ans	Gray	Haute-Saône
4 septembre 1873	Rajon	Louis	15 ans	Nîmes	Gard
20 septembre 1873	Boudon	Jean	16 ans	Avignon	Vaucluse
9 novembre 1873	Chatron	Eugène	15 ans	Versailles	Seine-et-Oise
27 novembre 1873	Cabanne	Jean	13 ans	Autevielle-Saint-Martin-Bideren	Basses-Pyrénées

Date de décès	Nom	Prénom	Âge	Lieu de naissance	Département
1er décembre 1873	Bernard	Émile	14 ans	Salins	Jura
23 février 1874	Soulage	Siméon	10 ans	Charols	Drôme
15 avril 1874	Cordouan	Joseph	12 ans	Lorgues	Var
28 avril 1874	Boucher	Julien	12 ans	Saint-Julien-du-Tournel	Lozère
20 août 1874	Ferrand	Antoine	16 ans	Saint-Victor-Confouleux	
28 août 1874	Applanat	Marius	12 ans	Sarrians	Vaucluse
17 septembre 1874	Bougés	Pierre	17 ans	Cuzorn	Lot-et-Garonne
15 novembre 1874	Coutarel	Guy	18 ans	Toulon	Var
21 novembre 1874	Carbonnetti	Alexandre	13 ans	Nice	Alpes-Maritimes
1er décembre 1874	Parodi	Henri	14 ans	Monaco	
13 décembre 1874	Laurent	Aimé	13 ans	Montélimar	Drôme
30 janvier 1875	Auffan	Antoine	18 ans	Saint-Zacharie	Var
27 avril 1875	Mamarot	Victorin	14 ans	Aubenas	Ardèche
21 août 1875	Badol	Claude	15 ans	Saint-Étienne	Loire
22 octobre 1875	Roustan	Charles	14 ans	Vidauban	Var
18 novembre 1875	Latour	Paul	15 ans	Violés	Vaucluse
24 avril 1876	Chabaud	Antoine	12 ans	La Tour-d'Aigues	Vaucluse
14 juin 1876	Beaussier	Victorin	15 ans	Barjols	Var

Soit environ dix pour cent des internés

Achevé d'imprimer en juin 2015, en France
par CPI Bussière
à Saint-Amand-Montrond (Cher)
pour le compte des Éditions Jean-Claude Lattès
17, rue Jacob - 75006 Paris

Dépôt légal : juin 2015 - Édition 06.
N° d'impression : 2016786.